강렬한 장면을 만드는 스토리 기법

# 강렬한 장면을 만드는

**MAKE A SCENE**

# 스토리 기법 <sub>개정판</sub>

조단 로젠펠드 지음, 조고은 옮김

비즈앤비즈

내 글을 읽어줄 사람이 있기나 할지 의심하며 오리무중을 헤매고 있는 모든 작가들에게 이 개정판을 바칩니다. 당신의 글은 소중합니다!

## 감사의 말

『강렬한 장면을 만드는 스토리 기법』은 지면은 턱없이 적고 출판 경험은 더더욱 적은 신인 작가들이 보여준 애정 어린 노력과 신뢰의 도약을 통해 비로소 구체화되었다. 내가 이 책을 처음 집필했던 2006년에는 소셜 미디어라는 것이 없었다. 심지어 페이스북조차 없던 시절이라니 상상이 되는가? 나는 출간 소식을 이메일 뉴스레터와 손으로 부친 엽서로 독자들에게 알렸다. 10여 년간 무수한 독자들의 사랑을 받으며 나는 경이와 보람을 느꼈고, 그간 성장한 나의 글쓰기 지식을 반영하여 발전의 여지가 있는 부분을 업데이트해야 할 책임감을 느꼈다. 그러나 '라이터스 다이제스트' 출판사의 레이철 랜들과 필 섹스턴의 신뢰와 인도가 없었다면 이번 기회는 없었을 것이다. 언제나처럼 나의 여러 친구들, 특히 내가 늘 진솔한 작가가 될 수 있게 해준 에이미 맥엘로이의 지원이 없었다면 이 책을 완성하지 못했을 것이다. 그리고 나의 남편 에릭과 내가 처음 이 책을 구상했을 때에는 아직 세상에 태어나지도 않았던 아들 벤은 그 누구보다 전폭적인 지지를 보내주었다. 책은 죽었다고 말해지는 시대에, '그들'이 틀렸다는 것을 꾸준히 증명해주는 모든 분들에게 감사를 보낸다.

# 차례

서문 ............................................................................................. 1
들어가며 ..................................................................................... 3

## 1부:
## 장면 설계하기

1. 장면의 기능 ........................................................................... 6
2. 인상적인 도입부 .................................................................. 15
3. 강력한 전개부 ...................................................................... 23
4. 성공적인 결말 ...................................................................... 32

## 2부:
## 핵심 요소와 장면

5. 배경 ....................................................................................... 41
6. 감각 ....................................................................................... 55
7. 인물 구축과 동기부여 ......................................................... 64
8. 플롯 및 인물의 정서적 여정 .............................................. 73
9. 서브텍스트 ............................................................................ 92
10. 극적 긴장 .......................................................................... 100
11. 장면의 의도 ...................................................................... 112

## 3부:
## 장면의 유형

12. 장면의 유형 .................................................................... 121
13. 서문 장면 ....................................................................... 123
14. 첫 장면 .......................................................................... 131
15. 숙고 장면 ....................................................................... 143
16. 서스펜스 장면 ................................................................. 159
17. 대화 장면 ....................................................................... 171
18. 플래시백 장면 ................................................................. 189
19. 절정 장면 ....................................................................... 201
20. 통찰 장면 ....................................................................... 212
21. 마지막 장면 .................................................................... 222

## 4부:
## 그 외 고려할 점

22. 시점 .............................................................................. 236
23. 보조 인물 및 주변 인물 .................................................... 249
24. 장면 전환 ....................................................................... 258
25. 장면 점검 및 수정 ............................................................ 266

# 서문

얼마 되지 않은 것 같지만 벌써 10여 년 전 어느 겨울(어찌나 시간이 빨리 가는지!), 나는 친구가 캘리포니아 멘도시도에 직접 글쓰기 휴양지를 만드는 일에 합류했다. 우리가 머물던 통나무집에 주말 내내 비가 퍼부었고 이끼로 뒤덮인 지붕에선 뿌연 김이 솟아올라서, 이곳이야말로 꾸준히 글을 쓰기에 완벽한 환경이자 동기부여라는 점이 분명했다. 쉬는 시간에 우리는 장작 난로에 불을 피워 몸을 녹이며 집필에 관한 대화를 나눴고, 나는 『강렬한 장면을 만드는 스토리 기법』 초판의 기획서를 손으로 작성했다. 지금처럼 첨단 기술을 손쉽게 사용하기 전이라, 심지어 나는 노트북 컴퓨터도 없었다. 그때 내 핸드폰은 지갑의 두 배 크기였고 당연히 스마트폰도 아니었으며, 아이패드나 전기차는 물론 소셜 미디어도 없었다(마이스페이스를 빼면)! 트위터나 페이스북도 없었고, 당연히 스냅챗은 꿈에도 상상하지 못했다. 『강렬한 장면을 만드는 스토리 기법』으로 라이터스 다이제스트 출판사와 계약을 맺었다는 기쁜 소식을 친구들에게 보낼 때에는 한 번에 한 사람씩 주소를 입력하여 이메일을 보냈다.

이제는 많은 것이 변했지만, 좋은 글쓰기에 관해서는 변한 것이 거의 없다. 10년이 지난 지금도 나는 탄탄한 장면을 만드는 법이 당신이 배울 수 있는 작법 중에서도 가장 중요한 요소라고 자신 있게 말할 수 있다. 변한 게 있다면, 책이 어디서나 주머니에서 꺼내 즉각적으로 접할 수 있는 스트리밍 동영상, 영화 및 고화질 텔레비전, 그리고 즉각적 즐거움에 대한 중독과 경쟁해야 하는 최근 출판 시장에서 중요성이 더욱 커졌다고 말하겠다.

운 좋게도 나는 편집을 하면서 작가들이 자신의 책을 출판시키고자 노력하는 과정을 지켜볼 수 있었고, 그중에서도 강렬한 장면을 창조해낸 작가들이 가장 성공한다는 점을 확인했다. 이 책을 처음 접한 독자들은 장면의 비법을 발견한 사람들이 그랬듯, 자신의 작품에 그것을 적용하는 법까지 배우길 바란다. 몇 년이고 내 책을 읽어오며, 이 책 덕에 글이 좋아졌다는 소식을 전해주기도 했던 독자들에게는 특히 감사를 보낸다. 그러면 한 줄 한 줄 장면을 만들어보자.

# 들어가며

당신의 몸이 한 가지로 채워지지 않고 피와 살, 장기와 신경이 다 같이 어우러져 이루어진 것처럼, 장면에도 위대한 허구 장르의 모든 요소가 어우러져 있다. '말하지 말고 보여줘'야 한다는 말은 많이들 알고 있지만, 강렬하면서도 계속 독자들의 주의를 집중시킬 수 있는 서사를 창조하기 위해서는 허구의 모든 요소가 어우러지면서 서로가 서로에 대한 정보를 제공해줘야 한다는 사실을 알고 있는 작가는 흔치 않다.

장면이 무엇이며, 이야기라는 큰 퍼즐을 이룰 생생하고 힘 있는 조각을 만들어내기 위해서는 장면의 각 요소가 어떻게 결합해야 하는지, 그리고 이러한 순간들이 모여 만족스러운 완성의 감각을 만들어내기 위해서는 어떻게 해야 하는지를 제대로 파악하면, 당신도 이전과는 사뭇 다른 초안을 쓸 수 있고 나아가 책장이 절로 넘어가는 책을 자신 있게 내놓을 작가가 될 수 있다고 장담한다.

장면을 명확하게 구성하려면 장면의 기본적 기능과 구조에서 출발해야 한다. 다른 사람의 글에서 선명한 장면을 뜯어봤다 할지라도 막상 당신이 글을 쓸 때에는 따라 하기 어려울 수도 있다(이 문제로 고생하는 작가들을 정말 많이 만나보았다). 한 장면은 어디서 시작해서 어디서 끝나야 하는 걸까? 한 요소가 너무 많거나 너무 적으면 이야기 전체를 망칠 수도 있는 걸까? 집을 한 채 지으려 하기 전에, 우선은 왜 굳이 장면이란 단위로 글을 써야 하며 어떤 식으로 하나의 장면이 구축되는지부터 알아야 한다.

　이 책은 서스펜스 장면에서부터 숙고 장면에 이르기까지 서사를 구성하는 다양한 형식의 장면을 탐구하는 데 상당 부분을 할애한다. 여러 종류의 장면은 교향곡을 이루는 각각의 음표와 같다. 개별적으로 볼 때에는 강렬하거나 온화할 수도 있고 사색적이거나 극적일 수도 있는 장면이지만, 다른 장면과 함께 놓이면 풍부하고 입체적인 느낌을 자아내며 환상적인 서사를 이루어낸다.

　책의 마지막에 이르면, 당신도 생생한 장면을 만들어 독자들을 사로잡을 뿐 아니라, 그것을 연결하여 마음이 뿌듯해질 정도로 탄탄한 서사를 이룰 수 있게 될 것이다.

　이 책에는 기성 작가들이 장면 집필의 모든 측면 및 기술에 관한 통찰을 들려주는 부분을 추가했다. 쉽게 접할 수 없는 이들의 가르침을 읽다 보면 베스트셀러 작가조차 잘 만들어진 하나의 장면에서 영감을 얻거나 감동을 받기는 마찬가지라는 사실을 알게 된다.

　독자가 지루해할 전략은 피해야 하니 이 점은 미리 경고를 해 두고자 한다. 독자들이 지켜보고 있다. 초고는 다른 사람의 입김 없이 스스로 이야기를 해볼 유일한 기회이다. 그다음에는 독자가 당신의 등 뒤에 버티고 앉아 이야기가 완성되기만을 기다리고 있다고 생각하며 써야만 (더 중요하게는 고쳐야만) 한다. 이는 당신이 명료한 글과 힘 있는 장면으로 독자에게 재미와 정보를 줘야 한다는 의미이다. 자기만족을 위해 화려한 문장이나 과시적인 전략을 사용한다면, 당신은 더 이상 독자를 염두에 두지 않는다는 뜻이다.

　신랄한 자기검열로 어깨가 잔뜩 굳은 채 초고를 쓰는 것도 그다지 현명하지는 않은 처사지만, 여전히 독자는 세상에서 가장 소중한 사람이 되어야 한다(물론 등장인물까지 포함하면 두 번째다). 당연한 얘기일지도 모르지만, 대부분의 독자는 작가가 아니다. 그들은 집필이 얼마나 힘든 일인지 전혀 모른다. 그들은 참을성이 매우 적은 데다 당신의 노고에 대해서도 별로 관심이 없다. 그들은 그저 좋은 이야기를 읽고 싶어 할 뿐이며, 단번에 관심을 사로잡지 못하는 이야기는 서슴없이 놓아버린다. 그들이 당신의 이야기에 흥미를 잃지 않도록 만드는 일은 당신에게 달려있다.

# 1부:

## 장면의 설계

> "당신은 지붕, 혹은 구름을 올려다볼 수 있을 때까지 높은 사다리를 오른다. 책을 쓰고 있는 것이다. 한 칸씩 한 칸씩 올라가며 당신은 자신의 발을 바라본다. 당신의 발은 가파른 사다리의 균형감을 감지한다… 어둠 속에서도 당신은 해야 할 일을 하며 꾸준히 올라간다."
>
> — 애니 딜러드

# 1

## 장면의 기능

훌륭한 이야기를 읽으며 심장이 쿵쿵 울리는 극적인 경험을 해본 적이 있을 것이다. 책에 완전히 몰입하여 마치 자신이 그 일을 직접 겪고 있기라도 하듯 정신없이 책장을 넘기는 순간 말이다. 이렇게 이야기, 책, 에세이를 생생하게 만들 수 있는 비결은 무엇일까? 바로 탄탄하고 강력한 장면이다.

 글쓰기는 매우 창조적인 작업이기 때문에, 규칙과 공식을 거부하려 하는 작가들이 많다. 어떤 규칙이 겨우 합의된 듯하면, 어디선가 작가가 나타나 그것을 깨뜨린다. 그래도 좋은 소식이 있다면, 장면을 집필할 때에는 직접적이지 않게나마 공식이 존재한다는 점이다. 그렇다고 점선을 따라 그린 뒤 정해진 색을 칠하면 짠하고 카드놀이 하는 강아지를 완벽히 그릴 수 있는 교재가 있다는 말은 아니다. 장면 만들기 공식은 창조적 즉흥성을 더한 요리에 가깝다. 레시피에 적혀있는 재료를 가지고 시작해서 순서에 따라 냄비를 꺼내고 불을 켜고 시간을 지켜 요리를 하지만, 중심 재료에 변화를 주면 다양한, 심지어 놀라운 결과를 낼 수 있다.

 당신은 반드시 첫 줄에서부터 독자의 흥미를 사로잡아 그것을 끝까지 놓치지 말아야 한다. 이제는 글이 빠르고 매혹적이며 강렬한 온라인 스트리밍 콘텐츠 및 소셜 미디어와 경쟁하기 때문에, 읽는 즉시 독자를 꼭 붙들어 맬 힘을 가진 장면을 만들어내기 위해 노력해야 한다.

## 장면의 정의

그렇다면 장면이란 정확히 무엇일까? 장면은 이야기의 필수 DNA이다. 이는 이야기의 핵심을 형성하는 정보의 개별적 '세포'로, 여기서 공감할 만한 인물들이 힘 있는 플롯의 목적지를 향해 생생하고 인상적인 방식으로 중요한 행동을 해나간다. 이러한 개별 장면이 모여 한데 이어지면, 충분히 발전된 플롯과 스토리라인이 구축된다.

하나의 장면을 만들기 위해서는 다음의 기본 재료가 필요하다.

- **주동 인물:** 주인공. 목표를 가지고 있으며 성격이 복잡하고 섬세하다. 서사를 거치는 과정에서 변화를 겪으며 '말과 행동'을 통해 묘사된다.
- **반동 인물 및 주변 인물:** 주동 인물을 방해하거나 보조하는 인물.
- **시점:** 장면을 비추는 렌즈(제한적인 관찰자 시점도 있고 전지적 시점도 있다).
- **모멘텀:** 이야기가 실시간으로 진행되듯이 느껴지도록 한 발 한 발 이어지는 행동.
- **새로운 플롯 정보:** 이야기를 발전시키고 인물을 심화시키는 사건, 논쟁, 발견, 깨달음 등. 대체로 이전 장면의 결과로 등장하면서 각 장면을 연결해준다.
- **긴장:** 인물을 시험하고 궁극적으로 그들의 성격을 드러내는 갈등, 스릴 및 극적 요소. 매 순간 이어지는 강렬함으로 독자가 눈을 떼지 못하게 한다.
- **배경 및 시대:** 모든 감각을 불러일으켜 독자들이 당신이 창조한 세계에 들어가 그곳을 볼 수 있게 하는 풍부한 물리적 배경.
- **주제적 이미지:** '감각적 이미지'라고도 한다. 오감을 자극하는 세부사항. 주제, 정서, 서브텍스트를 드러내는 상징적, 시각적 유비 및 은유일 때가 많다.
- **내러티브 요약:** 여분의 내러티브 요약 혹은 설명. 필요한 경우 직접 주제에 다가가는 '말하기' 방식.

이 중에서도 장면을 진정한 장면으로 만들어주는 요소를 딱 하나 고르라면 모멘텀이다. 실시간처럼 느껴지는 상황 속에서 사건이 일어나고 인물들이 행동을 펼치기 때문이다. 그러나 균형이 잘 잡힌 장면에는 모든 요소가 조금씩 골고루 들어있다. 이 요소를 각각의 비율로 잘 섞으면 극적 상황, 감정, 열정, 힘, 에너지를 만들어낼 수 있다. 간단히 말해서, 책장이 절로 넘어가는 이야기를 만들 수 있다. 신체적 움직임이 좀 더 필요한 장면이 있는가 하면, 대화가 많아야 하는 장면도 있다. 말이 거의 한 마디도 없거나 아주 미세한 움직임밖에 없는 장면도 있고, 배경과 매우 다채로운 상호작용을 해야 하는 장면도 있다. 이 책을 읽어가는 동안, 장면의 힘과 원하는 효과를 얻기 위해 그 힘을 활용하는 방법을 충분히 알아갈 수 있을 것이다.

2부에서는 위의 요소를 하나하나 살펴보면서 다음처럼 보다 복잡한 고려 사항까지 검토할 것이다.

- 극적 긴장: 장면 속에서 갈등의 가능성을 만들어낸다.
- 장면의 서브텍스트: 장면을 깊이 있고 풍부하게 만들어준다.
- 장면의 의도: 인물의 행동에 충분한 목적을 부여한다.
- 속도 및 장면의 길이: 각 장면의 분위기 및 어조에 영향을 끼친다.

이 요소들은 당신의 장면이 형식을 갖추는 수준을 넘어 깊이를 더할 수 있도록 도와줄 것이다. 극적 긴장은 독자가 등장인물을 아끼고 신경 쓰며 책에서 눈을 뗄 수 없게 해준다. 서브텍스트는 장면의 심층부에 이미지와 감정을 구축하여 당신의 글에서 풍부함과 깊이가 느껴지게 만든다. 장면의 의도는 등장인물이 가능한 한 극적인 방식으로 변화를 겪을 수 있도록 이끌어간다. 각 장면의 속도와 길이를 적절히 맞추어 그 장면이 발휘하는 감정적 효과의 유형을 설정하면, 독자에게 순조롭게 여행을 해나가는 만족감을 선사할 수 있다.

## 장면의 해부

방금 설명한 모든 구성요소가 한 장면 속에서 어떻게 작동하는지 명확히 보여주기 위해, 에리카 스와일러의 소설 『루살카 저주의 기록』의 장면 중 특히 복잡한 부분을 살펴보자. 이 소설은 사이먼이라는 도서관 사서가 자기 가문의 미스터리 — 집안 대대로 같은 날에 여성이 물에 빠져 죽은 이유 — 를 풀어, 자신의 여동생 에놀라를 구하기 위해 안간힘을 쓰는 이야기이다. 각 부분이 무엇에 해당하는지 보여주기 위해 표시를 해두었다.

저주를 불러일으키는 것은 말 자체가 아니라 거기에 묶여있는 의지이며, 잉크와 비극을 결합하려는 의도이다.[내러티브 요약] 엄지와 검지 사이에 잡혀 있던 물집이 터진다. 찌르는 듯한 아픔과 함께 체액이 떨어지고 글자들이 번진다.[감각적 이미지] 나는 저주를 파괴해도 가족의 역사는 보존할 것이다.[일인칭 시점, 사이먼]

차 한 대가 마당으로 들어온다. 곧바로 문을 두드린다. 짜증스러운 소리를 들으니 누구인지 알겠다.[모멘텀, 시간이 실제로 흐르는 듯한 느낌을 부여함]

"열려 있어."

에놀라가 쿵쾅거리며 들어오고 뒤이어 도일이 나른한 모습으로 나타난다. "나한테 다시 오라고 했잖아. 도대체 어디에 있었어? 오빠 휴대폰으로 전화하니까 곧장 음성 메시지로 넘어가던데."[감정을 전달하는 대화: 에놀라가 화나 있음]

"전화가 끊겼어. 바닥 조심해." 나는 구멍 난 바닥을 손으로 가리킨다.

"그날 밤에 저렇게 된 거야? 도대체 무슨 일이 있었던 거야?"

"지반이 가라앉아서 생기는 구멍이야." 도일이 씩 웃으며 말한다.

에놀라는 거실 벽을 따라 둘러 걸으면서 눈으로 바닥과 벽을 살핀다. "오빠가 이 집으로 돌아오고 싶어 하지 않는다고 생각했어. 그렇게 얘기했잖아. 톰은 오빠가 준비만 되면 언제든지 고용하겠대." 에놀라는 자신과 어머니가 같이 찍은 사진 앞에서 멈춰 섰다. 프랭크가 찍어 준 것이었다. [뒷이야기를 알려주는 세부적 배경] "여기 더 있으면 안 돼. 짐 싸서 우리와 한동안 같이 지내. 재미있을 거야."

"자기, 하루 정도 기다려주는 게 어때? 사이먼도 생각할 시간이 있어야지." 도일이 나를 보고 말을 잇는다. "다시 남부로 내려가기 전에 8월 중에 크로톤으로 갈 예정이거든. 가을에는 애틀랜타에서 좀 지내고, 다시 더 아래쪽으로 내려갈 거야." 그는 문에 기대어 서서, 문틀 위에 발을 걸쳐놓고 있다. 부츠 굽이 닳은 모양을 보니 그가 좋아하는 자세인 것 같다.[인물에 대한 정보를 담은 시각적 이미지]

에놀라가 도일을 흘낏 쳐다본다.

"너희들과 같게. 서배너 시에 큐레이터 자리가 하나 나서 거기 지원해보려고. 먼저 몇 가지 일만 처리하면 돼."[새로운 플롯 정보, 사이먼에게

어떤 계획이 있다]

"처리해야 하는 일이 그 책에 관한 거라면, 제발 하지 마. 오빠 때문에 나가지 무섭잖아. 프랭크와 엄마 일은 그냥 잊어버려. 엄마는 죽었고, 그가 되돌릴 수 있는 일은 하나도 없으니까."[긴장을 더하는 대화] 때마침 프랭크의 트럭이 출발한다. 우리는 그 차가 마당을 빠져나가 도로로 접어드는 것을 바라본다. 아마도 항구나 술집, 아니면 자신의 절친한 친구 부인과 바람이나 피우는 슬픈 사내들이 가는 곳으로 향할 것이다.

"이 집을 떠나기 전에 마지막으로 모닥불을 피워야 할 것 같아." 그 생각은 너무 빠르고 자연스러워서, 거의 섬광처럼 떠오른다. "어렸을 때 종종 밖에서 음식을 해 먹던 거 생각나?"

"아니." 에놀라가 대답한다. 문에 기대어 있던 도일이 똑바로 서더니 에놀라의 어깨에 손을 올려놓는다.[긴장. 에놀라와 사이먼은 무슨 주제를 꺼내든 의견이 대립한다.]

"정말 좋았는데. 옥수수며 핫도그, 버거, 랍스터까지. 아버지와 프랭크가 모닥불을 피워서 우리에게 마시멜로를 구워 먹게 해주었어." 마시멜로를 구워먹은 '우리'는 앨리스와 나였다. 그때도 우리는 검게 탄 설탕 덩어리와 옥수수 전분이 공중에 날아다니는 동안 서로를 바라보면서 삶을 공유했고, 함께 살아갔다.[새로운 인물 정보] "모닥불을 피워야겠어. 이곳에서 좋은 추억을 만들고 싶어. 우리는 좋은 추억을 가질 자격이 있어."

"모닥불 하나만 피우면 정리가 될 것처럼 말하네." 에놀라가 중얼거린다.[긴장. 에놀라는 상황이 좋아질 수 있다고 전혀 생각하지 않는다]

표시한 부분에 묘사된 요소들을 당신이 글을 쓸 때에도 넣어야 하는 결정적 성분이라고 생각하라. 스와일러의 소설은 핵심 성분이 똑같다 하더라도 각각의 장면이 얼마나 고유할 수 있는지를 보여주는 한 가지 사례이다. 같은 구성 성분으로 이루어진 장면이라 해도, 위와 같은 세부사항을 곁들여 위와 같은 방식으로 조합한 것은 오직 이 장면뿐이다. 극적 긴장을 만들어 내기 위해 다른 방식을 택할 수도 있다. 3인칭 시점을 쓸 수도 있고, 대화를 늘리거나 줄이고 (혹은 아예 없애고), 배경이나 내적 독백을 환기시키고, 시간이 흘러가는 느낌을 주기 위해 전혀 다른 행동을 집어넣는 등 선택의 폭은 무궁무진하다. 하지만 여전히 이 장면에서 스와일러가 장면의 기본 요소를 모두 사용했으며, 이를 통해 당신의 관심을 계속 집중시켰다는 사실을 확인할 수 있다. 앞으로 당신이 쓸 장면도 독자들에게 바로 이렇게 작용해야 한다.

## 유구한 '말하지 말고 보여줘라' 딜레마

말하지 말고 보여주라는 말은 정확히 무슨 뜻일까? 모자에서 토끼를 꺼내기 전에 화려한 스트립쇼를 하거나 "보세요, 소매 속에 아무것도 없어요"라고 울부짖기라도 해야 한다는 말일까? 그렇게 쓰고 싶다면 그래야겠지만, 이때 '보여줘'야 한다는 말은 '너무 자세히 설명하지 말고 독자를 믿으라'는 뜻이다. 내가 선호하는 표현으로 바꾸자면 '말로 가르치지 말고 행동으로 보여줘라'라고 할 수 있다. 당신이 한 발 뒤로 물러서 있는 동안 인물들이 직접 자신의 말과 행동을 통해 스토리텔링을 할 수 있게 하라.

이 책에서 '이야기하기'나 '내러티브 요약'이라 부르곤 하는 말하기는 설명을 위한 한 가지 방법이다. 이야기에는 어느 정도의 요약이 꼭 필요할 때가 있는데, 그렇다 해도 최대한 알뜰히 사용해야 한다. 자신을 호기심을 잔뜩 안고 모여 앉아 당신의 말 한 마디 한 마디에 귀를 기울이고 있는 아이들을 앞에 둔 이야기꾼이라고 상상해보라. 이제 막 이야기의 클라이맥스에 도달하여 백설 공주가 독사과를 깨물 때(얼마나 흥미진진한 행동인가), 당신은 이렇게 갑자기 옆길로 샐 수 있다. "백설 공주가 사과를 한 입 베어 물려던 참이었어요. 하지만 공주는 새엄마가 나뭇꾼을 시켜 자신을 죽이려했던 이후로 사람을 잘 믿지 못했죠. 새엄마의 배신 때문에 공주가 의심의 소용돌이에 빠졌던 일을 떠올리며…" 벌써 지루한가? 분명 아이들도 자리에서 엉덩이를 들썩이며 이렇게 물을 것이다. "근데 백설 공주가 독사과를 깨문 다음에 어떻게 됐어요?!" 성인 독자들도 말하기에 대한 반응은 마찬가지이다.

다른 방식으로 생각해보자. 사람들은 대부분 자신의 눈과 시각 피질이라 불리는 유용한 뇌 영역을 활용하여 책을 읽는다. 사실 시각 기능에서는 눈보다 두뇌의 역할이 더 중요하며, 특히 책을 읽을 때 그 비중이 더욱 커진다고 한다. 독자가 책을 읽을 때 두뇌에서는 독서에서 가장 중요한 기관인 내적 눈 혹은 상상의 눈(영적 세계로 이어지는 신비한 통로를 말하는 것은 아니다)이 작동한다. 이 눈은 종이 위에 적힌 글자를 마음속에 시각적 이미지로 만들어내는 일을 담당한다. 당신이 묘사한 내용을 독자가 마치 밤에 꿈을 꿀 때만큼 선명히 볼 수 있게 하기 위해서는, 그럴 기회를 독자에게 가능한 풍부하게 제공해야 한다. 그러려면 글이 자세하고 구체적이어야 하며, 독자가 보다 수월히 볼 수 있도록 감각적, 시각적 단서를 충분히 제공해야 한다.

한편, 내러티브 요약은 마치 누군가가 옆에 서서 속삭여주기라도 하듯, 오직 독자의 내적 귀에만 글을 전달한다. 눈을 통하면 독자가 감정적으로 밀착되면서 마음과 내장 깊숙이까지 울림이 전달되는 반면, 내적 귀는 오직 소리의 기능과 밀접한 연관을 맺는 듯하다. 내적 귀로 들어가는 자극이 너무 강하면 일시적으로 독자를 무감각하게 만들거나 심지어 잠들게 할 수도 있다. 이것이 내러티브 구절을 최소한으로 유지해야 하는 이유 중 하나이다.

장면은 독자의 삶과 흡사한 생생하고 강력한 경험을 쌓아올리기 위해 앞서 언급한 구성 요소를 사용한다. 강렬한 장면을 만드는 데 성공하면, 독자가 가만히 앉아 설교를 듣는 것이 아니라 직접 내러티브 안으로 들어가 거기에 함께 참여하고 있는 것처럼 느낄 수 있다. 두근거리는 심장을 안고 다급히 책장을 넘기면서 다음에 어떤 일이 일어날지 알고 싶어 한다면, 당신이 장면 속에 푹 빠졌다는 뜻이다. 당신이 주변 상황도 잊어버린 채 이야기에 몰입했다면, 그만큼 작가가 멋진 장면을 창작해낸 것이다.

내러티브 요약이 장면의 효과를 대체해버리거나 과도하게 사용되면, 독자는 그 글이 지루하거나 거만하거나 설교조라고 느낄 것이다. 그러면 독자는 흥미를 잃어버린다. 하지만 정확히 쓰이기만 하면 내러티브 요약도 장면 안에서 제대로 자리를 잡고 제 기능을 발휘할 수 있다. 이 책에서 우리는 그 기능들을 좀 더 상세히 살펴볼 것이다.

## 장면의 길이

이 장을 마무리하기 전에, 분명 당신이 떠올리고 있을 또 한 가지 문제, 장면의 길이에 대해 이야기해 보자. 장면 형태로 글을 쓸 때 얻을 수 있는 또 하나의 장점은 장면의 결말을 계기로 독자에게 잠시 숨 돌릴 곳을 제공할 수 있다는 점이다. 이곳은 완전히 마음을 놓는 휴식은 아닐지라도 꼭 필요할 때 멈춰 설 수 있는 장소가 되어 준다. 그렇다면 과연 언제 짧은 장면 혹은 긴 장면을 써야 할까? 이 역시 결국은 당신이 결정해야 하는 문제지만, 각각이 어떤 장점이 있는지 잠시 함께 살펴보자.

## 긴 장면

일반적으로, 15페이지가 넘어가는 장면은 긴 편에 속한다. 꼭 그래야 한다는 법은 없지만, 나는 한 장면은 점심시간이든 다른 일을 하던 중 잠시 짬을 내서든 앉은 자리에서 한 번에 읽은 뒤 내려놓을 수 있어야(절대로 쉽게 내려놓으면 안 되겠지만) 한다고 생각한다. 아무리 열성적 독자라 해도 언젠가는 잠시 눈을 쉬고 싶은 순간이 오기 때문에, 장면이나 장이 바뀌는 곳에서 그럴 기회를 제공할 수 있다.

꼭 긴 장면을 피하려 할 필요는 없지만, 너무 많이 들어가선 안 된다. 긴 장면이 연달아 여러 개 등장하면 전체 서사까지 늘어지기 때문이다.

소설에 다음과 같은 효과를 주고 싶을 때 긴 장면을 사용해 보자.

- 강렬한 행동이나 대화 후에 주인공과 독자가 방금 있었던 일을 소화하고 새로운 긴장과 스릴을 만들어갈 수 있도록 의도적으로 속도를 늦출 때
- 해당 장면이 행동을 하나만 다루지 않고 묵직한 행동(싸움, 추격, 폭발 등) 여러 개를 포함하고 있을 때
- 현실감을 더하기 위해서는 길게 이어질 수밖에 없는 대화 장면을 다룰 때

## 짧은 장면

10페이지 이하에서 끝나는 장면은 대체로 짧은 장면으로 분류된다. 2~3페이지로 끝나는 장면도 있다. 짧은 장면은 독자가 아쉬움을 느끼게 만드는 경우가 많다. 그러나 짧은 장면이 너무 여러 번 이어지면, 작가 존 가드너가 독자에게 '꿈'을 만들어주는 셈이라고 말했던 것처럼 플롯의 흐름이 고르지 못하고 연속성이 끊긴다고 느껴진다는 점을 기억해야 한다.

짧은 장면은 긴 장면과 같은 목표를 더 짧은 시간 안에 달성해야 한다. 거기엔 여전히 주요 인물들이 장면의 의도에 맞게 행동에 임하는 모습이 담겨 있어야 한다. 플롯을 진행시키는 새로운 정보도 밝혀져야 하며, 배경도 분명히 드러나야 한다. 짧은 장면에서 내러티브 요약을 넣을 여지는 더더욱 좁아진다.

짧은 장면은 다음과 같은 효과를 주고 싶을 때 가장 유용하다.

- 어떤 인물을 다른 인물과 차별화할 때(가령, 솔직한 인물은 보다 긴 장면으로 묘사되는 반면 비밀이 있거나 수줍거나 소극적인 인물은 짧은 장면

으로만 그려질 수도 있다.)
- 긴 장면 직후에 속도를 조절할 때
- 독자가 아쉬움이나 강렬한 스릴을 느끼도록 할 때
- 한 장에 여러 장면을 넣을 때
- 정보를 조각조각 흘리면서 긴급한 느낌을 연출하여 독자들이 책에서 눈을 뗄 수 없게 만들 때

짧은 장면을 선택하든 긴 장면을 선택하든 결국은 당신이 어떤 스타일을 선호하는가에 달렸다. 그저 당신의 원고가 어떤 흐름으로 진행되길 원하는지 고려할 때 길이가 속도에 영향을 끼친다는 사실만 염두에 두자.

## 장면의 처음, 중간, 끝

장면 구조는 플롯 구조와 유사하다. 따라서 몇 가지 예외적 경우를 제외하면 각 장면에도 처음(이후엔 도입이라고 부를 것이다), 중간, 끝이 있어야 한다. 다음의 세 장에서는 장면을 이 세 가지 기본 영역으로 나누어 살펴볼 것이다. 처음은 생생하고 인상적이며 즉각적으로 독자를 장면으로 끌어들일 수 있게 도와줘야 한다. 중간은 위험이 고조되고 인물들이 갈등에 휘말려 플롯을 앞으로 진행시키면서 결말까지 이어지는 광대한 영역이다. 끝에서는 당연하게도 다음 장면을 위한 단계를 설정하고 독자에게 잊을 수 없는 감정이나 선호를 남긴다. 장면의 세 영역이 전부 잘 다뤄지면, 아주 선명한 독서 경험으로 이어진다. 1부의 나머지 장에서는 이토록 중요한 장면의 구조적 요소를 제대로 파악할 수 있게 도와줄 것이다.

# 2
# 인상적인 도입부

위대한 소설과 이야기는 모두 하나의 아이디어에서 출발한다. 물론 그것이 패트릭 로스퍼스의 '왕 암살자 연대기' 시리즈의 제1권인 『바람의 이름』처럼 세기를 넘고 대륙을 가로지르는 방대한 발상일 수도 있고 에이미 벤더의 소설처럼 이야기를 통해 나타난 마술적 리얼리즘일 수도 있다. 당신의 아이디어가 얼마나 거창하든 일상적이든, 이상하든 매력적이든, 당신은 그것을 가지고 연금술을 펼쳐 이야기로 만들어야 한다. 도대체 어떻게 하면 될까? 이것이 바로 장면의 역할이다. 장면을 통해 당신의 이야기를 만들 수 있다. 각 장면에 들어 있는 선명한 세부사항과 정보와 행동이 당신의 납작한 아이디어에 생명력을 불어넣어 독자가 성큼 다가갈 수 있는 무언가를 완성시켜준다.

　어떤 소설도 본질적으로는 줄에 꿴 구슬처럼 여러 장면이 한데 연결되어 이어지면서, 사이사이에 내러티브 요약이 질감과 색깔을 더해주는 형식을 띤다. 허구 서사에는 여러 장면이 포함되며, 그것이 몇 개가 될지는 각 작품마다 다르다. 그리고 각각의 장면은 가장 쉽게는 처음, 중간, 끝이라고 불리는 구조를 갖추어 구성되어야 한다. 이 장에서는 각 장면의 처음 부분에 초점을 맞출 것이다.

　어떤 행동의 중간에서 시작되거나 이전 행동이 중단되었던 곳에서 다시 이어지는 장면도 있기 때문에, 처음이라는 말은 다소 혼란스러울 수 있다. 그래서 나는 도입이라는 용어를 더 선호한다. 이 편이 독자가 다시금 관심을 기울이는 곳임을 더욱 분명히 드러낼 수 있기 때문이다.

　원고에서 새로운 장면은 대개 이전 장면의 마지막 단락에서 네 줄을 띄운 뒤('작은 휴지soft hiatus'라고 부른다) 새 단락을 시작하거나 별표나 점 등의 표식을 사용해서 독자에게 시간이 지나 새로운 장면이 시작되었음을 시각적으로 보여준다.

각각의 새로운 장면은 당신이 처음부터 가지고 있던 플롯이라는 바퀴를 이루는 하나의 살이다. 이 살은 설교가 아니라 경험을 제공하는 방식으로 독자 앞에 선명히 나타나야 하며, 그러려면 장면의 도입에서 아이디어나 플롯이 전개되어 견고한 결과에 이르는 길을 닦아줘야 한다. 각 장면 도입은 인물과 그가 휘말린 상황을 다시금 소개하여 독자들의 관심을 전부 새롭게 사로잡는다.

각 장면은 자신에게 다음의 질문을 던져보는 것으로부터 시작해야 한다.

- 인물이 플롯 중 어디에 있는가? 앞 장면이 끝날 때 그들은 어디에 있었는가, 그리고 지금은 무엇을 하는가?
- 이 장면에서 밝혀져야 할 가장 중요한 정보는 무엇인가?
- 이 장면에서 주인공의 목표는 무엇인가?
- 그 목표는 어떻게 달성되거나 좌절될 것인가?

해당 장면에 어떤 종류의 도입이 가장 잘 맞을지 결정할 수 있는 것은 오직 당신과 서사의 행로뿐이다. 제대로 된 도입을 고르기 위해서는 몇 번 시험을 거쳐야 할 때도 있다. 여기서는 인물, 행동, 내러티브 요약, 배경을 도입하기 위한 테크닉을 제공할 것이다.

## 인물 도입

일반적으로 인물은 지면에 일찍 등장시키는 편이 좋다. 그리고 당신이 몇 가지 시점을 사용하는지에 따라 다르지만, 대부분의 장면에 주인공이 포함되어야 한다. (물론 플롯의 필요에 의해 주인공이 반드시 빠져야 하는 장면이 있을 수도 있다) 당신이 판타지나 공상 과학 소설을 쓴다면, 인물이 사람이 아니라 용이나 엘프, 로봇, 혹은 다른 온갖 종류의 생명체일 수도 있지만, 원칙은 여전히 동일하다. 인물은 가능한 한 빨리 장면에 등장시켜라. (방법은 3부에서 더욱 자세히 다룰 것이다.)

　장면 도입에서 인물이 나타나 움직이지 않고 수동적 묘사나 아이디어 서술만 너무 여러 단락 이어지면, 독자는 조바심을 내며 어떤 사건이 벌어지거나 어떤 인물에게 무슨 일이 생기길 기다리다 곧 시공간에서 동떨어졌다고 느끼기 시작한다는 점을 명심하라. 장면의 두 번째 단락에 이르기까지 인물이 등장하지 않으면, 독자를 놓쳐버릴 위험에 처하게 된다.

### 인물을 위해 장면의 의도 설정하기

장면의 고유한 특징 중 하나가 실시간의 느낌을 만들어내는 모멘텀일지라도, 등장하는 인물에게 의도나 추구할 목표를 부여해야 그 장면에 타당한 목적이 있다고 느낄 수 있다. 장면의 의도는 11장에서 자세히 논하겠지만, 매 장면을 도입할 때마다 당신이 인물의 의도를 알아야 그 의도를 밝히고 따르며 발판으로 삼고 심지어 좌절시킬 수 있기 때문에, 여기서도 잠시 언급해둘 가치가 있다. 장면의 의도를 설정하기 위해서는 다음의 사항을 결정해야 한다.

- 인물이 품고 있는 가장 즉각적 욕망은 무엇인가
- 언제 인물이 자신의 의도를 달성하거나 모종의 대립물을 마주할 것인가
- 그 의도가 당신의 플롯 속에서 설득력이 있는가
- 누가 인물이 목표에 도달할 수 있게 돕고 누가 방해할 것인가

장면의 의도는 플롯, 즉 인물의 목표에 복잡하게 얽혀 있어야 하며, 이야기를 꾸준히 앞으로 밀고 가는 행동, 발견, 인물이 벌이는 모험을 통해 목표에 다가가는 과정과 맞물려야 한다. 아무렇게나 떠다니는 의도나 삽화를 설정하여 독자가 왜 인물이 저런 일을 하려 하는지 이해할 수 없게 만들어선 안 된다.

## 행동 도입

장면이 시작되자마자 그때 진행되고 있는 행동을 하나하나 설명해야 한다고 믿는 작가들도 많다. 하지만 내러티브 요약은 행동을 저해한다. 장면 초반부터 행동을 시작할수록 독자를 앞으로 끌고 갈 모멘텀을 더 많이 활용할 수 있다. 행동을 말로 줄줄이 설명하고 있다면, 행동을 제대로 보여주지 못하고 있다는 뜻이다. 이는 지성의 성운이라 불리는 — 일반적으로는 당신의 머리라고 불리는 — 머나먼 은하계를 하염없이 떠돌고 있는 것이나 다름없으며, 독자에게도 마찬가지이다.

행동의 핵심 요소는 시간과 모멘텀이라는 사실을 명심하라. 늦은 밤에 살인을 계획하거나 술에 취한 인물이 마트에서 병을 떨어뜨리거나 배신한 배우자를 협박하거나 화가 나서 벽을 발로 차는 데에는 시간이 걸린다. 이런 일은 그저 즉흥적으로 벌어지지 않고, 일정 기간에 걸쳐 이루어진다. 금세 나타나기도 하고 오래 걸리기도 하지만, 일단 시작하면 끝날 때까지 이어져야 한다.

강력한 모멘텀을 만드는 열쇠는 아무것도 설명하지 않은 채 행동을 시작하는 것이다. M. R. 캐리의 『멜라니: 구원의 소녀』에 이를 잘 보여주는 장면이 있다.

> 문에서 열쇠가 돌아가면 숫자 세기를 멈추고 눈을 떴다. 중사가 총을 들고 들어와 멜라니에게 겨누었다. 그러면 부하 두 명이 들어와 멜라니의 손목과 발목을 휠체어에 달린 스트랩으로 단단히 감은 뒤 버클을 채웠다. 목 주변에도 스트랩이 있었다. 손발이 완전히 묶이고 나면 부하들은 목 스트랩을 마지막으로 조였는데, 그것도 항상 뒤편에서 했다. 얼굴 앞쪽에 손을 대지 않고서도 조일 수 있게 디자인된 형태였다. 이따금 멜라니는 이렇게 말했다. "안 물어요." 농담처럼 말했지만, 중사의 부하들은 절대 웃지 않았다. 멜라니가 그 농담을 처음 했을 때 중사가 한 번 웃기는 했지만 야비한 웃음이었다. 그러더니 이렇게 말했다. "그러면 네게 틈이라도 보일 줄 알았니, 요 귀염둥이야."

이 소설에서 M. R. 캐리는 장면 속으로 독자들을 곧장 집어넣는다. 장면이 한참 진행되도록 독자들은 왜 열 살짜리 아이인 멜라니가 이렇게까지 묶여 있는지 알지 못한다. 무슨 일이 벌어지고 있는지 설명이 없으니 독자들이 계속 더 알아갈 수밖에 없는 상황이 된다. 이때 행동이 독자들에게 단서를 제공한다. 그의 내적 독백에 따르면 멜라니의 어떤 점이 위험하거나 위협적인데, 우린 그게 무엇인지 아직 모른다. 우리는 중사를 비롯한 어른들이 아이의 어떤 점이 그렇게 두려워서 아이를 스트랩으로 의자에 묶어 두고 시종일관 총을 겨누기까지 하는지도 알고 싶어진다. 이는 분명히 무슨 일이 더 벌어질 듯한 상황으로, 특히 단락의 어조에서 강렬하고 스릴 넘치는 전개를 예상할 수 있다. 행동으로 시작되는 장면은 독자의 육체적 감각을 활성화하는 경향이 있다.

행동의 도입을 만드는 방법은 다음과 같다.

- **행동으로 곧장 들어가라.** 괜히 머뭇거리지 말라. "지미는 물을 내려다보며 저기로 뛰어내리면 얼마나 차가울까 생각했다."가 아니라, "지미는 벼랑에서 뛰어내렸다."라고 써라.
- **극적이거나 놀랄 만한 행동으로 독자를 사로잡아라.** 돌발행동, 교통사고, 심각한 심장마비, 공개적 싸움 등 극적이거나 놀랄 만한 행동을 장면 도입부에 넣으면, 앞으로 전개될 여러 결과의 바탕이 될 단계로 작용할 수 있다. 한 가지 경고를 하자면, 매 장면에서 이렇게 하기는 아무래도 어렵다.
- **반드시 당신의 인물에게 진실된 행동이어야 한다.** 장면의 도입에서 수줍은 인물이 갑자기 거침없는 행동을 택하게 해선 안 된다. 이것은 장면 중간까지 아껴두라. 거만한 인물이라면 갈등을 일으킬 만한 방식으로 다른 인물을 무시하게 하라.
- **먼저 행동하고 나중에 생각하라.** 행동을 시작하면서 인물이 생각을 해야 한다면, 행동을 먼저 하고, 그에 대한 반응으로 생각하게 하라. "엘리자베스는 왕자의 뺨을 때렸다. 왕자의 얼굴이 빨갛게 붓자 두려움이 차오르기 시작했다. 내가 무슨 짓을 한 거지? 그는 생각했다."

## 내러티브 도입

독자가 행동이나 대화가 이야기를 전해줄 때까지 기다리지 못할 것이라는 생각에 장면을 도입하자마자 장소에 대한 역사나 인물의 뒷이야기를 서술하는 등 내러티브 요약을 포함시키려는 작가도 있다. 장면에서 내러티브 요약이 길게 이어지면 영화에서 내레이션이 길어질 때와 마찬가지로 주의가 산만해진다.

그러나 독자를 너무 길게 잡아두지 않는 한, 장면 도입은 사실 내러티브 요약을 적절히 활용하기 가장 쉬운 곳 중 하나이다. (이제 막 독자가 주의를 집중한 참이기 때문이다.)

지나 프란젤로의 소설 『온갖 종류의 바람Every Kind of Wanting』의 초반 장면이 어떻게 시작되는지 살펴보자.

> 닉, 당신은 우리의 이야기를 알고 있다고 생각하겠지만, 그것은 내가 믿음직한 사람이라는 뜻이기도 하지. 당신은 우리 이야기가 무슨 공동의 것, 공모자로서 우리가 모두 동의할 수 있는 공통의 이야기이라고 생각하겠지만, 당신은 아직 아무것도 몰라.
> 당신이 가르쳐준 것이 한 가지 있다면, 다른 사람에게 공감하는 일이란 전부 일종의 메소드 연기라는 점이지. 당신은 내가 타고난 배우라고 말하곤 했지만, 정신없이 주기가 바뀌는 조울증 환자였던 나로서는 다른 상태가 된다는 것이 특별히 낯설지 않았어.

위에 제시한 부분은 거의 모두 내러티브 요약으로, 전부 서술자의 마음속에서 벌어지는 일이다. 그러나 우리는 이제 곧 비밀과 거짓으로 가득한 복잡한 이야기 — 즉, 최고의 이야기 — 가 펼쳐질 것을 감지하며, 여기엔 보기보다 복잡한 사건과 해명되어야 할 여러 시점이 얽혀 있다고 느낀다. 실제로 서술자인 리나는 뒤이어 다음과 같이 놀라운 정보를 터뜨린다.

> 당신이 날 때려줬으면 좋겠다고 처음 말한 날, 나는 물었지. "그러기 싫어?" 당신은 웃으며 답했어. "그걸 싫어할 사람은 별로 본 적 없는 거 같은데." 그러나 당신은 놀랐고, 이렇게 말했지. "사실, 누굴 아프지 않게 때리는 법을 모르겠어." 그런 뒤 "어떻게 하는 게 좋은지 당신이 먼저 나한테 해보면 어떨까."라고 제안하며 내 의표를 찌른 거야.

내러티브 요약으로 인해 리듬이 느려지고 장면이 흐지부지 될 위험에 처할 때에는, 이렇게 약간의 대화를 일종의 작은 장면처럼 삽입하면 느려진 리듬을 깨뜨리고 모멘텀의 느낌을 되살릴 수 있다.

내러티브 도입은 다음의 상황을 위해 남겨두어야 한다.
- **내러티브 요약으로 시간을 절약할 수 있을 때.** 어떤 장면에서는 행동이 오히려 시간과 장소를 더 차지할 때도 있다. 장면 도입은 상당히 빨리 진행되어야 하는데, 경우에 따라서는 요약이 독자를 더 빨리 이끌어줄 수도 있다.
- **행동 전에 정보가 제공되어야 할 때.** 나중에 행동을 진행시키려면 미리 알려두어야 할 정보도 있다. 다음과 같이 손쉽게 행동으로 이어질 수 있는 문장을 떠올려 보라. "우리 엄마는 내가 도착하기 전에 세상을 떠나셨다.", "전쟁이 시작되었다.", "태풍으로 인해 도시의 절반이 물에 잠겼다."
- **인물의 생각이나 의도를 행동으로는 드러낼 수 없을 때.** 혼수상태인 환자, 노인이나 어린 아이 외 여러 인물들이 신체적, 정신적, 정서적 이유로 말이나 행동을 못하는 경우도 있다. 그런 장면에서 그들이 무엇을 생각하고 느끼는지 전하려면 내레이션을 활용해야 한다.

## 배경 도입

플롯이나 인물을 구축할 때 불이 난 정글이나 호수에 비치는 달빛처럼 배경의 세부사항이 아주 중요해서, 장면 도입에 반드시 시각적 배경을 제시해야 하는 경우도 있다. 눈 덮인 히말라야 산맥, 숲이 울창한 섬, 척박한 사막 지방 등 특이하거나 이국적, 혹은 도전적인 장소를 배경으로 한 책이 곧잘 여기에 해당한다. 배경이 인물이나 플롯에게 극적으로 영향을 끼친다면, 장면도 마땅히 배경에서부터 출발해야 할 것이다.

존 파울즈의 소설 『마법사』는 주인공 니콜라스에게 지울 수 없는 인상을 남기는 그리스 섬이 주된 배경이다. 거기서 그는 어떤 별난 남자를 만나게 되는데 그 사람의 그리스 시골 외딴 저택이 소설의 중심 이야기가 펼쳐지는 무대가 된다. 그러므로 여기서는 배경으로부터 장면을 도입하는 방식이 적합하다.

> 늦은 5월의 일요일, 하늘은 새의 날개만큼 파랬다. 나는 거친 길을 따라 소나무 숲의 푸른 거품이 본토 산맥의 그림자 진 벽 건너편으로 2마일이나 굴러간 곳에서부터 수평선을 향해 5~60마일이나 남쪽으로 뻗어 천상의 거대한 종 아래에서 울려 퍼지는 서쪽의 벽까지 이어진 섬의 능선에 올라

갔다. 그것은 굉장히 순수한 하늘빛 세계였다. 섬의 중앙 능선에 서서 그 광경을 바라볼 때면, 나는 갖고 있던 문제조차 거진 잊어버렸다.

니콜라스가 온전히 고립되어 있는 장소인 그리스의 텅 빈 시골을 독자가 자세히 볼 수 있어야 한다. 이로써 아름답고 기이한 일이 벌어질 수 있도록 장면이 설정되며, 파울즈는 기대를 저버리지 않는다.

효과적으로 배경을 도입할 수 있는 방법은 다음과 같다.

- **구체적인 시각적 디테일을 사용하라.** 인물이 조난당해 섬에 갇힌다면, 독자는 그 섬의 지형을 알아야 한다. 눈에 띄는 과일 나무가 있는가? 모래의 색깔은? 바위나 동굴은? 어슬렁거리는 야생동물이 있지는 않은가?
- **풍경으로 장면의 분위기를 설정하라.** 인물이 정글에서 위험에 처하며 장면이 시작된다면, 당신은 그 광경을 묘사하며 어둠과 공포, 미스터리를 표현(직유, 은유 등)할 수 있다.
- **인물의 감정을 반영하는 데 풍경을 활용하라.** 슬픔에 빠진 인물이 마을을 걷고 있다고 하자. 이때 집을 묘사하면서 슬픔을 드러낼 수도 있다. 썩어가는 목재와 황폐한 마당이 보이는 집들은 여기저기 망가져 있다. 날씨도 마찬가지이다. 밝고 활기차게 햇살이 빛나는 날은 인물의 한껏 유쾌한 기분을 반영할 수 있다.
- **배경이 인물에게 미치는 효과를 보여줘라.** 인물이 교도소에 갇혀 있다고 하자. 주변 환경을 묘사하여 그것이 인물의 감정에 어떤 영향을 끼치는지 보여줘라. "그는 자신의 감방을 찬찬히 살펴보았다. 불편하기 짝이 없는 딱딱한 침대에 사방에서 조여드는 것만 같은 벽, 게다가 모든 것이 지루한 회색으로 뒤덮여있었다."

장면 도입은 아주 빨리 이루어지고 빨리 잊히기 때문에 어떻게 시작하든 별로 중요하지 않다고 생각하며 대충 지나치기 쉽다. 하지만 그런 착각에 빠져선 안 된다. 장면 도입에도 시간을 투자하라. 장면의 다른 여느 부분만큼 도입부도 신중하고 전략적으로 창작하라. 장면 도입은 독자에게 앞으로 쭉 같이 가자고 손짓하는 초대장이라는 점을 명심하라. 초대장을 최대한 매력적으로 만들어라.

# 3

# 강력한 전개부

장면에서 중간 부분(전개부)이란 정확히 어디일까? 장면마다 길이가 다른데다 정확하게 중간지점이라는 건 없기 때문에 '중간'이라는 용어는 혼란을 자아낸다. 각 장면의 중간을 장면의 처음과 끝 사이에 있는 가능성의 영역, 즉 장면의 주된 이야기와 갈등이 펼쳐지는 곳으로 풀이하는 설명이 가장 정확하다. 또한 이렇게 불안정한 지점에서 독자를 놓쳐버리지 않도록 행동, 긴장, 갈등을 내내 생생하게 유지하는 것 또한 아주 중요하다.

전개부는 마치 『오즈의 마법사』의 양귀비처럼 독자들을 홀려 이야기의 샛길로 유인하기도 하고 예쁜 단어의 꽃향기로 작가를 유혹하기도 하는 매혹적인 힘을 가지고 있기 때문에 주의해야 한다.

여러 생각을 자아내는 장면 도입으로 독자의 주의를 사로잡았다면, 장면의 전개는 독자를 꽉 잡고 절대 놓아주지 않기 위한 실험의 장이자 절호의 기회이다.

## 판 키우기: 복잡화

분명 당신은 다른 사람을 뜻하지 않게 해친다는 생각조차 하기 싫어하는 선한 사람일 것이다. 이러한 선량함이 현실에서는 고귀한 성품이지만, 소설을 집필할 때에는 의무이다. 당신은 반드시 인물의 삶을 복잡하게 만들어야 하며, 그것도 독자가 볼 수 있는 곳, 즉 장면 속에서 그렇게 해야 한다. 이것이 바로 '판 키우기'이다. 이 표현은 도박장에서 배팅을 점점 높여, 딸 수 있는 돈을 키우는 동시에 잃을 위험도 함께 키울 때 자주 사용된다. 장면을 쓸 때에는 반드시 자존심이든 집이든 진정한 사랑이든 인물이 잃어버릴 수 있는 것(혹은 얻을 것)의 가치를 점차 키워야 한다. 갈등을 촉발하기 위해서는 심지어 그것을 인물에게서 (잠시나마) 빼앗아야 할 때도 있다. 그렇게 판을 키우면, 기대, 의미, 스릴을 높여가며 이야기를 앞으로 진행시키는 동시에 독자들을 이야기에 몰입하게 만들 수 있다.

이 과정은 끔찍하면서도 멋지다. 일단 당신의 인물을 괴롭혀야만 하기 때문에 끔찍하다. 사랑하는 사람들과 소유물을 빼앗아야 하며, 욕망을 억제시켜야 하고, 심지어 극적 상황이나 긴장을 위해 그들을 죽여야 할 때도 있다. 하지만 이는 정말 멋지기도 하다. 인물의 삶을 휘젓고 돌아다니면 독자들이 인물에게 마음을 더 주게 되기 때문이다.

장편이든 단편이든 가장 단순한 형식인 전통적 허구 서사에서는 해결해야 할 문제나 이해해야 할 상황을 제시해야 한다. 어린 여성이 임신했다는 사실이 알려지자 가족과 연인에게 버림을 받고, 성매매를 하며 고난을 겪다가 결국 영적 구원에 이르게 된다. 친척이 세상을 떠나며 재산을 가족 중 한 사람에게 모두 물려주면서 집안싸움이 시작된다. 부모가 쇼핑몰에서 문득 주변을 돌아보다 아이를 잃어버렸다는 사실을 깨닫게 된다. 이런 문제나 상황이 그 외 여러 작은 문제(서브플롯이라 불리곤 한다)와 그에 따른 결과까지 포함하거나 관련을 맺으면서 장면이 만들어진다.

앞에서 나는 장면의 의도를 설정해야 할 필요성에 대해 언급했었다. 의도가 있으면 이 장면에서 더 큰 플롯 차원의 문제는 어떻게 작동하도록 설정할 것인지 인물에게 방향을 지시할 수 있다(장면의 의도에 대한 자세한 내용은 11장을 참고하라). 장면에서는 밋밋한 아이디어를 생생한 경험으로 탈바꿈시켜 독자들에게 전해야 한다는 점을 명심하라.

볼수록 막연하고 복잡해지기만 하는 장면의 전개부를 본격적으로 살펴보자. 위에서 임신한 여성이 맨몸으로 버려지는 예시를 사용해보겠다.

임신한 주인공의 이름은 브리트니라고 하자. "브리트니는 생계를 위해 고되고 험한 일을 해야만 했다."와 같이 평범한 문장을 서술하면서 쉽게 넘어가려 해선 안 된다. 생생한 장면을 통해 그녀의 고난을 드러내는 작업으로 곧장 돌입하라.

우선 그럴 듯한 장소에서 시작하자. 모든 것을 잃은 브리트니는 일단 먹을 것과 지낼 곳을 마련해야 다음에 어떤 일을 할지 궁리해볼 수 있다. 이것이 장면의 의도이자 주인공의 동기가 된다. 따라서 그는 이 필요를 충족시키기 위해 어디로 가서 무슨 일이든 해야 한다. 이제 1장에서 본 기본 요소를 떠올려라. 우리의 주인공 브리트니는 물리적 배경 — 허름한 술집, 그곳의 허름하고 쇠락한 분위기를 확실히 묘사해야 한다 — 으로 우연히 들어간다. 주인공의 관점을 통해 — 아마도 1인칭이나 3인칭으로 — 그는 여기에 오면 아무래도 자신을 도와줄 가능성이 가장 높은 남자들의 관심을 끌 수 있다는 것을 고려하여 이곳을 선택했다는 점을 드러내야 할 것이다. 무의미한 말이 대충 오가는 대화나 몇 번의 추파, 브리트니의 등장에 대한 대체적 반응 등 남자들과 바텐더가 의외라는 듯 반응하는 모습을 보여주면 더욱 좋다. 이 모든 것이 행동이다. 그런 뒤 그가 불안하고 두려운 마음으로 움츠린 채 의자에 기대어 서면, 허름한 차림의 남자들이 그에게 다가간다. 이렇게 당신의 이야기가 시작된다.

아마도 이 남자는 아무리 돈을 준대도 선뜻 응하기 힘든 꼴사나운 제안을 주인공에게 할 것이다. 그러나 그는 너무 절박한 나머지 잠시 고려해본다. 이것이 상황을 복잡하게 만드는 대목이다. 이제 당신은 판을 키웠고 주인공에겐 당장 반드시 필요한 것 — 돈, 음식, 머물 곳 — 을 얻기 위해 잃게 된 것 — 아마도 건강, 존엄, 도덕성 등 — 이 생겼다. 독자는 그를 걱정하면서 기대와 긴장을 느낄 것이다. 독자는 이 불쌍한 주인공의 곁을 떠날 수 없으며 앞으로 어떤 일이 생길지 꼭 알고 싶어진다.

그러면 다음엔 어떤 일이 일어날까? 먼저 독자는 전지적 관찰자라는 점을 명심하라. 당신과 독자 사이에 커튼을 쳤다가 나중에서야 수동적으로 정보를 전해선 안 된다. 상황을 복잡하게 만드는 일도 멈추면 안 된다. 술집에 있던 사람들이 알고 보니 선한 성품이라 진심에서 우러나온 친절로 브리트니를 도와줬다고 하고 싶을 수도 있겠지만(왜냐면 당신은 자기가 만든 주인공을 사랑하니까), 장면 전개부에서 그들이 성인이었다는 것이 밝혀져선 안 된다. 이는 의외의 결말로 남겨두자. 장면에서 탄탄한 긴장감을 만들기 위해서는 극적 긴장이 필요하다. 알고 보니 그가 착한 사람이었다면, 어느새 독자가 이야기를 내려놓고 잠이 들 수도 있다. 그걸 바라지는 않지 않은가!

내게 편집을 의뢰했던 작가가 장면의 전개부에서 복잡성을 높일 때 유용하게 사용하던 표를 활용해 볼 수도 있다. 다음과 같이 가로 세로 네 칸짜리 표를 그린다(필요에 따라 줄은 늘릴 수 있다).

| 주인공 | 장면 의도(들) | 복잡화 | 결과 |
|---|---|---|---|
| 브리트니 | 음식과 머물 곳 찾기 | 허름한 술집을 찾아간다 | 도와주겠다는 '구세주'를 만난다 |
| 브리트니 | 남자의 도움을 받기 | 남자는 사실 범죄자이다 | 남자를 맥주병으로 내리친 뒤 도망친다 |
| 브리트니 | 남자에게서 벗어나기 | 주인공은 돈도 차도 없다 | 아무 차나 얻어 탄다 |

장면은 몇 단락이 될 수도 있고 스무 쪽이 넘게 이어질 수도 있다. 브리트니가 같은 장소(움직이고 있더라도 같은 이동 수단 안이라면 같은 장소에 해당한다)와 허구의 실시간 – 시간적으로 끊어지지 않고 계속 이어지는 일련의 사건 – 속에서 이 낯설고 허름한 남자와 본질적으로 하나의 결과로 향하는 행동을 하고 있는 한, 장면은 필요한 만큼 이어질 수 있다.

이 장면에서 브리트니에게 벌어지는 일은 전부 독자들이 다음 장면이나 다음 장을 계속 읽을 수밖에 없을 정도로 복잡한 것이어야 한다. 그리고 다음 장면에서도 마찬가지의 과업을 달성해야 한다.

## 판 키우기 테크닉

자신의 인물을 괴롭히고 그들의 삶을 복잡하게 만드는 법을 배우려면 연습은 물론, 약간의 둔감함이 필요하다. 이 역시 연습으로 점차 키워갈 수 있다. 간단한 경고를 하자면, 상황이 복잡해지면서 기대와 극적 긴장을 높여갈 때 '오직 그걸 위해서만' 인물의 상황을 악화시켜선 안 된다. 복잡한 상황으로 인물의 성격을 드러내고 플롯을 진행시켜야 한다. 인물에게 쓸데없이 잔인해도 안 되고 너무 너그러워도 안 된다. 꼭 필요한 복잡성을 더할 때조차 균형을 맞추기는 결코 쉽지 않기 때문에, 장면 전개부에서 인물의 삶에 플롯과 밀착된 복잡성을 더하기 위한 구체적인 테크닉을 몇 가지 살펴보고자 한다.

## 보류하기

당신의 인물에겐 독자의 감성에 호소할 수 있는 목표, 욕망, 야망이 있어야 한다. 그러나 독자가 멈출 수 없이 책장을 넘길 정도로 숨막히는 긴장감을 만들어내려면, 때때로 보류라는 테크닉을 사용해서 욕망의 대상을 아슬아슬하게 닿지 않는 곳에 매달아야 한다.

감정, 정보, 대상 등 장면에서 보류할 수 있는 것은 많다. 그럼 각각을 좀 더 자세히 살펴보자.

감정적 보류는 여러 가지 형식으로 이루어진다. 아버지를 설득하기 위해 아들이 무슨 일을 하든 아버지는 아들에 대한 인정을 보류한다. 그리고 아내는 학대하는 남편에 대한 사랑을 보류하고 남편은 사랑을 얻으려고 아내를 한층 더 학대한다.

문학에서 감정적 보류에 대한 가장 논쟁적이면서도 강력한 묘사 중 하나가 블라디미르 나보코프의 『롤리타』에서 등장한다. 어린 여자아이에게 도착적 호감을 가진 주인공 험버트 험버트는 그의 어머니가 사망한 이후 자신이 법적 보호자가 되면서 어린 롤리타를 '소유'하고, 롤리타는 그에게 자신의 몸을 허락하지만 그가 진실로 원하는 한 가지, 즉 진심 어린 사랑과 존경만은 보류한다. 전체 소설은 험버트가 교묘하게 완벽한 상황을 조성하여 롤리타가 자신을 사랑하게 만들려는 절박한 시도를 보여주는 강렬한, 때로는 받아들이기 힘든 장면의 연속이다. 나보코프가 이 책의 거의 모든 장면에서 이런 저런 방식으로 사용한 보류의 행위로 인해 독자는 사실 험버트가 어떤 사람인지 — 소아성애자 — 거의 잊어버린 채 그를 용인하고 심지어 그에게 공감하기까지 하게 된다.

다음은 험버트가 자신은 그저 롤리타를 안고 싶고 그의 사랑을 받고 싶을 뿐임에도 롤리타는 끝까지 자신을 거부하는 상황에 대해 적은 것이다.

> 이따금… (중략) 나는 교육자로서의 자제심도 팽개치고, 숱한 말다툼도 그만두고, 남자로서의 자존심마저 잊어버린 채 – 말 그대로 엉금엉금 기어서 네 의자로 다가가곤 했다. 나의 롤리타! 그때마다 너는 나를 흘끗 쳐다보았다. 씁쓸하고 못마땅한 물음표 같은 표정으로, "아, 이러지 마요"(어처구니없다는 듯, 울화가 치민다는 듯). 구체적으로 무엇을 하겠다는 속셈이 있었던 것도 아닌데, 그저 너의 체크무늬 스커트에 얼굴을 묻고 싶었는데, 너는 한 번도 그렇게 믿어주지 않았다, 나의 연인아! (중략) 그러나 너

는 이렇게 말했다. "제에발, 나 좀 그냥 내버려두라고요, 네?"

감정적 보류는 공감할 수 있는 인물 주변에 우려와 극적 갈등을 만들어내는 것은 물론, 좋아하기 힘든 인물에게 연민, 공감, 걱정을 끌어내기에도 더없이 훌륭한 방법이다. (하지만 주의하라. 소아성애자에게 공감하게 만든 나보코프의 발자취를 따르는 일은 추천하지 않는다. 그의 소설은 다른 문제에 대한 은유라고 믿는 사람들이 많고, 부디 그들의 생각이 맞기를 바랄 뿐이다.)

정보를 보류하는 방식은 장면에서 가장 흔한 유형의 보류이다. 납치된 사람의 행방, 도난당한 보물의 소재, 유대인이 나치를 피해 숨어있는 아파트의 주소 등 많은 것들이 보류될 수 있다. 정보가 보류되면 대개 정보를 가진 사람이 그 정보를 원하는 사람에 비해 권력의 우위를 점하게 되는 힘겨루기 구도가 만들어진다. (당신이 일방적으로 상대를 괴롭히는 인물을 만들지 않는 한, 이 권력관계는 뒤집히게 된다.) 모든 장면이 보류된 플롯 정보를 일부 담고 있어야 한다. 그렇지 않으면 서사의 결론이 너무 빨리 드러나 버려서 독자가 이미 알고 있는 정보를 자꾸 반복하는 수렁에 빠져버릴 수도 있다.

대상을 보류하는 방식 또한 한 가지 선택지이다. 어린 시절에 둘이서 머리 위로 물건을 번갈아 던지며 주고받으면 가운데에서 다른 아이가 그것을 필사적으로 가로채려고 하는 놀이를 기억하고 있을 것이다. 이것이 놀이처럼 보일지라도 가운데 아이에게는 일종의 고문이기도 하다. 이 장면을 목격한 사람은 그 불쌍한 아이를 대신하여 놀이를 말리고 문제의 물건을 던지는 아이들의 손에서 뺏고 싶어질 것이다.

당신의 인물들이 원하는 중요한 대상이 있다면, 그것을 가지고 비슷한 놀이를 할 수 있다. 단, 그 물건을 너무 빨리 손에 넣으면 안 된다. 바닥에 총을 한 자루 놓고 목숨을 걸고 싸우든, 값비싼 보석을 서로 훔치기 위해 계획을 세우든, 궁극의 위안을 상징하는 곰 인형을 찾아나서든, 두 인물이 같은 대상을 원할 때 이는 매우 훌륭한 테크닉이다. 특히 장면의 전개부에서는 인물에게서 대상을 오래 보류할수록 긴장도 꾸준히 높여갈 수 있다.

## 위험의 구성 요소

장면의 전개부에서 판을 키우기 위해서는 주인공이나 그가 사랑하는 사람을 위험에 처하게 하는 것도 환상적인 방법 중 하나이다. 애니 프루의 소설『시핑 뉴스』처럼 신체적인 위험 — 철길에 묶여있는 젊은 여성 — 일 수도 있다. 주인공 퀴일은 자존감이 형편없이 낮고 수영도 못하는 동네북이다. 그가 수영을 못한다는 점은 그가 세상을 항해하는 방식에 대한 은유이다. 항구에서 물에 떠 있는 사람을 목격하고 퀴일은 그를 구하려 하지만, 그러다 보트가 뒤집히면서 자기까지 익사할 위기에 처한다. 떠다니던 아이스박스에 매달려 있는 동안 퀴일의 삶이 주마등처럼 눈앞을 스쳐가고, 그때서야 처음으로 독자는 좀 더 강한 사람이 되고 싶어 하는 그의 모습을 보게 된다.

인물을 위험 속에 던져 넣는 것은 가장 즉각적으로 독자를 사로잡는 방법 중 하나이다. 위험에 대처하는 방식에서 인물의 진정한 본성이 드러나기도 한다. 소심하던 인물이 갑자기 용기를 보여줄 수도 있고, 반대로 자신의 목숨이 걸리자 강단 있던 인물이 상당히 겁에 질린 모습을 보일 수도 있다.

정신 이상자를 대면하거나, 인물의 삶을 위협하는 협박을 받거나, 제인 스마일리의 퓰리처상 수상작『천 에이커의 땅에서』의 다음 장면에서처럼 정신적으로 학대를 당하는 감정적 위험도 있다. 학대를 일삼던 아버지가 갑자기 다 자란 딸 중 한 명인 지니가 너무 제멋대로 군다며 그에게 분노를 터뜨린다.

> 그는 내 쪽으로 얼굴을 들이밀었다. "이제부터 운전해주지 않아도 되고, 빌어먹을 아침을 차려주거나 빌어먹을 집을 치워주지 않아도 돼." 그는 언성을 점점 높이더니 소리를 질렀다. "나한테 이래라 저래라 하지도 마. 네가 무슨 짓을 하고 다니는지 다 알아, 이 더러운 것! 평생 여기저기 기웃거리고 다니면서 애 찔러봤다 쟤 찔러봤다 한 주제에. 네가 진짜 사람이긴 하냐? 난 네가 뭔지도 모르겠다."

저 공격적이고 학대적인 말은 그 자체로도 강력하지만, 인물의 개인사 — 이 아버지는 딸들이 어렸을 때 그들을 신체적으로 학대했다 — 가 더해지면 훨씬 더 무시무시해진다. 이는 고통스러우면서도 절묘한 감정적 위험이 되어 독자들을 꽉 붙들어 놓는다.

인물에 삶에 감정적 위험을 일으키기를 두려워하지 말라. 그들은 충분히 감당할 수 있으며 이를 통해 독자들 역시 그들에게 더욱 공감하게 된다. 그러면서 극적 긴장을 키워갈 수 있음은 물론이다.

사실 모든 갈등은 본질적으로 약간의 위험을 포함하고 있다. 현실에서 사람들은 되도록 언쟁과 갈등을 피하려고 하지만, 허구에서는 갈등이야말로 극적 상황을 멋지게 구축해주는 요소이다. 단편이든 장편이든 인물이 적어도 한 번은 꼭 격렬한 논쟁을 벌이게 하기를 권한다. 이는 인물에게 암울한 유년시절이나 쓰디쓴 불행을 안겨주지 않고도 감정적 위험의 감각을 만들어 낼 수 있는 훌륭한 방법이다.

## 신 스틸러

『인간의 기이함 Human Oddities』의 저자 노리아 자블론스키는 『롤리타』에서 블라디미르 나보코프가 기대를 지연시키는 양상에 대해 다음과 같이 논했다.

『롤리타』의 마법은 나보코프가 독자를 험버트 험버트와 함께 일종의 복잡성 속으로 끌어들인다는 점이다. 그래서 '마법에 걸린 사냥꾼 호텔'에서 그들의 관계가 완성되려는 쪽으로 장면이 고조될 때, 나는 꺼림칙하게도 그를 응원하고 있었다. 그가 롤리타에게 약물을 먹였고, 아무리 애정의 발로라지만 그를 겁탈하려 하고 있음에도 개의치 않았다. 심지어 롤리타에게 엄마가 돌아가셨다는 소식조차 전하지 않았다는 점에도 개의치 않았다.

이렇게 내가 험버트를 위해 야광봉을 흔들었던 이유 중 하나는, 그저 결국은 그 장면이 나온다는 사실을 처음부터 알고 있었는데도 130페이지가 넘게 그것이 지연되고 있었기 때문이다. (나보코프는) 기대하던 순간을 지연하면서 스릴을 쌓고 또 쌓았다. 궁극적으로 롤리타가 그를 유혹했다는 점에서 얼마나 달콤한 안도감을 — 험버트도 나도 — 느꼈는지 모른다.

## 예기치 못한 발견

장면의 전개부는 인물이 자신이 입양되었다는 사실, 부인이 자신의 절친한 친구와 바람을 피웠다는 사실, 자신이 범죄의 누명을 썼다는 사실을 발견하기에 더없이 훌륭한 장소이다. 이러한 발견은 세상을 뜬 친척의 낡은 서랍 속 편지를 통할 수도 있고, 다른 인물에게 직접 들을 수도 있으며, 어쩌다 다른 사람의 대화를 듣게 될 수도 있고, 심지어 꿈과 같은 장치를 통할 수도 있다. 이를 통해 그 발견이 플롯 정보 중에서도 변화를 야기하는 부분으로, 당신의 서사를 앞으로 밀고나갈 뿐 아니라 그것이 밝혀진 순간 극적 효과를 자아낼 거대한 잠재력을 제공한다는 점이 분명히 드러난다.

발견의 힘은 위대하다. 〈스타워즈〉에서 루크가 다스 베이더에게 "내가 너의 아버지다."라는 그 끔찍한 말을 듣던 순간과 그로 인해 자신이 알고 있고 믿고 있던 것이 전부 뒤바뀌어 버리던 모습을 누가 잊을 수 있겠는가. 샬럿 브론테의 소설 『제인 에어』에서 주인공이 연인 로체스터의 숨겨진 과거에 대한 충격적인 진실, 결국은 계획하던 결혼마저 취소하게 만든 그 진실을 알게 되는 순간은 또 어떤가. 이런 발견은 압도적으로 강렬하다.

발견은 부나 정체성을 돌려주면서 안도와 위안을 제공하기도 하고, 전혀 희망이 보이지 않던 순간에 인물에게 기회 — 신데렐라가 요정 할머니의 존재를 알게 되는 순간이나 해리포터가 자신은 가혹한 이모와 삼촌의 집에서 벗어나 위대한 마법사 학교에 입학할 운명의 마법사임을 알게 되는 순간 — 를 주기도 한다. 당신이 이미 인물을 시험에 들게 하고, 중요한 것을 보류하고 위험을 겪게 했다면, 한순간에 그들의 운명을 바꿔놓는 발견을 제공하는 방법을 매우 유용히 활용할 수 있을 것이다.

# 4

# 성공적인 결말

당신은 처음으로 사랑에 빠진 순간이나 연인이 헤어지자 말한 뒤 마지막으로 문을 열고 나가던 순간을 기억하는 편인가? 사람들은 대부분 보다 최근에 일어난 일과 보다 커다란 정서적 영향을 준 사건을 기억하는 경향이 있다. 성공적인 장면의 결말은 역동적인 감정의 무게를 전달하며 독자에게 좀 더 읽고 싶다는 아쉬움을 남긴다. 결말은 본질적으로 이야기를 정리한다. 대화나 데이트처럼 간단한 일을 마무리할 때도 있고, 생활이나 인생을 마무리할 때도 있다. 문제를 해결하지 않은 채 독자들에게 더 많은 질문을 남기는 결말도 있다. 장면의 결말에서는 이 두 가지가 모두 사용될 수 있다. (21장의 마지막 장면에 대한 조언을 참고하라.)

    장면 결말은 독자가 한 숨 돌리며 지금까지 읽은 내용을 소화할 장소를 만들기 위해 쓰이기도 한다. 결말부는 마침내 모든 것이 연결되어 짜맞춰지기 시작하는 순간이기 때문에 기억에 오래 남는다. 이것이 제대로 되면 장면의 마지막에서 독자들이 더 많은 것을 알게 되고 인물과 플롯에 더 많은 관심을 투자하면서, 다음에 어떤 일이 일어날지 더욱 간절히 알고 싶어질 것이다. 독자가 어떤 장면을 끝까지 읽고 나서 무슨 일이 있어도 다음 장을 더 읽으려 한다면, 당신의 임무를 완수한 것이다. 장편 소설에서는 각 장이 하나의 긴 장면으로 작용할 때가 많지만, 짧은 장면 여럿이 한 장을 이루는 경우도 있다.

    장면 결말부는 우선 줌인 결말과 줌아웃 결말의 두 유형 중 무엇을 택할지부터 결정하면 도움이 된다. 렌즈에 어떤 이미지가 잡혔을 때 카메라가 줌인이나 줌아웃을 할 수 있듯, 결말도 독자를 바짝 끌어들이거나 멀리 떨어져 보다 넓은 시야를 가지게 해야 한다.

## 줌인 결말

장면 마지막에 등장인물과의 친밀감 및 감정적 교감이 생겨나거나 그들에게 고난이 닥치면 독자에게 줌인 효과를 주게 된다. 이는 독자를 가까이, 심지어 불편할 정도로 가까이 끌어들여 그들에게 강력한 감정적 순간이나 깨달음의 순간을 선사한다.

### 인물 요약

인물이 내적 독백이나 간단한 대화의 형식으로 앞서 일어났던 사건을 돌아보면, 방금 그 장면에서 있었던 일을 요약할 수 있다.

백설 공주는 파랑새 친구에게 이렇게 말했을 수도 있다. "세상에, 왕비님이 진짜로 나무꾼을 보내 내 심장을 도려내려 했다니 믿을 수 없어! 순진하게 그런 사람을 믿고 있었다니!" 이런 요약 기법은 플롯이 복잡하거나 주요 인물이 여럿일 때, 혹은 미스터리가 숨겨져 있을 때 유용하다. 맞춰야 할 조각이 많을수록 결말의 요약이 더욱 유용히 쓰일 수 있다. 인물 요약은 다음 장면을 시작하기 전 마지막 순간에 인물은 어디에 있는지 독자에게 보여주는 역할도 한다.

예를 들어, 마이클 커닝햄의 소설 『디 아워스』에서 로라는 질식할 것 같은 답답함에 시달리다 결국 가족을 떠나고자 했다. 중요한 장면의 마지막에 그는 다음과 같이 결심한다(제한적 3인칭 시점으로 서술됨).

> 그는 희망을 잃지 않을 것이다. 놓쳐버린 가능성이나 미처 보지 못한 재능에 대해 한탄하지 않을 것이다(애초에 재능이 없었다면 어쩔 텐가?). 그는 자신의 아들과 남편, 그리고 가정과 의무를 위해 자신의 모든 재능을 바칠 것이다. 그는 이 둘째 아이를 기꺼이 원할 것이다.

이런 결말을 통해 독자들은 장면의 마지막에서 인물의 감정적 동요를 감지한다. 이때까지 커닝햄은 로라의 스토리라인에 막대한 불안을 키워왔다. 그러나 여기서 독자들은 잠깐이나마 로라가 어떤 결정을 내렸는지 확인하며 숨을 돌릴 수 있다. 물론 이 인물의 딜레마와 이야기는 여기서 끝나지 않는다. 그것은 책이 끝날 때까지 숨겨져 있다.

요약이 너무 길어지지 않도록 주의하라. 그러면 행동이 사라지기 시작하기 때문에 당신도 금방 눈치챌 것이다. 만일 집필하는 과정에서 피드백을 받는다면, 독자들은 과도한 요약으로 산만하고 지루하다고 답변할 가능성이 높다. 요약 결말은 인물의 심화, 즉 인물에 대해 독자들이 전에는 모르던 정보를 드러내는 데 사용하라.

### 발견적 대화

발견은 장면에 극적 서사와 긴장을 만들어준다. 3장에서 우리는 장면 전개부에서 서사를 진행시키기 위해 발견이 활용되는 방식에 대해 살펴봤다. 하지만 이것은 놀라움이나 강렬함을 담아 장면을 마무리할 때에도 사용될 수 있으며, 특히 대화의 형태로 등장할 때가 많다. 장면의 결말은 어떤 인물이 갑작스럽고 놀라운 정보를 터뜨리기에 더없이 훌륭한 장소이다. 무고하다고 여겨지던 남자가 재판 도중에 갑자기 "내가 그 사람을 쐈어!"라고 외칠 수도 있다. 발견은 독자를 그 인물에게 집중하게 만드는 동시에 다음 장면으로 향하는 스릴을 자아낸다. 그 인물이 다시 등장하면 독자들은 분명 그 행동이 어떤 결과를 낳았는지 보게 된다.

보다 조용히, 감정적 차원에서 이뤄지는 발견도 있다. 새 신부가 신혼여행에서 남편에게 "사실 나는 널 사랑하지 않아."라고 고백하며 인생에서 가장 행복해야 할 날에 운명을 완전히 바꿔버릴 수도 있다.

### 클리프행어(Cliffhanger) 결말

어떻게든 독자들이 잠시 멈춰 한숨 돌릴 겨를도 없이 책을 계속 읽어 나가게 만들고 싶다면, 클리프행어 결말이 가장 적합하다. 클리프행어는 독자를 아슬아슬한 상황으로 끌고 가 결과를 알려주지 않은 채 끝낼 때, 거의 모든 장면에서 아주 다양한 방식으로 만들어질 수 있다. 인물이 죽을 고비 속에 남겨질 수도 있고, 결과가 나오기 직전에 행동이 갑자기 끝나거나, 상황이 완전히 뒤집혀 인물의 현실 인식이 전부 무너지는 경우도 있다. 이런 시나리오의 공통점은 긴장감이다. 이런 상황이 등장할 때마다 독자는 궁금증에 빠지게 된다.

저스틴 크로닌의 《통로The Passage》 삼부작 중 『거울 도시The City of Mirrors』의 예를 들어보자. 겨우 남아있는 인간 마을에서 인간을 공격하여 뱀파이어와 비슷한 '바이럴'로 만들어 그들을 거의 말살한 '바이러스' 공격 속에서 마지막 생존자가 기습 공격에 대한 방어에 나선다.

> 주변에서 벌어지고 있는 다른 모든 일과 고통스러울 정도로 어울리지 않을 만큼 천천히 출구로 보내진 어린아이들을 돕기 위해 바닥에 있는 구멍으로부터 손이 올라왔다. 사람들은 서로 격렬히 밀치고 있었고 여자들은 비명을 지르고 아이들은 울고 있었다. 케일럽은 휘발유 냄새를 맡았다. 빈 연료통 하나가 창고 문 바로 옆 바닥에 쓰러져 있었다. 그들의 존재는 전혀 말이 되지 않았다. 그것은 펙 수녀의 소총만큼이나 설명할 수 없는 범주의 사항이었다. 남자들은 창문에 식탁 의자를 던졌고, 나머지는 식탁을 엎어 바리케이트를 만들었다. 세상의 모든 것이 대립하고 있었다. 케일럽은 창문과 제일 가까운 곳에 자리를 잡고 소총을 어둠 쪽으로 겨눈 채 쏘기 시작했다.

클리프행어는 독자들을 행동으로 아주 깊이 끌어들이기 때문에 이 시점에서 그들이 책을 내려놓을 가능성은 매우 적다. 그리고 위의 예시처럼 사랑받던 인물들을 위험 천만의 위기에 빠뜨리는 클리프행어를 만들면, 독자는 그래서 그들에게 무슨 일이 생겼을지 절박하게 알아내려고 할 것이다.

클리프행어는 독자의 가슴에 아드레날린을 솟구치게 하는 경향이 있기 때문에, 적절히 긴장을 풀어주지 않고 모든 장면을 이런 식으로 끝내선 안 된다. 클리프행어를 과도하게 남발하지 않아야 온전히 긴장감을 조절하는 기법으로 활용할 수 있다.

## 줌아웃 결말

줌아웃 결말은 친밀감이나 즉각성에서 멀어진다. 강렬한 장면을 읽고 나면 독자에게 잠깐의 감정적 안도가 필요하곤 하다. 그때 잠시 뒤로 물러서면 숨을 고르거나 지금까지 일어난 일을 반추할 기회를 얻을 수 있다.

## 시각적 묘사

작가가 시각적 묘사로 장면을 마치려고 하는 이유는 여러 가지가 있을 수 있다. 일반적으로 시각적 표현을 하면 독자가 현재의 순간에 구체적으로 머무를 수 있다. 시각적 묘사는 상황을 단순히 보여주기도 한다. 꼭 다른 것을 숨겨두거나 어떤 의미를 암시해야 하는 것은 아니다. 그런 경우에는 감각을 더 많이 사용하게 된다.

장면에 행동 — 달리고 춤추고 싸우는 등 — 이 꽤 많았다면, 독자가 구체적인 시각적 방식으로 무엇인가를 볼 수 있도록 뒤로 물러나는 것이 장면을 끝내는 데 매우 효과적인 방법이 될 수 있다. 만일 장면에 싸움이 있었다면, 흠씬 두들겨 맞은 주인공이 길에서 쓰러지는 모습으로 그 장면을 끝내면서 과연 그가 얼마나 다쳤을지 독자들이 궁금해하게 만드는 방법도 있다. 혹은 독자에게 평화롭고 희망적인 모습을 보여주면서 한 발 물러날 수도 있다. 달빛 아래에서 조용히 소가 풀을 뜯고, 한 여자는 부엌에서 차를 우리고, 아이는 강아지의 머리를 쓰다듬는. 여기서는 독자에게 물리적 인상을 남겨서 다음 장면까지 이를 생생히 가져갈 수 있도록 감각을 사용하는 것이 핵심이다.

시각적 결말은 독자가 지금 그 페이지에 담긴 모습의 이면까지 곱씹을 내용을 담을 필요가 없다. 이것은 마치 강렬한 장면 사이에 등장해서 장면을 읽으며 느꼈던 몇몇 감정을 정리하고 다음 장면으로 향할 준비를 해주는 입가심과 같다. 역사상 가장 위대한 단편 소설 중 하나인 제임스 조이스의 『죽은 이들』은 한 장면이 끝나고 다음 장면이 시작되는 사이에 그저 마음을 말끔히 정리해주는 시각적 묘사를 활용한다.

> 새벽은 아직 어두웠다. 어슴푸레 노란 빛이 집들과 강을 감싸고 있었고, 하늘은 내려앉는 것처럼 보였다. 발에 밟히는 땅은 질퍽거렸고, 눈만이 지붕과 부두 난간과 지하실 출입구 계단 난간 위를 기다랗게 혹은 듬성듬성 뭉텅이 꼴로 덮고 있었다.

위와 같은 시각적 결말은 야단스러운 활동과 움직임과 대화로 가득한 파티의 마지막 장면과 가브리엘이 자신이 생각하는 만큼 아내를 알지 못한다는 사실을 깨닫는 잔잔하고 감정적이면서도 충격적인 최종 장면 사이를 부드럽게 전환시켜 준다. 그 단순한 시각적 묘사가 실로 강력한 다음 장면에 이르는 길을 만들어준다.

## 철학적 명상

글쓰기는 직설적이기도 하지만 상징적이기도 하기에, 결말이 장면에서(혹은 여러 장면에서) 일어난 사건을 철학적 관점으로 되짚어 보며 작품의 주제적 층위를 탐구해 볼 때도 있다. 1960년대에 끔찍한 살인을 저지른 맨슨가 일당을 추종하는 집단에 빠져든 한 여자아이의 이야기를 다룬 에마 클라인의 소설 『더 걸스』가 여기에 해당한다. 주인공 이비가 앞으로 자신을 끔찍한 집단으로 끌어들이게 될 수전을 처음 만나는 장면은 이비의 성격의 어떤 면을 보여주는 다음의 철학적 명상으로 마감된다.

> 수전을 만난 후 내 삶은 확실하고 신비스러운 위안을 얻었고, 알려진 세상 너머의 세상, 책장 뒤의 숨은 통로가 드러났다. 사과 한 알을 먹다가 문득 이제 나는 물 많은 사과를 한 입 먹을 때조차 감사를 느낀다는 사실을 깨달았다. 머리 위 참나무 잎들의 배열조차 이전엔 풀 수 있을 거라 생각지 못했던, 온실처럼 정리된 수수께끼의 단서들로 가득했다.

이대로 있다간 지루한 교외의 삶에 머무를 수밖에 없다는 두려움을 안고 절박하게 어떤 위대함을 찾아 헤매던 이비는 바로 그 태도로 인해 곤경에 빠진다. 클라인은 이 장면을 아름다우면서도 문제적이며, 앞으로 벌어질 일을 암시하는 동시에 다음에 이어질 장면에도 계속 영향을 미칠 감정으로 끝낸다.

철학적 글을 쓸 때에는 그 장면에서 가장 중요한 인물의 관점에서 직유나 은유, 혹은 시각적 비유 등의 비유를 활용하는 방식이 최선일 때가 많다. 가령, 뜻하지 않은 임신을 하게 되어 중절 여부를 고심하던 인물이 엄마 고양이가 새끼 고양이를 돌보는 모습을 보고 큰 동요를 겪으며 자신의 모성 본능을 이해하게 될 수도 있다. 이 인물을 통해 당신은 다음과 같은 생각을 철학적으로 함축할 수 있다. "나는 아기가 배고파 할까봐, 그 외에도 다른 것이 절박하게 필요할까봐 두렵다. 나는 여성이고 임신한 사람이었지만, 그 순간 엄마란 그보다 훨씬 더 큰 의미임을 깨달았다. 그 무엇보다 거대한 의미였다." 이러한 사색이 작가인 당신이 아니라 그 인물의 관점을 통해 스며나오게 하라.

철학적 결말은 다음과 같은 상황에 가장 효과적이다.

- '전지적' 작가 시점으로 인물의 내밀한 경험 외부에서 행해지는 사색을 쓰고 있을 때
- 인물이 본래 철학적 사색을 자주 하는 편일 때(인물이 직설적이고 그다지 성찰적이지 않다면 철학적 결말을 시도하지 않는 편이 낫다)
- 장편 혹은 단편 소설의 주제가 강렬하여(구원, 격려, 상실 등), 철학적 요약에 적합할 때
- 장편 혹은 단편 소설이 플롯이나 행동 중심이라기보다 인물 중심일 때. 인물이 절벽에 매달려 있거나 경찰에 쫓기고 있는 상황에서는 철학적이기 어렵다.

## 결론적 결말

멋있는 요소를 아무것도 끼워 넣지 않고 장면을 단순히 끝내는 방법이 필요할 때도 있다. 이런 순간의 결말에는 다음 사건을 예시하거나 주제적 울림을 부여할 필요가 없다. 이 결말의 임무는 그저 있었던 일을 마무리짓거나 플롯 포인트를 만드는 것이다. 언젠가는 죽어야 할 인물을 처단하는 장소로 적합할 수도 있다. 죽음은 중요한 행동이기에 장면 마지막에 죽음을 배치하면 독자에게 자신이 어떤 느낌을 받을지, 연달아 다음 장면까지 계속 읽을 수 있을지 결정할 시간을 줄 수 있다.

이 외에도 결론적 결말에는 여러 가지가 있다. 가령 그 장면이나 이야기 전체에 걸쳐 제시된 질문에 답을 밝힐 수도 있다. 로이스 레인이 슈퍼맨의 정체를 알고 싶어 했다면, 장면의 말미에서 슈퍼맨이 자신은 클라크 켄트라고 밝힐 수도 있다. 그저 당신이 매듭짓고 싶은 방향 그대로 장면 마지막에 살인범의 정체를 드러낼 수도 있고, 혈액 검사의 결과를 공개할 수도 있고, 범죄자의 형량을 선고할 수도 있다.

결론적 결말은 마지막이라는 느낌을 담고 있기 때문에 독자에게 벼랑 끝

에 매달려 있는 아슬아슬한 고비에서 끝낼 때와는 사뭇 다른 경험을 남긴다. 그러면 당신의 서사에 플롯 중 한 흐름이나 인물의 세부사항이 일단락되고 다른 내용이 이어질 수 있는 자리가 마련될 것이다.

가령, 미셸 리치먼드의 소설 『안개의 해 The Year of Fog』에서 주인공 애비 메이슨은 약혼자의 딸 에마에게서 잠시 한눈을 판 사이 아이를 잃어버리고 만다. 그들은 거의 일 년 동안 아이를 찾지 못한다. 에마의 아버지인 제이크조차 아이가 사라진 지 몇 달이 지나자 찾기를 포기하지만, 애비는 혼자서 계속 아이를 찾는다. 마침내 아이를 발견했을 때, 그 사건으로 인해 소설의 커다란 플롯 하나가 마무리되지만, 소설은 거기서 끝나지 않는다.

> 아이는 얼굴을 찡그리고 손가락으로 코를 싸쥔 채 나왔다. 아이라면 누구나 할 법한 별 것 아닌 행동이었지만, 나는 아이의 이런 모습, 이 평범한 모습을 보는 것만으로도 감정이 복받쳐 목이 메었다. 살아있었다.

이 대목은 참으로 오롯한 결론의 인상을 주기 때문에, 이 멋진 결말부로 소설이 끝나는 것처럼 보이기 쉽다. 그렇지만 이야기가 흘러오는 동안 제이크, 애비, 에마가 너무 많은 일을 겪었기 때문에, 그들이 해결해야 할 일은 아직 너무나 많이 남아있다.

결론적 장면 결말은 이야기의 최종 결말이 아니라, 어떤 계기적 사건으로 인해 시작된 한 가지 사건이나 플롯의 결론일 뿐이다.

3부에서 우리는 서사를 구성하는 여러 가지 장면을 마무리 짓는 법을 유형별로 살펴볼 것이다. 그러나 분위기, 속도, 플롯에 제대로 맞추기 위해서는 결국 각 장면의 결말을 하나씩 차근차근 선택해야 한다.

# 2부:

## 핵심 요소와 장면

> "책의 뒷부분이나 다음 책에 쓸 수 있을 것 같다며 무조건 아껴둬선 안 된다. 써라, 전부 써라, 지금 당장 써라."
>
> — 애니 딜러드

# 5

# 배경

역사적이며 예술적인 아름다움에 경탄할 상황을 기대하며 바티칸의 쌀쌀하고 화려한 동굴에 들어서서, 온갖 금장식과 대리석은 물론 대성당의 규모만으로도 정신이 아찔해지는 순간을 상상해보라. 어디를 먼저 봐야 할지조차 가늠할 수 없어 곧 머리가 아파올지도 모른다. 낯선 배경을 마주할 때 우리는 불안하고 압도당한 기분을 느낀다. 이는 장면 속에 만들어둔 허구적 배경을 볼 때에도 마찬가지이다. 따라서 당신은 매 장면마다 능숙하게 독자에게 꼭 필요한 부분과 그들이 보고 있는 바를 이해하는 데 도움이 될 만한 점을 짚어주면서 중요한 세부사항을 빠짐없이 안내하는 여행 가이드처럼 행동해야 한다.

모든 장면에서 배경은 핵심 요소 중 하나지만, 그것의 목적은 대부분 그 장면의 행동을 지탱하고 수용하는 것일 뿐 배경이 주인공이 되는 경우는 아주 드물다. 하지만 독자를 배경에 안착시키고 이를 바탕으로 인물이 목적에 맞게 움직이게 하기 위해서는 배경을 신중히 고려해야 한다.

다만 배경이 각 장면 유형에 끼치는 영향에 대해서는 3부에서 다룰 예정이기에, 여기서는 먼저 당신이 활용하게 될 배경과 소재의 기본 유형을 숙지해두자.

어떤 장면이든 무대를 쌓기 위한 첫 번째 요소는 보일 만한 모습을 묘사하는 것이다. 각 장면 안에 물리적 세계를 창조할 때에는, 감정과 생각 등 앞으로 등장할 무수한 세부사항을 채워넣을 견고한 틀을 제공해야 한다. 보이는 것을 더 선명히 설명할수록 독자가 편안하게 느낄 가능성도 높아진다.

인간은 허구에서조차 있을 법한 일 — 현실적인 삶의 요소 — 을 찾으려

하는 재미있는 경향이 있다. 허구의 재미란 당신의 특성에 맞게 세계와 인물을 만들어낼 수 있다는 데 있음에도, 판타지 작가조차 판타지 세계의 리얼리티를 전하기 위해서는 풍부하고 신빙성 있는 문화, 역사, 지리를 발전시켜야 한다는 사실을 안다. 장소는 독자가 금세 당신의 이야기를 진짜라고 느끼게 해주는 요소 중 하나이다.

## 무대 설정

습한 남부의 지류, 냉랭한 노르웨이의 피오르드 해안, 부서진 빅토리아 시대의 저택, 한결같이 코를 찌르는 동물의 악취 등, 허구 속의 배경은 실제 세계와 마찬가지로 매우 다양하다. 이것은 당신이 인물을 데려갈 수 있는 무수한 장소 중 극히 일부일 뿐이다. 장소는 그저 서사 속에 등장하는 행동 및 극적 상황을 위한 무대장치처럼 보일지도 모르지만, 이는 장차 당신의 씨앗을 심게 될 비옥한 토양에 가깝다. 또한 장면을 구축하는 일을 잊어선 안 된다. 소설을 꼭 진공 상태에서 진행해야 할 이유가 있지 않는 한, 물리적 배경을 구축하는 일은 독자를 이야기 속에 안착시켜 인물을 그저 둥둥 떠다니는 머리로 상상하지 않게 하는 가장 중요하고 직접적 방법 중 하나이다.

　허구를 집필하려면 고려해야 할 세부사항이 너무 많아서 배경은 별로 신경을 쓰지 않아도 되는 부분으로 보일 수도 있다. 그러면 그것은 그저 해야 되는 일이라서 하거나 하기 싫어하는 일종의 의무사항이 된다. 그러나 처음부터 배경을 꼭 완벽하게 생각해둬야 하는 것은 아니다. 모호한 아이디어 수준에서 출발했다가, 퇴고를 거듭하면서 살을 붙여갈 수도 있다. 희곡을 읽거나 연극에 출연한 적이 있다면, 무대 위에서 배경과 장소를 이루는 불분명한 시각적 세부사항에 익숙할 것이다. 도시의 모호한 경계선이 뻗어나가는 대도시를 의미하기도 하고, 종이로 만든 나무 몇 그루가 숲을 뜻하는 경우도 많다. 배경 설정이 어렵다면, 처음엔 엉성하게 그림을 그려 두었다가 나중에 좀 더 생각이 정리되었을 때 차차 채워나가도 좋다.

　장면 안에 다음과 같이 간단히 메모를 남겨둘 수도 있다. "떠들썩하게 노는 아이들이 잔뜩 있고 가운데 호수도 하나 있는 모종의 공원을 설정하라." 혹은 "파리, 세기가 바뀔 무렵." 그곳의 음식이나 냄새는 나중에 조사해도 좋다.

배경에 많은 층위가 깔려있다보니 그것이 온전히 떠오르지 않을 수도 있다. 그럴 땐 '배경'을 어떻게든 최종고를 쓰기 전까지만 마무리하라. 지리적 위치를 비롯하여 자연 환경, 집과 빌딩 등 가장 기본적인 배경 몇 가지만 정해두고 있으면 된다.

## 지리적 위치와 자연 배경

당신의 이야기가 세계 중 어디를 배경으로 하고 있는지 알고 있는가? 메리 도리아 러셀의 『스패로』에 등장하는 라카트 행성처럼 당신이 알파 센타우리 태양계 밖에 만들어낸 세상인가? 아니면 지구 미국 테네시 주의 멤피스 시인가?

다른 건 몰라도 지리적 위치만은 최대한 빨리 결정해야 한다. 배경의 다른 요소에 비해 인물에 더 많은 영향을 끼치기 때문이다. 모든 장소에는 사투리에서부터 정치 상황과 기후, 그곳에 있는 인물 정보에 이르기까지 독자(그리고 작가인 당신)에게 유용한 정보가 담겨있다. 예를 들어 미국 남부 태생의 인물은 앨라배마를 매우 편하게 생각하는 한편, 캘리포니아에서 온 인물은 앨라배마의 뜨거운 기후, 정치 성향, 인종 차별 등을 견디느라 힘들어할 수도 있다.

배경 중 가장 단골로 등장하는 대자연 속에서 장면이 펼쳐질 수도 있다. 단, 멋지게 눈으로 뒤덮인 스키 슬로프와 말라죽어가는 사막은 인물에게 매우 다른 영향을 끼친다는 점을 기억하라. 누군가가 술에 잔뜩 취해 꽃이 한가득 피어있는 풍성한 정원에 넘어졌다면, 선인장 군집에 떨어졌을 때와는 결과가 전혀 다를 것이다. 이러한 구체적 상황은 당신이 정해야 한다. 책을 읽는다고 독자가 물리적으로 콜로라도 주 베일의 맹렬한 추위 속이나 모하비 사막의 건조한 열기 속으로 이동할 수는 없지만, 그래도 자신이 거기 있는 것처럼 느끼기를 바랄 것이다. 하지만 어떤 인물이 그저 뛰어내리기만 하면 되는데, 애리조나 메사 지형의 형성에 대해 지리학적으로 길게 설명하지는 않도록 주의하라.

작가 아룬다티 로이는 자신의 소설 『작은 것들의 신』에서 인도의 자연 배경을 활용한다. 거기서 기후와 자연은 — 특히 쉼 없이 이어지는 장맛비 — 인물들에게 지대한 영향을 끼친다.

하늘이 열리고 물이 쏟아지더니, 말라가던 오랜 우물을 소생시키고 텅 빈

돼지우리에 푸른 이끼를 살려내고, 기억이 찬 색깔의 잔잔한 정신에 폭탄을 쏟아붓듯, 찬 색깔의 잔잔한 웅덩이를 융단 폭격했다. 풀은 싱그럽고 생기 넘쳤다. 행복한 지렁이들은 보랏빛을 띠며 진흙 속에서 뛰놀았다.

이 짤막한 단락을 통해 로이는 (다름 아닌 환상적 묘사를 통해) 인도에서 장마를 겪는 것이 어떤 느낌인지 전달해준다. 이렇게 폭우가 쏟아지는 계절에 시간의 흐름을 설정하면 인물과 자연 그리고 인물간의 관계를 형성하는 방식이 어떻게 될지 상상해보라.

## 집, 건물, 방

소설의 진행에 따라 인물은 집, 오두막, 유르트에서 살 수도 있고, 화장실, 미친 과학자의 실험실, 병원을 드나들 수도 있으며, 레스토랑이나 술집, 침실에서 모일 수도 있다. 방과 집은 삶에서 가장 근본이 되는 공간이자 모임 장소이며, 판잣집에 살든 저택에 살든, 고급 음식을 먹든 배달 피자를 먹든 대부분의 사람들이 이곳을 익히 알고 있기 때문에 반드시 사실적이어야 한다. 이러한 공간은 인물을 전달하고 그들에 관한 세부사항을 드러내야 한다.

'보는 것이 믿는 것이다'라는 옛날 속담을 들어본 적 있는가? 즉 장면 속 인물이 향수와 속옷, 창턱에 놓인 아름다운 꽃을 보지 않으면 그 침실에 '여성의 손길이 닿아있다'는 점을 독자가 어떻게 알 것인가? 따뜻하게 타고 있는 벽난로를 보고 발가락 밑으로 부드러운 러그를 느낄 수 없다면 이 집이 아늑하다는 사실을 어떻게 알 것인가?

집은 거기 살고 있는 인물을 표상할 때도 많다. 집의 상태를 묘사하면서 인물의 영혼에 대해 말할 수도 있기 때문이다. 외로운 인물은 텅 비고 메마른 집에 살 수도 있고, 열정적인 인물은 화려하고 색이 다채롭거나 따뜻한 계열의 취향을 가지기도 한다. 방과 건물, 집을 그저 밋밋한 배경으로만 쓰지 말고 인물과 장면을 풍부히 하는 데 사용하라.

## 배경 세부사항

주인공을 배치할 환경을 생생하고 신빙성 있게 만들어주는 모든 배경 유형에는 기본적인 물리적 사항도 있지만 고유한 배경 세부사항도 있다. 역사적 시대에서부터 문화적 참조사항까지, 배경은 사물을 등장시키는 방식에만 그치지 않는다. 배경은 당신의 서사에 알맞은 가치와 관습을 구성하여 독자가 깊이 녹아들 수 있는 진정으로 생생하고 신빙성 있는 세계를 만든다.

## 역사 속의 시간

당신의 소설이 어느 시대를 배경으로 하는지는 결코 잊어선 안 된다. 이것이 또한 당신의 배경에 아주 큰 영향을 끼치기 때문이다. 중세 영국은 1920년대 아프리카의 콩고와는 완전히 다른 배경을 제공할 수밖에 없다.

자유연애와 반정부 운동이 활발했던 1960년대 미국처럼 최근의 역사 중에서도 특별히 의미 있는 시대를 고를 때에는, 이 시대에 살았던 사람이 아직 남아 있으며 그들은 당신이 이 시기를 얼마나 정확히 묘사하는지에 관해 격한 감정을 느낀다는 사실을 명심해야 한다. 이럴 때에는 세부사항의 정확성에 각별히 신경을 써야할 뿐 아니라, 당신이 의도하든 안 하든 그 시기를 다루는 일 자체가 당시의 사람들과 사건에 대한 논평의 의미를 지닌다는 점을 알아두자.

역사적으로 온건한 때(그것이 가능하다면)나, 적어도 극적인 사건이 눈에 덜 띄는 시기를 선택한다면, 세부사항을 조금 더 거리낌 없이 그릴 여지가 있을 수도 있다. 당신의 스토리라인에 시대 배경의 비중이 어느 정도인지에 따라 '90년대 초' '19세기 중반' 정도로 넓게 지적하고 넘어갈 수도 있다.

## 문화적 참조사항

문화는 사람들의 성장과정을 형성하는 신념과 행동 양식을 결정한다. 미국 서부는 사투리나 말투에서부터 정치적 가치에 이르기까지 여러 가지 면에서 남부와 다르다. 문화에는 숭배의 대상, 사회적·종교적 전통(혹은 전통의 부재), 언어 패턴 등이 포함된다. 인물이 당신이 전혀 겪어보지 않은 문화 속에 살고 있다면, 세부사항까지 철저히 조사하여 정확을 기해야 한다. 당신이 익히 알고 있는 문화라면 당신만이 보여줄 수 있는 풍부한 내용을 장면에 담아낼 수 있다는 장점이 있다.

미셸 리치먼드의 서정 소설『푸른 방의 꿈*Dream of the Blue Room*』이 좋은 예이다. 거기서 주인공 제니는 끝나가는 자신의 결혼을 지키기 위한 최후의 수단으로 크루즈를 타고 중국의 양쯔강을 따라 내려가는 한편, 세상을 뜬 친구

어맨다 루스의 유언에 따라 그 강에 유해를 뿌리며 작별을 고한다. 리치먼드는 이국적 요소에 관한 이미지 및 묘사를 통해 우아하고도 비현실적인 분위기를 만들었지만, 이를 위해 장면을 이해하기 쉽고 사실적으로 만드는 방식을 택했다. 글을 읽다보면 당신도 금세 그 배를 타고 중국의 신비로운 강을 따라 내려가고 있다는 느낌을 받게 될 것이다.

> 밤이 되자 강이 은빛으로 변하고 그 위로 산 그림자가 비치며 공기는 서늘하게 물기를 머금었다. 여기가 어맨다 루스가 바라던 중국, 그의 월세계(月世界), 용의 땅이었다. 우리가 지나치는 마을은 어둠 속에선 카니발처럼 약동하는 신비로운 곳이지만, 낮에는 지저분하고 붐비고 산업으로 닳고 닳아 있었다. 아파트의 행렬은 마치 배고픔에 지친 생물처럼 굽어있고, 공기에선 석탄의 악취가 느껴졌다. 안개에 검은 재와 공장 매연이 섞여간다. 숨 쉬는 것만으로도 에너지를 전부 빼앗기는 듯했다.

소설에 등장하는 지역의 역사적, 문화적 개관을 처음부터 끝까지 제시해선 안 되겠지만, 설령 다른 행성이 배경이라 하더라도 주인공이 정말로 거기 있다고 독자들이 믿을 수 있도록 정보, 묘사, 문화적 세부사항을 충분히 제공하는 일은 필요하다. 낯선 땅과 그곳의 문화를 눈에 보이고 귀에 들리게 만들기 위해서는 감각에 의지하라. 물론 배경이 (판타지 세계와는 반대로) 실제 장소이거나 당신의 조국이 아니거나 가본 적이 없는 곳이라면, 부실하거나 공허한 풍경을 만들어내 독자에게 공명을 일으키지 못할 위험이 있으므로 주의를 해야 한다. 언제나, 항상, 철저히 조사하라.

## 배경의 폭풍 같은 여행

이 장에서 다룬 배경의 모든 요소를 개관하기 위해 파트리크 쥐스킨트의 『향수: 어느 살인자의 이야기』의 몇몇 장면에서 찾아낸 주요 요소들을 살펴보자.

## 지리적 위치와 시대

다음의 세부사항은 18세기의 프랑스 파리라는 배경을 구성한다. 당신이 얼마나 생생한 시각적, 후각적 요소에 빠져들어가는지 주목하라. 주인공인 그르누이는 안티 히어로로, 자기만의 향기가 없이 태어나 향기에 강렬한 욕망을 느끼는 남자다.

> 우리가 이야기하는 시기는, 도시들이 현대를 살아가는 우리들로서는 상상하기 힘든 악취로 가득한 때였다. 거리는 거름의 악취가 코를 찌르고, 안뜰에선 진동하는 지린내, 계단참은 썩은 나무와 쥐똥이 가득하고, 부엌에는 썩은 양배추와 양고기 비계가 굴러다니는데다, 사람들은 더러운 옷과 땀 냄새로 지독하고, 입에서는 충치로 인한 구취와 배에서 올라오는 양파 냄새가 진동했다. …
>
> 800년 동안 병원과 주변의 지역 교회에서 사람이 죽으면 시체가 여기로 보내졌고, 800년 동안 날이면 날마다 수십 구의 시체가 이곳으로 실려와 긴 도랑에 던져졌고, 해골은 점점 쌓여만 갔다. …
>
> 그런데 전체 왕국에서도 가장 더러운 곳인 이곳에서 1738년 7월 17일 장 바티스트 그르누이가 태어났다.

## 집과 건물

그르누이가 어린 시절에 살던 마을의 모습은 다음과 같다. 묘사를 담은 짧은 단락에서 당신은 숨이 막힐 듯 답답한 작은 마을에 대한 아주 강렬한 시각적 이미지를 만날 수 있다.

> 생 자크 드 라 부셰리와 생 외스타슈 주변의 마을은 굉장한 곳이었다. 좁은 골목에서는 … 사람들이 너무 빽빽이 모여 사느라 다닥다닥 붙어 있는 5~6층 높이의 집들로 하늘이 보이지 않을 정도였고, 지상에는 악취가 응결된 공기가 눅눅한 운하를 이루었다.

쥐스킨트는 그르누이의 황홀해하는 눈을 통해 물리적 공간, 즉 조향사의 방을 슬쩍 보여준다.

작업대가 그의 마음을 흔들었다. 모든 것이 준비되어 있는 듯했다. 향기를 입히는 유리 욕조, 건조용 유리판, 색소를 섞는 데 쓰는 막자 사발, 막자와 주걱, 붓과 칼, 가위까지.

**자연 배경**

향수 만드는 법에 대해 알아야 할 것을 모두 배우고, 향수 장인의 상점을 폭파시켜 버리기까지 한 뒤, 그르누이는 완전히 잊힐 때까지 다른 사람들의 눈을 피해 지내기 시작했다. 그는 황야에서 은거한다.

왜냐하면 그 장소는 이루 말할 수 없이 많은 장점이 있었기 때문이다. 동굴 안은 낮에도 밤처럼 깜깜했고 쥐죽은 듯 조용한 데다, 그가 들이마시는 공기는 습하고 찝찔하고 차가웠다. 그르누이는 이곳은 생명체가 들어와 본 적이 단 한 번도 없다는 것을 냄새로 곧장 알 수 있었다. … 그는 프랑스에서 가장 외로운 산에서도 무려 150피트 지하에 누워 있었다. … 살면서 이렇게 안전하다고 느껴본 적이 없었다. …

## 의도적 배치: 모든 사물이 중요하다

배경에서 또 하나의 중요한 점은 의미 있는 소품, 혹은 사물의 배치다. 어렸을 때 공립학교에 다닌 사람이라면 대부분 어느 시점엔가 디오라마 — 자신이 읽은 책의 내용을 표현한 모형, 신발 상자 속에 아주 작은 소품으로 꾸며 낸다 — 를 만들어봤을 것이다. 유명한 소설의 세부사항을 하나의 디오라마에 전부 다 넣을 수는 없기 때문에, 당신은 그 책에서 가장 대표적인 핵심사항만 남기고 나머지는 덜어 내야만 한다. 당신의 장면에 등장시킬 대상을 이런 식으로 생각해보는 것도 좋은 방법이다. 각 장면이 하나의 디오라마라고 상상해보라. 등장시킬 대상에 불필요한 힘을 넣지 않고 장면에 생명력 — 정비사라면 도구를, 음악가라면 악기를 들고 있을 것이다 — 을 살려줄 소품만 넣으려고 해야 한다.

당신이 어떤 장면에 사물을 배치하면, 독자는 그 사물에 의미가 담겨있을 거라 믿을 것이다. 등장하는 빗 하나, 담배 한 갑, 차 한 잔까지 전부 앞으로 나와 장기자랑을 해야 한다거나 그게 아니면 배경을 텅 비워놓아야 한다는 말은 아니다. 하지만 당신이 사물을 묘사하는 데 더 주의를 기울일수록, 그 사물에 의미와 중요성을 부여하는 독자들도 늘어난다는 점을 명심하라. 벽에 걸린 그림에서부터 재떨이에서 타고 있는 담배에 이르기까지, 사물이 감정적 무게를 전달하며 단서의 역할을 하는 경우도 많다. 그저 어떤 사람의 성격을 드러낼 의도로 그의 소유물을 묘사한다면 이 점을 신중히 고려해야 한다. 각 사물을 얼마나 묘사하는지에 따라 독자들이 그 담배를 단순한 담배 이상이라 짐작할 수도 있다.

## 분위기를 조성해주는 사물

어떤 사물은 서술자의 감정을 상징하는 데 쓰일 뿐 플롯에서 중요한 역할을 하지는 않는다. 이런 것은 분위기를 조성해주는 사물로 볼 수 있다. 이것은 서사에 어조를 더해주면서 인물의 감정을 더욱 깊이 이해할 수 있게 해준다.

예를 들어 소설 『안녕, 내일 또 만나』에서 윌리엄 맥스웰은 분위기용 사물을 서사에 다양하게 활용한다. 이 소설에서 이제 어른이 된 서술자는 자신이 살던 작은 마을에서 일어난 살인 사건과 연결하여 자신의 회고록을 쓰고 있다. 그는 어렸을 때 엄마가 세상을 떠난 직후의 집을 이렇게 묘사한다.

> 내가 기억하고 다시 만나고자 했던 숱한 물건들이 흔적도 없이 사라진 그날 이후로 나는 결코 그 집에 들어가지 않았다. 손잡이 하나 소용돌이무늬 하나까지 멍하니 손가락으로 더듬던 빅토리아풍 월넛 소파와 의자, 마호가니 테이블과 낡은 동양풍 러그, 금박 거울, 그림, 속속들이 기억하고 있는 사진들로 가득한 커다란 앨범들 말이다.

이 물건들은 서술자에게 특정한 의미를 갖지 않는다. 그저 어머니가 세상을 떠나자 함께 사라진 친숙하고 편안한 느낌을 떠올리게 할 뿐이다. 사물들을 아주 빠르게 훑으면서 하나의 목록에 뭉뚱그려 어떤 것도 두드러지지 않게 했다는 점은 실제로 어떤 사물도 특별히 중요하지 않다는 사실을 알려준다. 독자가 마호가니 테이블의 무늬와 손잡이를 간단히 그려 볼 순 있지만, 이러한 디테일은

'낡은 동양풍 러그'에 이르기까지 빠르게 스쳐 간다.

　이 서술자가 어머니를 그리워하는 마음을 인정하는 데 가장 가까운 순간은 어머니와 관련된 물건을 그리워할 때이다. 이러한 디테일이 분명 장면에 질감을 더해주긴 하지만 여전히 전형적인 사물이며, 서술자 속에서 끌어낸 감정과 기억에 주의를 환기시키기 위해 배치되어 있을 뿐이다.

　이처럼 여러 사물을 한꺼번에 묘사할 때에는 당신이 그 사물에 상징적 힘을 불어넣기보다는 분위기를 설정하고 있다는 점을 기억하라. 이것이 어떤 사물을 얼마나 묘사할지 잘 알고 있어야 하는 이유이다. 사물을 눈에 띄지 않는 배경 장식으로 만들고자 한다면, 간단히 설명하라. 서사 안에서 사물에 어떤 의미를 부여하려 한다면, 다음에 설명하는 것과 같이 단독으로 등장하거나 다른 사물에 비해 주의가 집중되어야 한다.

## 주요 사물

주요 사물은 어느 정도의 주의를 자신에게 끌어야 한다. 어떤 사물을 중요하게 만드는 요인은 무엇일까? 그것이 플롯의 진행이나 인물의 발전에 직접적으로 영향을 미칠 때이다. 사물을 고유하고 의미 있게 만드는 방법은 무엇인지 보다 잘 파악할 수 있도록 각각의 유형을 자세히 살펴보자.

### 플롯 관련 주요 사물

미스터리 플롯에서 경찰이 찾아낸 단서나 도난당한 가보, 잊힌 파라오의 무덤, 숨겨진 보물처럼 명백히 중요한 사물은 장면 속에서 소개되거나 발견되자마자 플롯에 변화를 일으킨다.

　당신이 성물(聖物)을 찾는 모험에 대한 이야기를 쓰고 있다면, 그 물건이 나타나는 순간에는 언제나 모종의 드라마나 위험, 혹은 갈등이 함께 일어난다는 점을 미리 염두에 두고 있어야 한다. 또, 그 물건을 주인공이 갖고 있는지 반동 인물이 갖고 있는지도 플롯의 진행을 흔들어 놓는다. 주요 사물을 모든 장면에 등장시키면서도 가장 간절히 원하는 사람을 계속 피해가게 하여 독자들의 애를 태울 수도 있다.

　J. R. R. 톨킨의 『반지의 제왕』 시리즈에서, 주요 사물은 그저 작은 반지일 뿐이지만, 그것은 선한 사람을 타락하게 하고 궁극적으로 그것을 너무 오래 지니고 있는 자를 파멸시키는 힘을 가지고 있다. 장면에 반지가 등장할 때마다,

모든 이들 — 등장인물과 독자 모두 — 의 주의는 거기에 집중된다. 그리고 누군가가 반지를 만질 때마다 그것이 사악한 마법의 힘을 발휘하면서 힘의 균형도 계속 바뀌어간다. 이것이야말로 처음부터 끝까지 꾸준히 플롯을 진행시키는 역할을 하는 매우 강력한 주요 사물이다.

플롯 관련 주요 사물이라고 해서 꼭 선과 악 사이의 균형을 관장할 만큼 중대해야 하는 것은 아니지만, 플롯과 직접적인 연관은 반드시 맺고 있어야 한다. 그것은 살인 도구일 수도 있고, 도난당한 보석이나 간통을 저지른 인물을 비난하는 데 쓰이는 물건일 수도 있다.

### 인물 관련 주요 사물

때때로 사물은 매우 특이하고 개인적인 이유로 누군가에게 중요한 가치를 지니기도 한다. 감성적 연유로 오래된 낡은 재킷을 소중히 여기는 사람처럼 말이다. 감정적 결핍을 물질적 형태로 충족시키거나 욕심을 채우기 위해 혹은 안전함을 느끼기 위해 작은 조각상, 인형, 동전 등 오직 자신에게만 의미 있는 물건을 모으는 사람도 많다. 부적을 품고 지내는 사람도 있다. 종교적, 영적 의미를 담은 부적을 지니고 있으면, 사람들이 사랑받고 있거나 행운이 온다고 느끼기 때문이다.

인물 관련 주요 사물은 플롯 진행에 변화를 일으키진 않아도 되지만, 그것이 인물에게 얼마나 중요한 가치를 지니는지는 상세히 묘사되어 독자에게 전해져야 한다. 인물이 여행을 떠나기 전에 늘 성 크리스토퍼 메달에 입을 맞춘다면, 독자의 마음속엔 이 물건이 그에게 어떤 의미가 있다는 생각이 자라날 것이다. 그러면 인물이 이 사물을 어떻게 처음 갖게 되었으며 어쩌다 소중한 물건이 되었는지 보여주는 장면을 집필할 때 이를 유용하게 사용할 수도 있다.

하지만 정말 중요한 사물이라 해도, 그 인물과 사물의 관계를 효율적으로 보여주기만 하면 긴 설명 없이도 그것을 충분히 소개할 수 있다.

### 모호한 사물 피하기

당신은 주인공이 '차량'을 샀다고 하겠는가 아니면 흰색 토요타 코롤라를 샀다고 하겠는가? 누군가가 자기 찬장을 열었다면, 그는 '진통제'를 찾을 것인가, 애드빌을 찾을 것인가? 당신의 인물은 '앵무새'를 키우는가 아니면 무지개색 마코 앵무를 키우는가? 당연히 차이점은 구체성에 있다.

모호한 상태가 되지 않게 하는 일은 매우 중요하다. 당신이 독자를 '건물' 안으로 데리고 간다면, 그들은 이곳이 은행일지 대사관일지 호텔일지 궁금해할 것이며, 이러면 이미 독자가 머릿속에 담아 두고 있기엔 선택지가 너무 많다. 여행 가이드도 당신의 중요한 임무 중 하나라는 점을 명심하라. 당신의 주인공이 총을 가지고 있다면, 독자는 그것이 작은 권총인지, 반자동 소총인지 알아야 한다. 당신이 독자에게 궁금증을 불러일으켜야 할 부분은 다음에 무슨 일이 일어날까이지 인물이 어디에 있고 그곳은 어떤 풍경일까가 아니다. 당신이 화가인데, 대충 목탄으로 스케치를 한 뒤 그것을 걸어 놓고 사람들에게 "여기는 녹색으로 칠할 거고요, 여긴 파란색, 그리고 여긴 아마 노란색이 될 거예요."라고 한다면, 사람들은 당신이 어떤 그림을 그리려고 하는지 전혀 감을 잡지 못할 것이다. 당신이 글을 쓸 때에도 같은 실수를 저지르지 않도록 노력해야 한다. 장면을 시각적으로 명확하게 만들어야 한다.

사물은 인물에 대한 정보를 노출할 기회이기도 하다. 사물은 인물의 성격과 분위기를 물리적으로 드러내 보이는 도구이다. 독자의 관심을 놓치지 않으려면 인물의 성격을 설명할 때 내러티브 요약에 너무 많은 분량을 할애할 수 없기 때문에, 이러한 소품을 활용하여 정보를 전달할 수도 있다.

다수의 수상경력을 가진 작가 팀 오브라이언의 단편 연작소설집 『그들이 가지고 다닌 것들』은 베트남전에서 싸운 병사들에 관한 이야기로, 사물을 각 인물의 전기(傳記)로 활용한다.

> 노먼 보커는 일기장을 가지고 다녔다. 랫 킬리는 만화책을 가지고 다녔다. 독실한 기독교인인 카이오와는 오클라호마 시에서 주일학교 교사를 하는 아버지가 선물해주신 삽화가 든 신약성경을 가지고 다녔다. 하지만 그는 힘든 시기를 지켜줄 보호막으로, 백인을 절대 믿지 않는 할머니가 챙겨주신 할아버지의 낡은 손도끼도 품고 다녔다.

사물을 적절히 활용하기 위해서는 당신의 인물을 잘 알고 있어야 하며, 그러려면 그 인물이 어떤 사람인가에 관한 일련의 질문을 스스로에게 던져봐야 한다. 그들이 좋아하는 것은 무엇이고 싫어하는 것은 무엇이며, 버리는 것과 모으는 것은 무엇인가? 그들이 자신의 집에서 보고 싶어 하는 풍경은 무엇인가? 그들은 예술을 밝히는 허세꾼인가 아니면 속물인가? 이 외에도 많은 질문에 답을 해줄 수 있는 사람은 오직 당신뿐이다.

위대한 인물과 그들이 벌이는 과감한 플롯 행동에는 그들을 받쳐 줄 든든한 기반과 의미 있는 소품이 필요하다는 점을 반드시 기억하라. 항상 이렇게 물어야 한다. 이 장면에서 등장해야 할 사물은 무엇인가?

## 균형 잡기

한참 내러티브 요약을 하던 중에 배경에서 길을 잃고 헤매는 작가들이 많다. 배경을 묘사하는 일이 그만큼 쉽고 심지어 재밌기까지 하기 때문이다. 대부분의 경우 배경은 신빙성을 만들어내고 독자를 그 장면(과 이야기)에 원활히 안착시키는 임무를 수행하기 위한 한 가지 방편일 뿐이라는 사실을 반드시 기억해야 한다. 배경이 너무 강력한 존재감을 드러내며 인물이나 스토리라인으로부터 주의를 빼앗아간다면, 반드시 가지치기를 해주어야 한다.

다음은 제인 앨리슨의 서정소설 『바다의 결혼 The Marriage of the Sea』의 일부로, 배경을 묘사할 때 인물의 지각을 통해 한 차례 걸러내는 동시에 작은 행동을 강조하면서 균형을 잘 맞춘 한 가지 예이다.

> 맥스는 단거리 선수처럼 뉴올리언스에 안착했다. 그의 택시는 도시로 이어지는 유독한 텅 빈 고속도로를 질주하여, 만신창이가 된 차도와 만신창이 보도, 그리고 만신창이가 되어 쓰러져가는 집들로 향했다. 그는 가든 지구 바로 뒤에 자리한, 기울어지고 초라하지만 가장 낭만적인 호텔을 골랐다. 체크인을 하자마자 그는 계단을 올랐고, 스테인드 글라스가 약속하는 바를 기쁘게 받아들였다. 내가 사랑하는 사람이 그의 정원으로 들어와 즐거운 과실을 먹게 하시오! 그런 뒤 가방을 내려놓고 운송회사에 연락하여 임시 전화번호를 알려주자마자(그의 모피 무늬 찻잔과 요리책, 그리고 중고 폴스미스는 못으로 봉해 우표를 붙인 상자에 담긴 채 바다에서 분실된 것이 분명하다), 손을 씻고 치아를 확인하고 제멋대로 헝클어진 곱슬머리를 정리하면서 방안을 서성거리다 이내 수화기를 들어 전화를 걸었다.

이 단락에서는 배경의 세부사항이 다수 제시되지만, 그것이 맥스의 인식에 내밀하게 연결되어 있다고 느껴지면서 지금 그는 사랑하는 여성을 위해 장소를 마련하고 있다는 점이 선명히 드러난다.

배경의 세부사항을 묘사할 때, 도를 지나치지 않고 적절히 균형을 잡기 위해서는 다음의 사항을 기억하라.

- 배경은 분위기나 주위 환경을 조성하여 그 장면의 어조를 설정할 수 있게 도와준다. 위의 장면에서는 맥스가 사랑하는 사람을 만날 채비를 하면서 사건을 준비하는 느낌, 거의 보금자리를 마련하는 듯한 감각이 만들어진다.
- 주인공이 반드시 배경과 상호작용을 해야 한다. 이는 아무리 강조해도 부족할 정도이다. 배경을 이용하는 최선의 방법은 당신의 인물이 배경을 단순히 관찰하는 것이 아니라 그것과 긴밀히 연관되는 모습을 보여주는 것이다. 여기서 독자는 '낭만적인'과 '만신창이가 된' 등 맥스의 의견이 반영된 표현을 접하면서 그의 눈을 통해 뉴올리언스를 보게 된다.
- 배경은 플롯을 지지해주어야 한다. 맥스는 어떤 여성과 함께하기 위해 뉴올리언스에 왔다. 그러나 그 여성은 결국 그에게 상처를 입힌다.
- 작은 행동은 배경 묘사를 분산시킬 수 있게 도와준다. 맥스가 계속 돌아다니기 때문에, 독자도 자신이 정지된 장면을 보고 있다고 느끼지 않는다. 그렇게 그 장면에 생동감을 불어넣을 수 있다.

## 일관성 유지하기

일단 장면에 장소를 구축하고 배경에 살을 붙여 인물들이 어떤 곳에 있는지 독자에게 선명히 전달하는 작업을 마치면, 다음부터는 일관성을 유지하는 일이 중요하다. 어떤 장면에서 현관에 밤에 피는 재스민의 긴 덩굴이 있었다면, 나중에 그것이 등나무로 바뀌지 않도록 주의해야 한다.

인물이 들어가고 나갈 때 정문이 어느 쪽으로 나 있는지 잊어선 안 된다. 어떤 인물이 창문이 없는 방에서 자고 있다면, 난데없이 햇빛이 비치는 일이 있어선 안 된다.

복잡한 배경을 가진 인물을 다룬다면, 사소한 디테일까지 모두 공책에 정리한 뒤 혼란을 겪을 때마다 그것을 참고 자료로 활용하라. 사실 어느 정도 중요한 조사를 할 때에는 늘 추천하는 일이기도 하다. 어떻게 정리해야 할지 잘 모르겠다면, 일단 각 장과 장면의 순서대로 내용을 적어두자.

# 6

# 감각

언어 이전에, 인간은 다른 동물과 다를 바가 없었다. 우리도 이해와 학습에 가장 기본이 되는 도구인 감각을 통해 세계를 인식했다. 감각은 당신이 얻을 수 있는 가장 핵심적인 장면 요소로, 특히 허구를 집필할 때 매우 중요하다. 그들은 종이 위에 적힌 무미건조한 단어를 입체적이고 사실적인 장면으로 바꿔놓으며, 본능적인 차원에서 인물 경험의 깊이를 드러낸다. 그러나 시각과 청각 외의 다른 감각은 간과하는 작가들이 많다. 가령 정원을 배경으로 하는 장면임에도, 정작 인물을 정원으로 끌어낸 재스민과 라일락의 향기를 독자에게도 전해줘야겠다는 생각은 미처 못할 수도 있다. 혹은 무슨 맛인지 독자에게 알려주지도 않고 인물이 쿠키 한 상자를 전부 먹어치우는 모습을 보여주기만 할지도 모른다. 이러한 내용을 언제 더하든 — 처음 집필할 때든, 수정할 때든 — 감각적 디테일이야말로 독자가 글로 만든 세계를 살아 숨 쉬듯 생생히 느끼게 하는 핵심적 도구라는 사실을 기억하라.

## 디테일의 확실성

당신이 묘사하는 감각적 경험은 사실적이고 신빙성 있어야 한다. 인물이 블랙베리 파이를 굽고 있는데 오븐에서 퍼져나오는 냄새가 '감칠맛 나고 구수한 고기 냄새'라면, 뭔가가 크게 잘못된 것이다. 블랙베리 파이는 당연히 달고 약간 새콤한 냄새가 나야 하기 때문이다.

그리고 감각은 일상생활의 한 부분이기 때문에, 이들은 당신이 설정한 배경에서 실로 없어선 안 될 부분으로써 장면에 자연스레 섞여 들어가야 한다. 장면의 무대가 아일랜드 카운티 코크의 초원이라면, 들풀의 떫은 냄새와 들꽃의 달콤한 향기, 그리고 아마도 동물과 진흙의 쿰쿰한 내음이 느껴져야 한다. 새들이 지저귀거나 양들이 우는 소리, 혹은 낫으로 서걱서걱 벼를 베는 소리가 들릴지도 모른다. 인물은 얼굴에 스치는 바람과 손가락 사이를 간질이는 라벤더 줄기의 마디를 느낄 것이다. 화가 난 아빠에게 소년이 자신은 아일랜드를 떠날 거라고 고백하는 장면의 배경을 이루는 감각적 디테일이 모두 한결같이 매끄럽게 이어질수록, 독자도 더욱 선명한 감각을 느끼며 자신이 그 장소와 시간에 함께 있다고 생각하게 될 것이다.

## 시각

시각은 장면 집필에서 가장 중요하면서도 가장 모순적인 요소일 것이다. 집필하면서 당신이 실제로 이미지나 그림을 그려야 하는 것은 결코 아니다. 그러나 독자는 반드시 어떤 보기의 경험을 가지고 당신이 만든 텍스트의 벽을 떠나야 한다. 독자는 마음속에 인물이 어떻게 생겼을지, 인물들이 상호 작용하는 세계는 어떤 모습일지 그리고 그 사이의 세부사항은 어떨지 이미지를 그릴 수 있어야 한다. 그러기 위해서는 당신이 쓰고 있는 세계에 대해 꽤 상세히 생각을 해두어서, 독자의 마음속에서 글이 그림으로 바뀔 수 있도록 적절한 신호를 제공해야 한다.

장면에 등장하는 것은 모두 법정에 제출되는 증거의 허구적 등가물이다. 법정에서 당신이 "한 이 정도 되는 피 묻은 칼이 있었어요. 그리고 여기에 조각된 나무 손잡이가 있고 여기엔 핏자국이 조금 있었다고 상상해보세요. 진짜라니까요. 크고 끔찍한 칼이었어요, 살인에 쓰인 게 분명해요!"라고 말해놓고 넘어갈 수는 없다. 변호사는 반드시 배심원들이 눈으로 확인할 수 있도록 그러한 특징을 모두 갖춘 진짜 칼을 제출해야 한다. 따라서 당신도 장면 속에서 증거를 제공해야 한다. 누군가의 연인이 방금 전까지 집에 있었다는 것을 어떤 증거로 — 수상한 립스틱이 묻은 담배꽁초가 재떨이에서 여전히 연기를 내고 있다 — 증명하거나, 혹은 집 한쪽 벽에 그려진 그래피티를 통해 기물파손이 밝혀진다 해도, 독자가 증거를 보기 전까지 그것은 존재하지 않는 일이다.

당신의 이야기에 시각적 디테일을 포함시킬 때에는 시점이 그저 인물을 드러내기 위한 매개물만이 아니라는 점을 명심해야 한다. 이는 등장인물이 보는 바를 독자에게 보여주는 카메라이기도 하다. 허구적 세계는 인물이 보는 것과 겪는 일을 통해 은연중에 독자의 머릿속에서 모양을 갖춰간다. 그러나 어떤 인물이 뭔가를 볼 때마다 지적하는 습관에 빠지는 작가들이 많다. "지미는 수평선에서부터 거대한 먼지구름이 피어오르는 것을 봤다." 이런 습관을 나는 복시(double vision)이라고 부른다. 이 장면의 시점에 따르면 먼지구름을 보는 사람은 지미이다. 그런데 지미가 본 것을 당신이 독자에게 말해주면, 정작 이 장면에서 가장 중요한 요소인 수평선에서 피어오르는 거대한 먼지구름이 아니라 그것을 보는 행동 자체에 주의를 뺏기게 된다. 즉, 독자에게 "저 커다란 먼지구름을 보세요! 세상에, 저게 도대체 뭘까?"가 아니라 "이것 보세요, 지미가 뭘 보고 있어요!"라고 말하는 셈이다.

이는 시각에만 해당되지 않는다. 인물이 감각하는 행동은 최대한 지우면서 그들의 시야와 시점 안으로 독자를 끌고 올수록, 독자도 장면에 등장하는 시각, 후각 및 다른 감각과 더욱 직접적으로 상호작용하게 된다.

## 보지 못함

어떤 인물이 시력을 잃었거나 날 때부터 보지 못해서 세상이 그 인물의 눈을 통해 존재하지 않는다 해도, 작가는 여전히 물리적 세계를 묘사할 의무가 있다. 보지 못함은 다른 모든 감각에 자리를 내어준다. 이는 인물이 고유한 방식으로 배경을 경험하게 하는 힘일 뿐 아니라, 당신에게도 고유한 도전 과제를 제공하는 매우 강력한 테크닉이다.

조제 사라마구의 황량한 소설 『눈먼 자들의 도시』에서는 단 한 명의 여성, 의사의 아내를 제외한 세계 전체가 며칠 사이에 시력을 상실한다. 이 소설은 가장 먼저 시력을 잃기 시작한 사람들을 가둬놓은 격리 수용소를 중심으로 한다. 수용소에 사람이 넘쳐나자 혼돈이 일기 시작하고, 그들도 눈이 보이지 않게 되자 정부는 결국 그들을 버린다.

> 난 빼십시오. 첫 번째로 눈이 먼 남자가 대꾸했다. 나는 이런 사기꾼이 있는 곳에서 가능한 한 멀리 떨어진 다른 수용소로 갈 겁니다. (중략) 그는

가방을 집어들더니, 빈 손으로는 앞을 더듬고 어디 걸리지 않도록 발을 질질 끌며 두 줄의 침대를 가로지르고 있는 통로를 따라 걸어갔다. 다른 병실은 어디 있습니까. 그가 물었으나 대답을 들을 수 없었다. 갑자기 팔과 다리가 그를 덮쳤기 때문이다. …

독자에게 세계를 그려 보일 때 사라마구는 부차적 감각, 즉 촉감에 크게 의존한다.

인물들이 보는 것은 독자들도 본다. 당신 자신, 즉 작가는 그림에서 **빠지**고 독자가 마치 망원경으로 멀리 떨어진 무대를 바라보듯 인물의 눈을 통해 직접 봐야 한다는 점을 기억하라.

## 촉감

철학자 르네 데카르트의 가르침 덕에 우리는 자신의 생각이 자기 존재를 만든다고 믿게 되었는데("나는 생각한다, 고로 존재한다"), 그중에서도 촉감은 인식에 이르는 일차적 방법 중 하나이다. 어린 아기는 블록이나 인형에 대해 생각하지 않는다. 그들은 장난감(그리고 그들의 부모)에 대해 알아보기 위해 그것을 쥐고 더듬고 쑤시고 찌른다. 촉감은 신체적 경험이다. 당신의 이야기에 등장하는 모든 인물은 자신의 몸, 그리고 촉감과 자기만의 고유한 관계를 가질 것이다. 그리고 작가로서 당신은 이러한 접촉 및 위안의 영역, 그리고 그 밑에 깔려있는 의미를 결정해야 한다.

### 실질적 촉감

촉감의 실질적 형태는 무엇일까? 인물은 해변에서 닳고 닳은 유리 한 조각을 손끝으로 문지르며 표면의 감촉을 느껴보려 할 수도 있다. 나무의 거친 껍질을 만질 수도 있고, 칼이 얼마나 날카로운지 날을 만져볼 수도 있다. 손가락으로 피아노 건반을 훑을 수도 있고, 손바닥으로 침대보를 문질러 주름을 펼 수도 있다. 이러한 형태의 촉감이 인물이나 플롯에 반드시 큰 의미를 가져야 하는 것은 아니다. 그것도 대화나 다른 행동 사이에 들어가는 일종의 행동이다. 그러나 실질적 촉감은 구두점과 마찬가지로 꼭 필요한 곳에 전략적으로 넣어야 한다. 촉감이 빠지면 장면이 온전히 구성되지 않지만, 그렇다고 거기에 주의가 쏠려도 안 되기 때문이다.

실질적 촉감은 대화를 끊지 않고 길게 서술해야 할 때 유용하다. 인물이 한바탕 분노를 토로하기 전에 잠시 멈춰 대리석 조리대의 매끄러운 표면을 만질 수도 있고, 자신의 행동을 해명하기 전에 맥주병을 손으로 꽉 쥘 수도 있다. 사람들은 촉감에 의존하는 경향이 있다. 긴장하면 우리는 뭔가를 만지작거리고 더듬거나 자기도 모르게 손가락으로 어딜 두들긴다. 하지만 어떤 인물이 세상과 상호작용을 시작하기 전에 물건을 만지는 것은 하루 중 고작 몇 분에 지나지 않는다.

인물에게 세균 공포증이 있어 늘 장갑을 끼거나 특정 물건 — 문 손잡이나 안경 등 — 을 만지길 꺼릴 수도 있다. 이러한 예도 마찬가지로 촉감의 세부사항을 보여준다. 당신이 인물에 대해 어떤 결정을 하든, 잊지 말고 장면 속에서 그들의 손가락을 조금이라도 움직여라. 그리고 각 인물이 어떤 '촉감을 활용하는 사람'인지 파악해둬라.

## 개인적 접촉

개인적 접촉은 인물에 대한 정보는 물론 그들이 다른 사람과 신체적으로 상호작용하는 방식을 보여주는 다양한 신체적 접촉이다. 개인적 접촉이 인물 간의 접촉(플라토닉부터 완전히 난잡한 것까지)을 지칭하긴 하지만, 그것은 인물이 세계와 상호작용하는 방식 — 독자에게 인물의 성격에 대한 통찰을 제공하는 — 을 뜻하기도 한다. 예를 들어 인물을 낯선 사람의 코나 전등 스위치, 우편함 등을 건드리지 않으면 못 견디는 일종의 강박증 환자로 설정할 수도 있다. 또 어떤 인물은 말할 때 손을 과하게 움직이거나 자신의 몸이 아니라 생각에만 정신이 팔려 있다가 선반의 물건을 쳐서 떨어뜨리는 등의 무의식적 습관을 가지고 있을 수도 있다. 인물이 자신이 속한 물리적 세계와 접촉하는 방식은 그들이 어떤 사람인지를 알려주는 중요한 정보이다.

인물들이 서로(혹은 자기 자신, 가령 인물이 트라우마로 인해 감정적 해소가 필요할 때 자해를 하는 사람일 수도 있다)를 만질 때, 독자도 거기에 눈길을 준다. 서로를 만지는 일은 사람들이 소통을 하는 한 가지 방식인 만큼 중요한 의미를 가진다. 실제 삶에서 모르는 사람이 허락도 없이 당신의 어깨에 손을 얹으면 당신이 바로 알아차리듯, 인물도 이러한 형식의 접촉에 주의를 기울여야 한다. 성적 학대를 겪은 인물은 사람을 껴안거나 안기는 것을 싫어할 수도 있다. 그러나 또 어떤 인물은 신체적으로 밀착하는 것이 아무렇지도 않은 문화권에서 온 터라 다른 인물이 이를 달가워하지 않는다는 사실을 배우기가 쉽지 않을 수도 있다. 인물이 서로를 만질 때, 그들은 소통을 하는 중이며, 이것이 당신이 쓰는 장면과 플롯에 어떤 영향을 미친다는 점을 잊지 말자.

7장에서는 대화를 사용하지 않고 인물을 구축하고 발전시키는 한 가지 방법으로 바디랭귀지에 대해 살펴볼 것이다.

## 냄새

꽃이나 음식의 냄새가 훅 끼쳐오자 당신이 울고 웃고 심지어 당황했던 어린 시절이 갑자기 떠오르는 일을 겪어본 적 있는가? 이럴 때면 마치 기억이 냄새 속에 저장되어 있다가, 코끝에 냄새가 스치는 순간 그 기억은 물론 관련된 감정까지 모두 되살아나는 것만 같다. 냄새를 맡는 감각 — 즉, 후각 — 영역은 두뇌에서 기억 및 감정과 직접적으로 연결된다. 어쩌다 냄새를 맡게 되는 일은 인간에게 가장 보편적인 경험 중 하나인 만큼 당신이 만든 인물도 이러한 경험을 해야 하며, 당신은 이러한 감각을 장면에 극적 효과를 일으키는 계기로 활용할 수 있다.

냄새를 크게 두 가지로 분류하자면, 좋은 냄새와 나쁜 냄새가 될 것이다. 도덕적으로 선한 인물과 타락한 인물 간의 갈등을 다룬 장면이지만, 누가 어느 쪽인지 독자에게 너무 노골적으로 알리고 싶지 않다면 냄새를 통해 구분을 할 수도 있다. 나쁜 사람인 잭에게서는 담배와 오래된 중국 음식 냄새가 나고, 좋은 사람인 빌에게선 향나무와 싱싱한 풀잎의 향기가 느껴진다면, 독자들이 어느 쪽을 좋게 보겠는가?

그러면 누군가가 꼭 이런 질문을 한다. "저는 향나무 향을 싫어하는데요?" 그럴 수 있다. 하지만, 아무리 미숙한 독자라도 냄새의 세계에서 담배 냄새보다는 향나무 냄새가 더 좋은 향이며, 당신이 굳이 잭보다 빌에게서 좋은 냄새가 나게 한 데에는 이유가 있다고는 생각할 수 있을 것이다. 아니면 보다 널리 좋은 냄새로 통용되는 장미향 등을 선택할 수도 있다.

또, 감성적 이유나 허영심으로 향수를 쓰는 인물이 있을 수도 있다. 엄마와 할머니가 쭉 쓰시던 향이라 자신도 '조이' 향수를 사용하는 여성이 있다고 하자. 그 향수 역시 그 사람 스타일의 일부분이기 때문에, 인물의 특징 중 하나가 된다. 또 어떤 인물은 다른 사람들이 너무 다가오지 않게 막기 위해 목욕을 하지 않을 수도 있다. 인물에 대한 디테일을 드러내기 위해 향기를 이용하는 독창적인 방법은 다양하다.

극장에 가거나 저녁을 먹으러 나갔다가 스쳐 지나가는 여성의 향수 냄새를 맡고 그를 돌아본 적이 있는가? 냄새는 어떤 장면에서 인물을 소개하는 아주 매혹적인 방식이 될 수도 있다. "코를 찌르는 듯한 버번 냄새가 진동하는 것을 느끼며 지니는 샘이 집에 들어오자마자 바로 술을 들이부었다는 사실을 깨달았다."

마지막으로 다시 냄새와 기억의 연결로 돌아가면, 냄새는 인물의 회상 속으로 들어가기 위한 한 가지 방편으로 활용될 수도 있다. 과거 장면으로 돌아가야 할 때, 가령 평생 잊지 못한 과거의 연인 에두아르도를 처음 만났던 복숭아 과수원으로 베키를 데려가기 위해 마트에서 문득 풍겨온 복숭아 냄새를 이용할 수 있다면, 얼마든지 그렇게 하라. 냄새는 독자를 방해하지 않으면서 장면을 전환할 수 있는 섬세한 도구이다.

## 소리

소리는 시각만큼이나 효과적으로 물리적 배경을 묘사할 수 있는 방법이다. 눈을 감고도 당신은 기차역과 공항을 구분할 수 있을 것이다. 인물이 등장하는 장소에도 배경의 다른 세부사항까지 풍성하게 만들어 줄 특징적 소리가 있다.

가령, 어떤 인물이 레스토랑에서 눈을 감고 접시, 유리컵, 은식기가 딸그락대는 소리, 종업원들이 손님에게 주문을 받고 주방에 주문을 넣는 소리를 들을 수 있다. 레스토랑에서 오가는 대화는 부동산 사무실 등에서 나는 소리와는 또 다른 특정한 웅웅거림을 자아낸다. 어떤 장면을 구축할 때, 작은 디테일에 주의를 기울일수록 장면의 현실성도 더욱 높아진다.

다음은 소리가 분위기를 만들어내거나 강조하고, 이야기의 어조와 주제에 기여하는 몇 가지 사례이다.

독일에 점령당한 1942년 프랑스를 배경으로 한 이렌 네미로프스키의 소설

『스윗 프랑세즈Suite Française』에서는 겁에 질린 채 공습을 피해 숨어 있는 사람들의 침묵과 선명한 대비를 이루는 소리가 등장한다.

> 거리는 텅 비었다. 사람들은 가게 문을 닫고 있었다. 철문이 떨어지며 나는 쇳소리만이 유일하게 침묵을 깨곤 했다. 반란이나 전쟁의 위협 속에 있던 도시에서 잠을 깨본 사람이라면 누구에게나 익숙한 소리였다.

저스틴 크로닌의 소설 『거울의 도시 The City of Mirrors』에서는 단순하기 이를 데 없는 소리로 끔찍한 일이 벌어졌음을 알린다.

> 홀에서 "내려 놔! 내려 놔!"하는 비명 소리가 났을 때 피터, 애프가, 체이스는 마이클의 승객 명단을 검토하고 있었다.
> 충돌, 그리고 총성.

마지막으로 다음은 헤밍웨이의 단편 『프랜시스 매코머의 짧고 행복한 생애』에서 프랜시스 매코머가 자신의 운명을 바꿔놓을 사자의 소리를 처음 들은 순간을 묘사한 대목이다.

> 그 일은 전날 밤 그가 잠에서 깨어 강 위쪽 어딘가에서 울려온 사자의 포효를 들으며 시작되었다. 낮게 퍼지던 그 소리는 나중엔 가래 끓는 으르렁 소리가 되어 막사 바로 바깥까지 다가왔다. 그 소리에 정신이 든 매코머는 겁에 질려버렸다.

소리는 분위기를 강화하고 어조를 설정하며 환경을 조성하기에, 장면을 설정할 때 절대 **빠져선 안 된다**.

## 맛

글쓰기에 관해 내가 제일 싫어하는 부분 중 하나는 인물이 음식을 먹는 모습을 자주 보지 못한다는 점이다. 나는 음식이 중요한 삶의 일부일 뿐 아니라, 유기적으로 작용하기만 한다면 좋은 이야기에서 아주 중요한 역할을 맡을 수 있다고 생각한다. 여러 장면에서 미각을 일깨울 필요는 없다 하더라도, 이야기 속에 무언가를 맛보는 행동을 넣을 수 있는 대목이 있는지 자문해볼 수는 있다. 맛은 갈등이나 친밀함이 녹아 있는 멋진 순간을 만들어준다. 예를 들면 다음과 같다.

- 어머니가 아들에게 자신의 수프를 맛보라고 한다. 이를 통해 아들은 엄마의 형편없는 요리에 대해 터놓고 말할 기회를 얻게 되고, 이는 갈등이나 예기치 못한 친밀함으로 이어진다.
- 방금 비참한 상실을 겪은 인물이 자신이 제일 좋아하는 케이크를 한 입 베어물고도 너무 슬픈 나머지 아무 맛도 느끼지 못한다.
- 한 인물이 손수 요리를 해서 미식가 연인에게 좋은 인상을 주려고 했으나 상대가 자신의 요리와 함께 자신의 사랑도 거부하는 모습을 보며 그의 진심을 알게 된다.

맛은 인물들이 다양한 감정과 상호작용을 겪을 수 있는 훌륭한 기회를 마련해 준다. 포크를 입에 넣는 간단한 동작을 통해 인물이 깨달음을 얻거나 단순한 즐거움을 느끼거나 갈등을 일으키면서 장면에 생동감이 더해질 수 있다.

...

이 장에서는 여러분이 하나하나 살펴볼 수 있도록 감각을 개별적으로 다루었지만, 장면을 집필하기 시작하면 이러한 감각적 디테일이 자연스럽게 섞여서 나타날 것이다. 글을 쓰다 보면 당신이 관찰한 바가 그대로 전해지게 마련이다. 하지만 초고를 검토할 때, 여러 감각 중 어떤 것만 덜 쓰거나 과하게 쓰진 않았는지 살펴보고 적절히 가감하면서 균형을 맞춰 보자.

# 7

# 인물 구축과 동기부여

책을 덮을 때, 무엇이 가장 기억에 남는가? 잠깐 생각해보자. 도심 거리에 대한 아름다운 묘사인가? 아니면 그곳을 채우고 있는 변덕스럽고 강렬하며 잠재력이 가득한 인물들인가? 우리 대부분이 인물에 가장 밀접하게 동일시한다는 사실은 별로 놀랄 일이 아니다. 아름다운 풍경이나 무너지는 건물을 다룬 단락이 잠시, 혹은 좀 더 길게 독자의 시선을 사로잡을지라도, 탄탄한 장면에 생명을 불어넣으며 자연스럽게 초점의 역할을 하는 것은 인물이다. 결국 장면은 주인공(주인공이 둘 이상일 때도 있음)을 발전시키기 위한 주요 수단이다.

## 행동, 감정, 주제

모든 플롯이 그렇듯 모든 장면에도 행동, 감정, 주제라는 세 가지 핵심 층위가 있다. 마사 앨더슨과 내가 공저한 『깊이 있는 장면 쓰기』에서 우리는 이 층위에 대해 자세히 논한 바 있으나, 요약하면 다음과 같다. 작가는 각 장면에서 인물이 자신을 드러내는 동시에 풍요롭게 하고(감정), 플롯과 연결하여 자신의 이야기를 앞으로 밀고 나가며(행동), 그것이 자신을 변화시키며 의미를 만들어내는 방식(주제)일 수 있는 기회를 만들어내야 한다.

서사의 마지막에 이르기까지 당신의 인물이 처음과 똑같다면, 아마도 행동, 감정, 주제의 균형을 맞추지 못했기 때문일 가능성이 매우 높다.

여기서는 장면의 핵심 요소로서 인물의 발전 및 동기부여의 기본에 대해 살펴볼 것이다.

## 인물의 발전

플롯의 진행에 따른 인물의 발전은 8장에서 더 다룰 것이다. 지금은 보다 미시적인 차원에서 생각해보자. 인물이 당신의 상상 속에서 태어나는 순간, 당신은 '이 사람이 공공장소에선 어떻게 행동할까? 가족들과 함께 있을 때에는? 압박을 느낄 때에는?' 등을 물어야 한다. 사람들은 가족과 함께 있을 때 돌발 행동을 하기도 한다. 평소엔 온정적인 인물이 특정 인종의 사람들에게는 편견을 갖고 잔인하거나 가학적으로 행동할 수도 있다. 혹은 인물이 오직 신부님이나 여자 친구와 같이 있을 때에만 제대로 처신할 수도 있다. 인물이 모든 사회적 상황에서 똑같이 행동하지는 않는 데다, 극적인 요소를 위해 그들이 나쁜 짓을 하거나 수상한 혹은 돌발적 사건에 의외의 방식으로 대응할 수도 있기 때문에, 이러한 순간을 구현하고자 당신도 노력해야 한다.

내러티브가 진행됨에 따라 당신의 주인공이 발전하는 방법은 무엇일까? 내러티브가 시작되자마자 독자에게 주인공의 역사를 전부 소개할 수는 없기 때문에, 당신은 오직 장면의 요소들만 활용해야 한다. 장면은 즉흥 연기를 공연하는 무대와 비슷하다. 다음의 공식을 살펴보자.

1. 모든 플롯은 궁극적으로 어떤 사건이나 상황으로부터 시작된다. 이후의 모든 장면은 단초가 되는 사건의 결과와 그 뒤에 이어지는 사건을 다룬다. 그러나 각 장면은 등장인물에게 다음의 내용을 제공해야 한다.

    - **적어도 하나의 플롯 사건 혹은 반응하거나 대응해야 할 새로운 정보.** (물론, 필요한 경우 하나 이상일 수도 있다.) 무엇을 선택하든 이전 장면의 문제는 해결되고 반응해야 할 일이 새로 인물에게 나타나면서 이야기를 앞으로 밀고 나가야 한다(플롯 정보의 유형은 8장을 참조하라).

- **주인공에 맞서 대립과 갈등을 만드는 촉매자 혹은 반동 인물. 다른 인물은 촉매자** — 주인공의 변화와 반응을 촉진하는 역할 — 이다. 그들은 방해하고 대립하며, 심지어 주인공의 의도를 철저히 좌절시키기도 한다. 이런 인물과 상호작용 하면서 주인공은 설득력 있는 이야기 목표를 가진 복잡한 인물로 발전하는 데 필요한 동력을 얻는다. 장면에 다른 인물이 없으면 주인공은 자기 자신이나 대자연의 힘 혹은 주변 세계와 상호작용을 하게 된다. 이러한 경우에는 관조적인 장면을 만들 수 있다(15장 참조).

2. 모든 장면에서 주인공은 다음의 두 가지로부터 동기를 얻어야 한다.

- **그 장면에 대한 주인공의 의도.** 장면의 의도는 궁극적으로 주인공이 택하는 목표나 결정이며, 이는 장면의 방향을 만들어간다. 의도가 없는 장면은 일화적이며 플롯에서 떨어져 있는 것처럼 느껴진다. 어떤 장면에서 당신이 주인공에게 어떤 의도를 부여하든 그것은 인물의 동기와 행동에 박차를 가한다. 장면의 의도(11장에서 보다 자세히 다룸)는 반드시 당신의 내러티브 속 사건을 자극하는 쪽으로 연결되어야 하지만, 주인공은 각 장면마다 다른 의도를 가질 수도 있다. 심지어 같은 장면 안에서 한 의도가 다른 몇 가지 의도로 이어질 수도 있다. 예를 들어, 주인공의 의도가 어떤 장면에서는 생모를 찾기 위해 입양 기관에 연락을 하려는 것이고, 다른 장면에서는 평생 그 정보를 감추어 온 양어머니에게 맞서는 것이 될 수도 있다. 23장에서 우리는 스토리라인 내내 인물의 의도를 강력하게 유지하는 방법에 대해 논할 것이다.
- **주인공의 개인사.** 매 장면에서 인물에게 동기를 부여할 또 하나의 요소는 바로 그의 뒷이야기이다. 당신이 성찰적 플래시백 장면 및 요약적 대화를 통해 주인공의 본성이나 역사에 대한 통찰을 분명히 보여준다 해도, 인물 역시 항상 말과 행동으로 뒷이야기를 보여주고 있기 때문에 그 뒷이야기를 구구한 내러티브 요약으로 드러내기보다는 장면에 통합하는 편이 좋다. 우리가 지닌 역사는 대부분 우리가 생각하고 느끼고 행동하는 방식에 지대한 영향을 끼치기 때문에(물론 유전적 기반의 영향도 있다), 이 역사를 활용하여 인물이 다음에 어떻게 행동할지

도 알려줄 수 있다. 따라서 당신은 인물이 자신의 역사에 맞게 행동하는 동시에, 인물이 변화의 계기가 될 플롯 사건을 만나기도 전에 극적인 도약을 하지 않도록 주의해야 할 것이다.

3. 모든 상황 및 상호작용은 주인공과 관련한 플롯이나 결과를 더 혹은 덜 복잡하게 만드는 데 기여해야 한다.

- **더 복잡해짐.** 3장에서 설명한 것처럼 결과가 더 복잡해지면, 극적 긴장감을 조성하고, 인물의 갈등을 만들어내고 장면의 에너지를 높일 수 있다. 내러티브의 앞부분 2/3까지는 되도록 모든 장면에서 사태를 더욱 복잡하게 만들도록 하라.
- **덜 복잡해짐.** 주인공에게 닥친 상황의 복잡성을 완화해야 하는 경우가 몇 가지 있다. 가령 내러티브가 마지막으로 향해갈 때, 플롯의 실마리를 풀고 해결로 나아가려 할 때, 기습적 플롯 사건을 터뜨리기 전에 일단 독자를 거짓으로 안심시키며 마음을 진정시키고자 할 때 등이 여기에 해당한다.

4. 이러한 복잡화를 통해 주인공은 변화를 겪어야 한다. 바뀔 수 있는 요소로는 믿음, 행동, 태도, 신의나 충성심, 외모, 동기 등이 있다.

내러티브의 마지막이 되면 주인공은 — 여러 장면에 걸쳐 당신이 마련해 준 다양한 발전과 변화의 기회 덕에 — 감정적으로나 심지어 정신적으로 시작할 때와는 다른 곳에 있을 것이다. 그는 변화했다(23장 참고).

그럼 위에서 살펴본 공식을 활용하여 M. R. 캐리의 『멜라니: 구원의 소녀』의 한 장면을 예시로 살펴보자. 이 소설은 이상한 바이러스성 곰팡이가 인구의 상당 부분을 휩쓸어버린 상황을 배경으로 멸망 이후의 세계(postapocalyptic)를 그린 작품이다. 군사 기지를 배경으로 시작하는 이 소설은, 감방에서 나오긴커녕 일어날 수도 없도록 특수 의자에 결박된 채 여느 아이와 마찬가지로 '교실'에서 하루의 대부분을 보내는 열 살짜리 소녀 멜라니와 다소 인정이 있는 부사관, 치료를 맡고 있는 냉혈한 의사, 그리고 담당 학생들에게 너무 신경을 쏟는다며 상사에게 끊임없이 지적을 당하는 멜라니의 교사 저스티노 선생의 시점이 번갈아가며 서술된다.

　이 장면에서 저스티노는 명령을 어기고 근무 시간 외에 멜라니의 방에 혼자 들어간다. 그는 자신이 무엇인지 알지 못하는 이 아이들을 보며, 그들을 아끼는 척하며 속인 것에 대해 규정을 어기고 안쓰러움을 느낀다.

　　누군가가 방문 자물쇠를 풀더니 문을 밀어 열었다.
　　저스티노 선생님이 복도에 서 있었다.
　　"이제 괜찮아. 내가 왔어, 멜라니. 널 찾으러 왔어." [저스티노 선생님은 멜라니를 구해주겠다는 분명한 의도를 갖고 있다. 장면이 멜라니의 관점으로 서술되고 있고 그는 아직 그 의도를 파악하지 못하고 있음에도, 독자는 알 수 있다.]
　　선생님이 한 발 앞으로 나오더니, 마치 사자나 뱀과 몸싸움을 벌이는 헤라클레스처럼 휠체어와 맞붙어 씨름했다. 팔의 스트랩은 제대로 채워져 있지 않아 상당히 쉽게 열렸다. 그러더니 무릎을 꿇고 앉아 다리의 스트랩을 풀기 시작했다.[이미 우리는 이 장면을 더 복잡하게 만들었다. 저스티노는 절대 그 일을 해선 안 되며, 혼자서는 더더욱 안 된다.] 오른쪽, 그다음은 왼쪽. 선생님은 스트랩을 풀며 투덜투덜 욕설을 내뱉었다.
　　"완전 미친놈이야! 왜? 대체 왜 이런 짓을 하는 거지?"[이를 통해 저스티노의 뒷이야기가 드러난다. 그는 자기 앞에 놓인 위험을 이해하지 못하고 여전히 멜라니가 평범한 아이라고 믿고 있다. 독자는 이 아이가 이유 없이 묶여 있을 리가 없다는 점을 알고 있기에 이 장면에서 막대한 긴장을 느낀다.]
　　멜라니는 갑갑함이 줄어드는 것을 느꼈고, 다리에 감각이 돌아오면서 저릿저릿한 느낌이 밀려들어왔다.
　　아이는 행복감과 안도감에 심장이 터질 것 같은 상태로 벌떡 일어섰다. 저스티노 선생님이 자신을 구했다! 멜라니는 저항할 수 없을 정도로 강렬한 본능에 따라 양팔을 들었다. 저스티노 선생님이 자신을 안아 일으켜주길 바랐다. 선생님과 서로 부둥켜안기를, 선생님이 자신의 머리만이 아니라 손과 얼굴, 몸 전체를 만져주었으면 했다.[여기서는 멜라니가 저스티노를 어떻게 생각하는지에 관한 중요한 정보가 드러난다. 이를 통해 향후 그들의 관계가 결정된다.]
　　그러다 동상처럼 굳어버렸다. 멜라니의 턱 근육이 뻣뻣해졌고, 입에서 신음이 흘러나왔다. [구해주기 위해 시작한 일이 예상치 못한 방향으로 흘러가면서 갑자기 장면이 더욱 복잡해진다.] 저스티노 선생님이 깜짝 놀라 말했다.
"멜라니?"
그가 일어서서 한 손을 내밀었다. 그러자 멜라니가 외쳤다.
"안 돼! 만지지 마요!"
저스티노 선생님이 멈춰서긴 했지만 너무나 가까웠다! 너무나 가까웠다! 멜라니가 훌쩍거렸다. 온 마음이 터져 나가고 있었다. 비틀거리며 뒤로 물러섰지만, 뻣뻣한 다리가 제대로 말을 듣지 않는 바람에 그대로 바닥에 나자빠졌다. 이 냄새, 너무나 황홀하고 끔찍한 냄새가 방 안을, 자신의 마음과 생각을 가득 채웠고 자신이 바라는 건 그저……[처음으로 멜라니가 자신이 늘 의자에 묶여있던 데에는 이유가 있을지도 모른다는 생각을 하게 된다. 이는 고통스러운 자각의 출발점이 된다.]

멜라니가 신음했다.
"저리 가요! 저리 가, 저리 가라고!"
저스티노 선생님은 움직이지 않았다.
"가 버려. 아님 내가 당신을 갈기갈기 찢어버릴 거야!"
멜라니가 울부짖었다. 필사적이었다. 입은 진흙처럼 걸쭉한 침으로 가득했다. 턱은 제 스스로 마구 뒤틀리기 시작했다. 머리가 어질어질해서 가만히 있는 데도 방이 빙빙 돌았다.
멜라니는 가느다란, 아주 가느다란 실오라기 끝에 매달려 있었다. 자신은 추락할 것이고 추락할 방향은 단 하나뿐이었다.
"어머 맙소사!"
저스티노 선생님이 흐느꼈다. 그가 그제서야 알아챘다. 그리고 뒤로 물러섰다.
"미안해, 멜라니. 생각조차 못 했어!"
화학 샤워. 멜라니가 들었던 소리 중에는 아주 중요한 한 가지가 빠져 있었다. 저스티노 선생님을 진정시키고 특유의 냄새를 덧입혀 선생님의 체취를 가리는 화학제가 천장에서 선생님을 향해 쉬익 하고 분무되는 소리가 없었다. [새로운 플롯 정보. 앞에서 우리는 모든 인물이 이 화학 샤워를 거치는 모습을 봤지만, 이유는 몰랐다. 그러나 이제 우리는 연결고리를 찾게 되었다.]

이 장면은 비록 매우 짧지만 플롯과 두 인물에 막대한 복잡성을 더한다. 이전엔 그저 상호 존경이었던 관계가 이제는 더 이상 그럴 수 없게 되었고, 이는 저스티노가 멜라니를 무소불위의 캘드웰 박사 연구실에서 구해줄 수 없다는 뜻이기도 하다(혹은 우리는 그렇게 생각한다). 우리는 저스티노가 멜라니를 구해줄 것이라는 희망을 품고 있었기 때문에, 그조차 멜라니를 구할 수 없음을 보여준 이 장면은 중대한 복잡성을 드러낸다. 더불어 멜라니가 자신의 상태에 대해 처음으로 각성하고 그로 인해 점차 혼란과 두려움을 키워가게 되는 장면이기도 하다.

## 신 스틸러

『비커밍 제인』외 여러 소설을 쓴 실라 콜러는 앞으로 인물 간의 관계를 펼치기 위해 무대를 설정할 때, 그가 '첫 만남 장면'이라 이름 붙인 장면, 즉 주인공이 서로를 처음으로 보게 되는 장면보다 기억에 남는 순간은 없다고 생각했다.

훌륭한 예들이 너무 많다. 위대한 책에는 거의 대부분 여주인공과 남주인공이 처음 만날 때 혹은 주인공이 적수를 처음 만날 때 위대한 '첫 만남 장면'이 등장한다(가령, 『위대한 유산』에서 핍이 해비샴 양을 처음 만날 때). 그 외에도 다음의 경우가 있다.
- 귀스타브 플로베르의 『보바리 부인』에서 샤를르 보바리가 엠마를 처음 만나는 장면. 의사인 샤를르는 겁에 질린 말을 타고 등장한다. 그런 뒤 그는 엠마가 이끄는 대로 아버지가 누워있는 침대 맡으로 향한다. 거기서 엠마는 자기 아버지의 부러진 다리에 대기 위한 패드를 꿰매다 손가락을 바늘로 찔러 손끝을 빤다(물론 온갖 의미가 담겨 있다). 샤를르는 창백한 그의 손톱을 보며 놀란다. 이는 너무나 매혹적인 순간이지만, 궁극적으로는 그에게 크나큰 슬픔을 가져오게 된다.
- 토마스 만의 소설 『베니스에서의 죽음』에서 주인공 아셴바흐가 그의 마음을 사로잡은 젊은이 타지오를 처음 만나는 순간. 이 근사한 장면에서 타지오의 자매들은 '거의 볼썽사나울 정도로 수수

한' 차림으로 등장한다. 이는 곱슬거리는 금발에 영국식 세일러복을 입고 버릇없지만 더없이 세련된 태도로 뒤늦게 나타난 타지오의 외관과 극명한 대비를 이룬다.
- 안톤 체호프의 '개를 데리고 다니는 부인'은 동명의 단편 소설 주인공에 의해 목격된다. "베르니 카페에 앉아 있다가 그는 창밖으로, 바닷가 거리를 지나가는 젊은 부인을 보았다. 키가 그리 크지 않은 금발의 여자로 베레모를 쓰고 있었다. 뒤에는 하얀 포메라니안이 따라가고 있었다." 세부사항은 이야기가 진행됨에 따라 차츰 제시될 것이기에, 첫 묘사는 자세한 내용 없이 간단하다. 그러나 피상적인 단순함의 차원에서 매우 훌륭하다.

# 인물과 플롯

위의 설명을 통해 인물과 플롯은 떼려야 뗄 수 없는 관계라는 점이 확실히 전달되었길 바란다. 주인공은 모든 장면의 플롯 상황 및 정보에 빠짐없이 연관되어 있어야 하며, 이어지는 결과를 만들어내거나 거기에 관여되어 있어야 한다. 마찬가지로 주인공의 능동적 참여 없이 플롯이 진행되거나 더 복잡해져서도 안 된다.

따라서 인물을 발전시킬 때에는 항상 해당 장면의 플롯 상황이 인물에게 어떤 영향을 끼칠지, 그리고 그로 인해 인물은 어떤 행동, 생각, 감정을 갖게 될지에 대해 생각하고 있어야 한다.

장면을 검토할 때에는 이렇게 물어야 한다. 여기 관련된 플롯은 무엇인가? 여기 관련된 인물은 누구인가? 플롯과 인물은 어떻게 연결되는가? 플롯은 결코 주인공 없이 진행되어선 안 된다.

## 인물 행동에 대한 메모

싸움이나 추격전 같은 흥미진진한 사건이 지나간 후에야 현장에 도착한 적이 있다면, 거기 있던 사람의 설명을 듣는 것은 본인이 직접 목격하는 것에 비할 바가 아니라는 데 당신도 동의할 것이다. 장면에서 인물의 행동도 마찬가지이다. 물론 가끔은 독자들이 다음과 같은 서술을 받아들여 주길 바라며 지름길을 택할 수밖에 없는 경우도 있다. "찰스는 더이상 살고 싶지 않았다." 혹은 "프레데리카는 매력적인 성격의 소유자였다." 물론 좋다. 하지만 이 디테일이 전부 사실이라 해도, 찰스가 다리 난간에 올라가 뛰어내리려고 하는 플롯 상황이나 여러 명의 인물이 프레데리카를 만난 뒤 사랑에 빠지는 상호작용을 직접 목격하지 않으면, 독자는 당신이 재빨리 요약하려고 한 내용에 대한 증거를 얻을 수가 없다.

...

이 장에 제시된 공식에 따라 인물을 발전시키면, 당신도 생생하고 현실적인 모습으로 독자에게 다가가는 복잡하면서도 플롯에 긴밀히 연관된 인물을 창조할 수 있을 것이다.

# 8

# 플롯 및 인물의 정서적 여정

우리에게 벌어지는 일에 의미를 부여해주는 인간의 정신이 없다면, 인생은 그저 흐르는 시간에 따라 닥치는 대로 벌어지는 일련의 사건일 뿐이다. 이 무작위성은 사람들이 문학에 의지하려고 하는 이유 중 하나이다. 우리는 깊은 통찰과 함께 우리의 영혼과 마음에 놀라움을 안겨줄 의미 있는 여정이 이어지리라는 기대를 안고 책을 펼친다. 허구 서사에서는 이를 플롯이라 부른다.

개중에는 플롯과 스토리를 혼동하여 일련의 사건을 차례차례 이어붙이면 충분하다고 생각하는 사람도 있다. 스토리는 주어진 시간과 장소에 등장한 인물에 관한 정보의 연속일 뿐이다. 소년이 소녀를 만난다. 낯선 사람이 마을에 온다. 의사가 죽은 채로 발견된다.

플롯은 그 스토리가 긴장, 에너지, 결정적 순간을 얻는 방법이며 독자가 끊임없이 책장을 넘길 수밖에 없게 만드는 힘이다. 플롯이 있어야 '소년이 소녀를 만난다'가 비밀스런 사랑, 격렬한 결투, 그리고 비극적 갈등이 어우러진 『로미오와 줄리엣』으로 변할 수 있다.

간단히 말해, 플롯은 서사 속에서 계기적 사건으로 인해 나타나는 결과의 연속이다. 결과는 분명히 드러나고 더욱 복잡해지다가, 설득력 있고 잘 다듬어진 장면을 통해 해결되어야 한다. 어떤 이들은 사건들의 이러한 관계를 인과관계라 지칭하지만, 그것은 너무 딱딱한 어휘이기에 여기서는 그저 결과(consequence)라 부르도록 하겠다.

2장에서 우리는 모든 서사는 실에 꿴 구슬처럼 한데 이어진 일련의 장면들이라는 점을 다뤘었다. 이 장에서는 각 장면 속에서 플롯에 꼭 필요한 두 가지 요소를 살펴볼 것이다. 그것은 새로운 정보와 인물의 변화이다.

플롯은 정보의 결정적 조각들이 모여 구성된다. 이 정보는 계기적 사건에 대한 설명이거나 그의 결과일 수도 있고 반드시 대면해야 할 인물일 수도 있다. 플롯은 독자가 계속해서 더 알고 싶어지도록 얄밉게 조금씩 건네줄 때 가장 잘 전달된다. 잘 만들어진 플롯을 읽을 때에는 독자가 한 장 한 장 장면을 읽어가며 조금씩 정보를 더 얻게 되고, 조금씩 퍼즐의 단서를 찾아가게 된다.

## 플롯 정보의 기초

작가들은 대부분 훌륭한 플롯 요소만큼이나 아름다운 문장을 좋아한다. 시적인 단락을 집필하고 철학적 옷을 입히고 미적 이미지를 창조하노라면 매우 즐겁다. 한 장면 정도 플롯에서 떨어져나와 이리저리 헤매다니다 상념에 잠겨도 아무 문제 없다. 그렇지 않은가?

절대 아니다!

너무 까다롭게 구는 것처럼 보이겠지만, 현실은 냉혹하다. 서사 속에 등장하는 모든 장면은 플롯과 관계를 맺고 있어야 한다. 단 한 장면도 빠져선 안 된다. 설령 어떤 인물이 상념에 빠지거나 어딜 헤매다닌다 해도, 그 행동은 반드시 플롯에 연관되어 있어야 한다. 살인 혐의를 받고 있는 인물이 생각에 빠질 수도 있지만, 그 생각은 어쩌다 자신이 이렇게 누명을 쓰게 되었는지, 어떻게 결백을 입증해야 할지 혹은 누가 진짜 살인자인지에 관한 내용이어야지 엉뚱하게 고래 탐사 여행이나 하이킹에 대한 기억이어선 안 된다.

장면은 당신이 만든 허구적 세계에서 일어나는 사건을 독자가 현실적으로 느끼도록 만들기 위해 존재한다. 당신은 독자들이 자신이 창조한 인물의 행동과 감정적 드라마에 푹 빠져들어, 그들에게 공감할 뿐 아니라 그들을 위해 꿈꾸고 희망하고 기원하게 되길 바란다.

그러기 위해서는 모든 장면이 다음의 질문 중 하나에 대해 알려주는 새로운 정보를 최소한 하나 이상 전달해야 한다. 언제? 어디서? 누가? 무엇을? 어떻게? 왜?

한 장면도 빠뜨려선 안 된다.

이를 실천하는 방법은 간단하다. 새로운 정보가 제공되기 전까지는 장면을 마무리하고 다음 장면을 시작하지 말라. 정보 제공은 장면의 가장 중요한 기능 중 하나로, 플롯의 기반이기도 하다.

새로운 정보에는 세 가지 주요 임무가 있다.

1. 그것은 퍼즐의 한 부분을 채워주는 조각이어야 한다. 그리하여 인물과 독자가 무엇을 좀 더 잘 알게 되어야 한다.
2. 주인공의 생각, 감정, 행동의 흐름에 깊이를 더하거나 변화를 일으켜야 한다.
3. 플롯을 앞으로 밀고 나갈 새로운 결과나 행동으로 이어져야 한다.

그렇다면 이제 여러 유형의 플롯 정보를 보다 자세히 살펴보자.

## 누가

허구 서사에서는 대개 인물이 가장 중요한 요소이기 때문에 장면의 상당 부분은 인물에게 할애된다. 주인공의 직업은 무엇인지, 종교는 있는지, 습관은 무엇인지 등 다소 일반적인 인물 정보를 서사에 넣고 싶을 수도 있다. 예를 들어, 주인공은 일주일에 두 번씩 알코올중독자 모임에 나가거나 성가대에서 노래를 하는가? 이러한 세부사항은 당신의 인물이 일반적으로 어떤 사람인지를 알려줄 뿐, 플롯과의 관계 속에서 어떤 사람인가에 대한 내용은 아니다. 한편, 인물 관련 플롯 정보는 서사가 진행되는 과정 중에 나타나는 경향이 있다. 특히 정체나 숨겨진 기원이 밝혀지는 일, 과거 사건의 결과가 드디어 나타나는 일, 어두운 비밀이 백일하에 드러나는 일, 예기치 못한 쪽으로 마음이 바뀌는 일에 관한 내용일 때는 더욱 그렇다. 그럼 플롯 관련 인물 정보의 사례를 살펴보자. 다음은 앤 패칫의 『마술사의 조수 The Magician's Assistant』에서 변호사가 주인공 서빈에게 최근 사별한 남편(그리고 동업자)이 그가 생각하던 사람이 아니었다는 사실을 알려주는 장면이다.

"파르시팔의 이름은 피트리가 아니었습니다. 가이 페터스였어요, 가이 페터스에겐 네브래스카에 사는 어머니와 두 여동생이 있었습니다. 제가 알아본 바로 아버지는 없는 것 같아요. 돌아가셨거나 사라지셨거나…."
"그럴 리가 없어요." 그가 답했다.
"유감이지만, 사실입니다."

등장인물과 플롯에 관한 내용일 때에는, 지금껏 감춰왔던 일이나 보호하거나 부정해왔던 일, 혹은 자기 자신에 관해 새로운 정보를 밝히며(꼭 죽은 다음일 필요는 없다) 인물들이 서로와 독자를 놀라게 하는 방식을 활용해보라.

이렇게 인물 정보를 밝힐 때에는 가능한 한 직접적으로 ― 대화나 행동을 통해 ― 해야 한다. 만일 그 인물이 죽었다면, 그가 남긴 서신이나 다른 사람의 입을 통하도록 하자. 생각, 즉 인물이 폭로에 대해 생각하는 모습에는 최대한 기대지 않아야 한다.

## 무엇

플롯 정보 중 가장 광범위한 범주가 아마도 무엇일 것이다. 본질적으로 말하자면, 이것이 곧잘 후크(hook)라고 설명되곤 하는 부분이다. 즉, 이는 당신의 서사를 고유하게 만들어주는 스토리라인이나 앵글로, 여기서부터 다른 모든 플롯 사건이 파생된다.

가령 『마술사의 조수』에서는 파르시팔의 죽음이 계기적 사건 ― 처음으로 등장한 커다란 무엇 정보 ― 이 되어 이야기를 출발시킨다. 파르시팔이 죽었다는 정보를 가족에게 알려야 할 필요성이 다음 플롯 사건을 만들고, 결국 서빈을 비롯한 다른 인물들을 거대한 통찰과 변화로 이끌어간다. 이 두 가지 주요 정보가 각각의 결과 연쇄를 갖추며 전체 플롯을 이끌어가기 때문에, 각 장면에서도 이를 다양한 방식으로 다루게 된다.

모든 장면에서 당신은 말 그대로 이렇게 자문해봐야 한다. 다음엔 뭐가 나오지? 이제 내가 인물에게 그리고 독자에게 알려줘야 하는 중요한 정보는 뭐지? 모든 장면에는 새로운 정보가 있어야 하며, 그렇지 않으면 그 장면을 넣어야 할 이유가 전혀 없다는 사실을 명심하라.

## 어디

플롯의 관점에서, 어디는 대부분의 경우 임무가 가벼운 정보 중 하나이다. 물론 배경은 플롯에서 결정적 역할을 한다. 특히 살인자의 뒤를 쫓아야 하거나,

새로운 것을 배우기 위해 어떤 곳을 다시 찾아가야 할 때, 혹은 당신의 서사가 지리적으로 매우 특정한 장소에서 진행될 때에는 더욱 그렇다. 그러나 대부분 장소는 다른 정보의 배경막으로 작용할 뿐이며, 그럴 때에는 노출도 제한되어야 한다. 서빈의 경우에는 자신이 살던 로스앤젤레스와는 전혀 다른 네브래스카로 여행을 떠나야 한다. 서빈은 캘리포니아와 네브래스카의 문화적 차이로 인해 어려움을 겪지만, 그렇다고 모든 장면에서 장소에 대해 언급해야 할 정도로 플롯이 어디 정보에 의존하지는 않는다.

배경은 인물이 직접 상호작용하는 공간 외에도 발화의 레퍼런스 역할을 할 때가 많다. 가정부가 응접실에서 죽은 채로 발견되었다. 자크가 사라지기 전에 마지막으로 목격된 곳은 칸쿤이었다. 우리 아버지는 플로리다 작은 마을에 숨겨둔 가족이 있었다.

장소가 플롯에서 결정적 의미를 갖게 될 때에는, 다음의 사항을 명심하라.

- **장소가 플롯 안에서 제 역할을 하게 만들려면 모든 장면에서 새로운 디테일이 밝혀져야만 한다.** 가령 저택에 귀신이 나타나거나, 아름다운 교외가 사실 아메리카 원주민의 무덤이었다는 사실이 밝혀지는 것이다.
- **장소에 대한 새로운 정보가 인물에게 영향을 끼쳐야 한다.** 장면 속 인물의 생각, 감정, 행동이 전부 주어진 정보를 반영해야 한다. 예를 들어, 잭과 질이 그 저택으로 신혼여행을 갔다면, 먼저 귀신에 대해 알게 된 잭이 숙소를 떠나려 하고, 그로 인해 질과 다투게 된다.
- **새 정보로 인해 촉발된 행동은 다른 플롯 관련 결과로 이어져야 한다.** 질은 저택에 혼자 머물기로 하고 잭은 모텔로 가면, 갈등이 생기면서 긴장이 형성된다.

## 언제

언제는 플롯과의 관련 하에 서사 속에서 중요한 행동이 벌어지는 시간이다. 이는 하루 중 시간일 수도 있고 시대적 시간일 수도 있다. 언제는 미스터리 플롯에서 살인 사건이나 범죄가 언제 일어났는지 특정하고 알리바이를 제시하며 피해자가 죽은 지 얼마나 됐는지를 찾아내는 데 중요한 역할을 하는 경향이 있다. 시간이 정보의 형태로서 결정적 플롯 행동이 일어난 시점과 관련하여 작동할 때도 많다. 예컨대, 수 개월간 해외에 주둔 중인 군인이 아내의 임신 소식을 들으면, 그 아기는 본인의 자식일 수 없다. 혹은 아이가 사라진 지 며칠이 지난 후에야 엄마가 사실 아이는 그동안 인근에 인질로 잡혀있었다는 사실을 알게 될 수도 있다. 혹은 인물이 알리바이가 없다는 점이 밝혀지는 순간, 그의 결백을 의심하게 될 수도 있다.

일반적으로 언제는 그 자체로 강력한 세부사항이 아니기 때문에, 새로운 언제 정보가 충격적 혹은 모순적이거나 예기치 못한 결과를 드러낼 때 플롯에 가장 큰 역할을 하게 된다. 또한 언제는 주인공의 행동에 카운트다운을 적용하여 긴장감을 만들어낼 때 째깍째깍 흘러가는 시간의 테크닉으로 효과적으로 활용될 수도 있다.

## 왜

아, 동기 이 까다로운 악마여. 왜는 플롯의 핵심이라 해도 과언이 아니기에 이 장의 남은 절반을 할애하여 초점을 맞추고자 한다. 배신, 살인, 기만, 흔치 않은 친절, 강박적 사랑, 그 외에도 무수히 많은 인간 행동의 측면이 플롯의 상당 부분을 채워갈 것이다. 왜는 독자와 주인공이 이해하고자 애쓰는 바로 그 내용일 때도 많다. 독자가 플롯을 따라가고자 한다면, 그 과정에서 중간중간 설명이 필요할 것이다. 그러나 왜는 모든 소설을 밀고 나가는 힘이다.

이런 유형의 정보는 내러티브 설명이나 속도를 떨어뜨리는 뒷이야기 단락에 몰아넣기 쉽다. 독자에게 그저 이유를 일러주는 편이 동작, 대화, 심지어 회상 장면을 통해 진실을 간접적으로 전하는 것보다 훨씬 간단해 보이기 때문이다. 그러나 왜를 내러티브 요약으로 설명하는 습관에 빠져선 안 된다. 장면에서 어떤 인물이 왜 그런 식으로 행동했는지, 왜 그런 일을 저질렀는지, 혹은 엄청난 비밀을 감추고 있었는지 드러내야 한다면, 독자에게 왜를 이해시키기 위해, 중요하게는 왜를 드러낼 때 보여주기를 활용하기 위해 인물 발전 및 장면 의도에 대한 장으로 돌아가 보자. 다시 말해서, 인물이 발견하고 밝혀내고 행동하고 말하고 왜를 드러내는 데 적극적으로 참여하게 해야 한다. 조언을 조금 덧붙이자면, 주인공 외의 등장인물에 대한 뒷이야기와 장면 의도도 구축해 둬야 한다(혹여 당신 마음속으로만 생각하더라도). 무엇보다도, 그저 주인공의 여정에 어떤 갈등이 필요해서가 아니라 반동 인물이 자신의 의도와 상충하기 때문에 주인공의 의도를 방해하는 구도가 되어야 하기 때문이다.

## 어떻게

어떻게 — 일이 행해지는 방식 — 는 플롯에서 매우 중요한 역할을 담당한다. 대개 이는 조사한 내용을 한데 묶어 주거나, 놓치고 있던 단서를 드러내고, 불가능한 일이 실은 가능했다는 사실을 알려주는 정보이다. 일이 어떻게 진행되었는지 보여줄 때 종종 법과 과학이 등장하기도 한다. 그 상속자는 총으로 저격당했는가 아니면 독이 든 차로 살해되었는가? 화재는 방화범의 짓인가 아니면 아무렇게나 던진 담배꽁초에 의한 일인가?

어떻게가 왜와 곧장 연결되는 경우도 많다. 예를 들어 인물이 복수를 계획하고 있다면, 범행 방법은 아마도 자신이 겪었다고 생각하는 고통과 매우 구체적으로 연결되어 있을 것이다. 버림받은 남자라면 자신을 버린 여자의 집에 낯 뜨거운 말을 갈겨써서 그에게 공개적 망신을 주려고 할 수도 있다. 모욕을 당한 꼰대는 다른 사람의 인종을 공격할 수도 있다.

어떻게는 결코 부차적인 문제가 될 수 없다. 모든 것이 밝혀지는 장면에 도달할 때까지 당신은 일이 어떻게 진행되어 왔는지 알고 있어야 하며, 그런 뒤에는 정보를 가능한 한 직접적으로 전달해야 한다. 이는 경찰 보고서 혹은 재판 증거를 읽거나 죽기 직전에 고백을 듣는 등, 대개 대화를 통하게 된다. 그러나 편지나 자동응답기에서 흘러나온 메시지 혹은 컴퓨터에서 발견된 이메일 등의 방식을 활용하여 해답을 담은 단서를 인물이 우연히 발견하게 만들 수도 있다.

## 분배 시점

정보를 어떻게 드러낼지는 그 정보가 어떤 내용인가만큼이나 중요하다. 플롯 정보를 전달할 때에는 급하게 사실을 털어놓는 식으로 서술하고 싶다는 유혹에 빠지기 쉽다. 그러나 정보는 고급 프랑스 레스토랑의 음식처럼 — 독자를 너무 질리게 하지도 너무 허기지게 하지도 않고 조금씩 우아하게 제공되는 코스요리 — 제공하는 것이 가장 좋다. 또한 독자에게 디저트 — 즉, 이야기의 결말 — 를 즐길 여유도 남겨주어야 한다.

여러 종류의 정보를 드러내는 장면도 있고 오직 한 가지 중대한 정보만 밝히겠다는 목표를 가진 장면도 있다. 개별 원고를 보지 않고 어떤 조언을 해야 할지는 알 수 없지만, 매 장면마다 새로운 정보가 최소한 하나 이상은 들어가야 한다는 사실을 아는 한 당신은 잘 하고 있는 것이다.

당신은 항상 자기 내러티브의 범위에 대해 생각하고 있어야 한다. 열 쪽짜리 단편소설이든 오백 쪽짜리 장편소설이든, 당신이 쓰고 있는 서사의 길이는 정보가 독자에게 공개되는 속도에 영향을 끼치게 된다. 단편 소설은 사태를 해명하기까지 시간이 짧으며, 상대적으로 단순한 플롯라인을 통해 활발한 감정적 효과까지 이끌어내야 할 때가 많다.

### 인물의 변화

플롯은 이야기에서 일어나는 사건뿐 아니라, 그 사건으로 인해 인물에게 일어나는 감정적, 정신적 변화로 구성되기도 한다. 사실 플롯은 인물이 변화 및 발견을 겪거나 중요한 문제를 훨씬 더 잘 이해하게 하는 강력하고 복잡한 사건들의 연속이라고 설명할 수도 있다. 모든 사람이 살면서 모종의 변화를 겪지만, 허구 속 인물에겐 자신이 등장하는 서사에 의미를 부여하기 위해 의미 있고 가시적인 방식으로 변해야 할 극적 임무가 있다. 그러나 이러한 변화가 한꺼번에 혹은 너무 쉽게 일어나선 안 된다. 가령 등장할 땐 심술궂었던 인물이 너무 빨리 착해지면 독자는 그 변화를 순순히 받아들이지 못한다. 인물을 서사가 흘러가는 과정 속에서 진실되게 변화시킬 수 있는 방법은 무엇일까? 그러기 위해선 한 장면 한 장면 차근차근 바꿔가야 한다.

## 플롯 구조와 힘 있는 표지

모든 플롯은 처음, 중간, 끝을 갖춰야 하기에 플롯 구조도 마찬가지로 이 방식을 따르게 마련이다(물론 3막 이상으로 이루어진 책도 있다). 『플롯 조련사*Plot Whisperer*』의 저자이자 나와 『깊이 있는 장면 만들기』를 공저한 마사 올더슨은 적수의 압박이나 무언가를 발견하는 행동으로 인해 인물이 새로운 쪽으로 방향을 트는 지점을 설명하기 위해 '힘 있는 표지energetic marker'라는 용어를 만들었다. 이 표지는 플롯의 전체 틀을 받쳐주는 기둥과 같다. 게다가 이는 인물의 내면 풍경 속에서 일어나는 감정적, 정신적 변화를 반영하기도 하기 때문에 매우 중요하다.

## 처음 장면

- 주인공과 그의 '일상적' 세계를 소개하라. 이는 그가 잘 알고 있는 세계, 그리고 그곳의 온갖 문제와 독특한 특징 및 인물들을 뜻한다. 독자들이 근거를 마련할 수 있을 정도의 정보만 소개하라. 여기서는 어떤 식으로든 긴 뒷이야기를 설명하거나 요약 제시하지 않는 편이 좋다. 독자들이 계속 궁금해해야 한다.
- 뒷이야기나 폭로 등의 정보를 제한하여 미스터리나 서스펜스의 느낌을 자아내라.
- 플롯의 스토리 엔진에 시동을 걸면서, 인물을 일상적 세계에서 밀어내고 계기적 사건에 대한 행동을 시작하게 하라. 이것이 **이른바 첫 힘 있는 표지: 불귀의 지점이다.**

서사의 처음에서 가장 중요한 부분은 근본적 갈등 및 플롯 사건에 관련된 인물의 너트와 볼트를 구성하는 일과 앞으로 다가올 갈등과 도전에 대한 단초들을 일깨우는 일이다. 이 시작 장면에서 독자는 마치 처음으로 저녁 식사를 함께하게 된 손님을 만나듯 인물을 만난다. 그들의 말, 행동, 그리고 다른 사람에 대한 반응이 모두 인물을 소개하는 작용을 하며, 이러한 첫인상은 기억에 남아 앞으로 보게 될 행동의 무대가 되어줄 것이다. 이제는 서사의 첫 삼 분의 일에서 정보를 구축하고 인물이 변화할 수 있도록 설정을 갖추는 방식에 대해 살펴보자.

### 인물 관련 플롯 줄기 만들기

서사의 첫 부분에서 덥수룩한 갈색 곱슬머리를 하고 입이 험하지만 눈빛만은 매력적인 망나니 주인공이나 미스터리 소설을 탐독하다 결국 실제 범죄를 조사하게 된 외로운 사서를 만들어가는 동안, 다음의 내용도 함께 구축해야 한다.

- **연관성.** 주인공은 계기적 사건에 어떤 식으로 연루되는가? 그의 잘못으로 인해 벌어지는 등 어떤 식으로든 주인공을 중심으로 생긴 일인가? 어쩌다 우연히 말려든 일인가 아니면 필연적 관계가 있는가?
- **걸려있는 이해관계.** 위에서 언급한 사건으로 인해 주인공이 얻거나 잃게 될 것은 무엇인가? 이것이 어떻게 이야기에 필요한 긴장이나 극적 상황을

만들어내는가?
- **욕망.** 물질에서부터 깊고 영원한 사랑에 이르기까지 다양한 욕망 중 주인공이 원하는 바는 무엇인가? 이를 통해 알 수 있는 주인공의 의도와 이해관계는 무엇인가?
- **두려움.** 주인공이 두려워하는 것은 무엇인가? 신체적 위험부터 원하는 바를 얻지 못하는 상황까지 이러한 두려움을 통해 알 수 있는 주인공의 이해관계는 무엇인가?
- **동기.** 주인공이 계기적 사건에 대응해야만 하는 이유는 무엇인가? 무엇이 그를 앞으로 밀어붙이는가?
- **도전.** 계기적 사건은 그의 삶, 관점, 지위, 현재 상태, 필요에 어떤 도전을 제공하는가?

## 중간 장면: 나타나고 깊어지고

중간이야말로 당신이 쓰는 책의 대부분 및 장면의 대부분을 차지한다. 그래서 마사와 나는 이를 두 부분, 나타나는 중간과 깊어지는 중간으로 나누었다. 하지만 마지막 부분에 나와야 할 비밀이나 결정적 플롯 정보를 노출하지 않으면서도 처음 부분보다 더 많은 정보를 제공하며 플롯을 앞으로 밀고 나가야 한다는 점은 두 부분 다 마찬가지이다.

*나타나는 중간의 장면*
- 주인공이 '새로운 세계' 혹은 새로운 상황에 들어가며, 쉽게 되돌아오지 못한다.
- 주인공이 시험을 받고, 성장하며, 새로운 방향으로 떠밀린다. 즐거울 때도 있지만 고통스러울 때도 많고 위험이 산적해있기도 하다. 여기서 주인공이 동료와 적수를 만든다.
- 나타나는 중간까지는 주요 인물들이 모두 소개되거나 암시되어야 한다.
- 새로운 플롯 정보는 인물이 방향을 바꾸거나 변화할 수밖에 없게 만드는 갈등이나 위험으로 이어져야 한다. 주인공의 삶은 결코 편할 수 없다.
- 주의를 돌릴 만한 일이나 거짓 단서를 넣어서 독자가 이야기에 필요한 정보가 채워지고 있다고 생각하게 하라. 미스터리 장르라면 사건이 점차 해결되고 있다고 생각하게 하라.

- 이는 **두 번째 '힘 있는 표지: 재결심'**이다. 인물이 자신이 알던 세계나 현실을 떠나고 난 뒤, 사태는 더욱 복잡해지고 긴장이 고조되며 심지어 위험해진다. 결국 주인공은 이 모든 상황이 너무 힘에 겨워 감당할 수 없다고 느끼기 시작한다. 그는 두려움, 피로, 의심, 불안, 그리고 그만두거나 돌아가고 싶은 충동을 경험한다. 하지만 플롯에 따라 그는 앞으로 나아가야만 한다. '재결심'은 인물이 내면의 정서적 자원이나 동료의 도움 혹은 포기하지 않겠다는 결심을 재정비하는 중요한 전환점이다.

### *깊어지는 중간의 장면*

재결심의 지점을 지나고 나면 모든 장면에서 주인공이 목표에 다가가야 할 뿐 아니라, 말 그대로든 감정적으로든 더 깊은 물 속, 더 위험한 영역으로 들어가야 한다. 이 대목에서 막힌 작가라면 다음의 질문을 던져보자.

- 주인공의 상황을 더욱 복잡하게 만들 수 있는 방법은 무엇일까?
- 되살아나서 주인공의 걸림돌이 될 비밀이나 결함은 무엇일까?
- 사실은 적수인 동료가 있는가?
- 주인공에게 더 잃을 만한 것이 있는가?

- 깊어지는 중간은 무언가 ― 지원, 희망, 환상 ― 를 제거하면서 **세 번째 힘 있는 표지: 암흑의 밤**으로 나아가는 과정이다.

이곳은 주인공의 전체 여정 중 가장 암울한 지점이다. 이때까지만 해도 적수가 승리하고 주인공이 패배한 듯하다. 여기서는 실질적 죽음, 배신, 혹은 주인공이 지금까지 품고 있던 희망의 상실이 나타난다. 이곳은 주인공이 가장 암울해지는 지점이지만, 암울한 기간이 끝나는 지점이기도 하다. 여기서부터 주인공은 변화하고 성숙하여, 더욱 단련된 힘과 명료해진 생각을 가지고 잿더미에서 날아오른다. 그는 앞으로의 여정에서 더욱 강인해져 이야기의 최절정인 승리에 도달할 것이다.

서사 중 깊어지는 중간 부분에 다다를 때까지, 독자는 주인공에 대한 불안과 걱정을 가득 안고 다음에 어떻게 될지 초조하게 기다리고 있어야 한다. 이런 식으로 독자를 불편하게 만들어야 한다니 잔인하게 들리겠지만, 불편함이야말로 우리가 이끌어내야 하는 상태이다. 주인공 역시 비슷한 상태가 되어야 한다. 결국 당신은 주인공의 욕망을 손에 닿을 듯 말 듯 한 곳에 걸쳐놓고 주인공을 그가 두려워하던 쪽, 심지어 그 한가운데로 밀어넣어야 한다. 그리고 이 과정에 일련의 도전을 더하여 그가 갈등에서 너무 쉽게 빠져나올 수 없게 한다. 서사의 중간 부분 — 나타나는 중간과 깊어지는 중간 모두 — 에서 주인공은 거의 모든 일을 다 하게 된다. 그는 여기서 시험을 받고 성장하게 되는데, 이는 당신이 주인공에게 다음과 같은 인물 성장의 기회를 제공하기 때문이다.

- **위기와 갈등의 기회.** 주인공을 동요시킨 뒤 씨름해야 할 문제를 던져줬으니, 이제는 넘어야 할 장애물을 설정해야 한다. 그의 문제를 점차 복잡하게 만들어라. 그에게 새로운 문제를 주고 다른 문제 요인을 추가하라.
- **극적이며 놀라운 변화의 기회.** 이 모든 압박 속에서 당신의 주인공은 변하기 시작할 것이다. 분노를 터뜨리며 엇나갈 수도 있고 자신에게 지금껏 상상도 해보지 못한 힘이 있다는 사실을 깨달을 수도 있다. 어느 쪽이든, 중간 부분에서 사태를 복잡하게 만들어 주인공이 과거와는 다른 식으로 행동할 수밖에 없게 만들어야 한다. 그것이 좋은 쪽일 수도 있고 나쁜 쪽일 수도 있다.
- **플롯이 복잡해지는 기회.** 주인공이 겪고 있는 계기적 사건만으로도 이미 충분히 힘들다고 생각할 수도 있다. 그러나 새 문제로 사태가 복잡해지지 않으면, 스토리라인도 멈춰버린다. 중간 부분에서는 고난이 더 많이 생겨 나야 한다. 새 장면마다 사태를 더욱 복잡하게 만드는 새 문제가 나타나거나 이미 있던 문제가 한층 더 복잡해져야 한다.
- **새로운 행동을 시도해볼 기회.** 아무리 논리적인 사람이라도 어떤 상황에서는 감정적으로 반응한다. 이 반응이 키워드이다. 따라서 당신이 주인공에게 부과한 그 모든 압박과 스트레스 속에서 이제 주인공은 과거에는 생각지도 못했던 일을 얼마든지 할 수 있는 사람이 된다. 이것이 바로 갈등의 본성이다. 갈등은 사람을 바꾸어놓는다. 따라서 당신이 사태를 충분히 복잡하게 만들면, 가령 과거엔 마음이 약했던 주인공이 이제는 총을 집어 들고 목숨을 위협할 수도 있다.
- **극적 긴장의 기회.** 작가 스티브 아몬드가 말했듯, "작가는 주인공을 얼마든지 위험에 빠뜨릴 수 있을 만큼 사랑해야 한다." 이 위험은, 정서적이든

신체적이든, 긴장된 분위기를 조성하여 독자를 당신의 서사에 깊이 빠져들게 만들 것이다.

만일 모든 인물의 욕망과 의도가 서사의 중간 부분에서 충족된다면, 이야기는 거기서 끝나버린다. 중간 부분의 장면에서 해결이 등장해선 안 된다. 중간 부분의 장면은 인물들이 '내 영혼의 어두운 밤'과 같은 절망, 혼란, 그 외 여러 시련을 경험하는 곳이다. 이 혼란과 위기의 요소가 인물에게 더 넓은 범위의 감정적 반응을 일으키면, 서사가 클라이맥스를 향해 나아가는 동안 인물도 변하고 새로운 모습을 갖추며 생각 및 행동의 변화를 경험하게 된다.

## 끝 장면

플롯 전체에서 가장 극적인 장면은 필연적으로 서사의 끝 부분을 열어젖힌다. 당신의 인물이 '암울한 밤'을 이겨 내고 나면, 모든 힘이 최후의 결전 혹은 충돌을 향해 나아간다. 이것이 **네 번째 힘 있는 표지: 승리**이다. 마침내 여기서 지금껏 주인공이 해온 모든 일, 견뎌 온 모든 고통, 가까스로 얻은 지혜가 최후의 결전으로 이어지고 결국 주인공의 승리로 귀결된다. 또한 이곳은 적수가 마침내 진압되는 (최소한 쫓겨나 와신상담이라도 하는) 곳이기도 하다. 승리 이후, 당신의 이야기는 최후의 질문을 향해 가며, 느슨한 줄기들을 단단히 여민다.

    서사의 끝 장면이 가장 어려워 보일 수도 있다. 이야기 앞부분에서 시작했던 모든 줄기를 여기서 전부 마무리해야 하기 때문이다. 이 부분에서 여러 줄기들을 마무리하는 일이 얼마나 수월한지로 당신이 플롯을 얼마나 잘 구축했는지 그리고 앞으로 할 일은 얼마나 남았는지를 가늠할 수 있다. 진짜 마지막 장면에 도달할 때쯤에는 독자들도 의문이 거의 해결되어 있어야 한다. (당신이 속편을 기획하고 있다면 얘기가 다르지만) 끝 장면은 다음의 임무를 다해야 한다.

- 질문에 답하고 진실을 밝혀라.
- 극적 진행을 마감하라. 새로운 정보를 소개해선 안 된다. 다만 플롯 마지막에 깜짝 놀랄 만한 엔딩을 제시할 수는 있다.
- 인물이 그간 겪은 변화에 적응하게 하라.

- 밝혀진 정보에서 감정적, 극적 어조를 덜어 내어 독자에게 결론의 감각을 전달하라.

끝 장면은 많은 작가들이 자기 플롯에 구멍을 발견하는 곳이기도 하다. 모든 줄기를 마무리하려다 보면 정리가 안 되는 줄기가 발견되기 때문이다. 그런 일이 생겼다면, 플롯 목표를 다시 한번 점검하고 어떤 정보가 빠졌는지 확인하여 그 구멍을 채워라.

### 해결책

승리 이후에 주인공은 이미 가장 극심한 스트레스나 긴장을 거쳤기 때문에, 이제 당신은 그 뒤에 주인공이 어떻게 되었는지를 보여줘야 한다. 그 내용은 다음의 질문에 답을 생각하면서(그리고 보여주면서) 마련할 수 있다.

- 욕망이 충족되고 난 결과는 무엇인가?
- 두려워하던 바가 현실이 되고 난 결과는 무엇인가?
- 주인공의 욕망이 바뀌었는가? 어떻게 그렇게 되었는가?
- 주인공의 두려움이 바뀌거나 줄어들었는가? 어떻게 그렇게 되었는가?
- 주인공은 이제 계기적 사건에 대해 어떻게 느끼는가?

### *인물 변화 보여주기*

위의 질문에 어떻게 답했는가에 따라, 당신은 주인공이 진실로 변했음을 모종의 행위, 행동 혹은 발언으로 보여주어야 한다. 절친이 누명을 쓰고 수감 중인 범죄에 대해 주인공이 자수를 할 수도 있다. 마침내 죽은 남편의 무덤에 찾아갈 수 있게 될지도 모른다. 지금껏 매달려 있던 과거를 뒤로 하고 새로운 마을로 떠날 수도 있다. 변화가 "다시는 돌아가지 않을 거야."라는 선언처럼 간명할 때도 있다. 어떤 군인이 평화를 지지하겠다고 결심하며 이렇게 다짐하는 것이다.

이제는 계기적 사건에서 뻗어나온 모든 결과를 마무리해야 한다. 당신이 무슨 질문을 던졌든, 여기서는 전부 대답이 되어야 한다. 살인 사건은 해결되어야 하고, 도난당한 재산은 돌아오거나 발견되어야 한다. 주인공이 얽혀 있던 행위와 사건의 연쇄는 마지막 결말을 향해 정리되어야 한다.

문학 장르에서, 이는 주로 주인공의 내적 해결이나 변화로 나타날 것이다. 로맨스 소설에서 주인공은 마침내 자신의 인연을 받아들일 준비를 마치고 상대를 받아들이거나 이미 시작된 로맨스를 완성한다. 미스터리 소설에서 주인공은 사건을 해결하거나 범죄에서 벗어날 뿐 아니라, 자신이나 세계를 이전과는 다르게 보게 된다. 과학 소설에서 주인공은 자신의 인간성을 대면하거나 우주의 힘을 이해할 수 있다. 서사의 마지막 부분에서 플롯 사건을 마무리할 수 있는 방법은 다양하다. 그리고 그것은 모두 다음의 요소를 공통적으로 가지고 있다.

- 주인공은 무언가를 배워야 한다.
- 주인공의 행동이나 태도가 바뀌어야 한다.
- 주인공이 새로운 방향이나 길로 떠나야 한다.

인물을 성공적으로 변화시키는 비결은 인물의 변화가 극적이면서도 현실적으로 펼쳐질 수 있게 하는 것이다. 그리고 이러한 인물 변화는 내러티브 요약이 아니라, 그들이 말하고 행동하는 방식이나 장면의 틀 안에서 내린 선택을 통해 독자에게 제시되어야 한다.

### 플롯 조각 맞추기

모든 핵심 요소 중에서도 플롯은 가장 복잡한 듯하다. 플롯이 매 장면을 거치며 자신의 길을 엮어가기 때문이다. 강력한 플롯은 장면마다 딱 적당한 양의 정보를 딱 정확한 시간 동안 감추면서 독자에게 미스터리의 감각을 경험하게 한다. 독자는 어둑어둑한 서사의 숲에서 한 번에 딱 한 개씩 빵조각을 주워야 한다. 물론, 미스터리는 결국 해결되어야 하며, 플롯 정보는 조합되어 만족스러운 전체를 이뤄야 한다.

다음은 토니 모리슨의 명작 『빌러비드』의 예이다. 이 소설은 정보를 신중하게 분배하여 차곡차곡 쌓아올려간다. 이 책의 첫 부분에는 '빌러비드'라고 불리는 여성이 옷을 다 입은 채 연못에서 걸어 나오며 시작되는 장면이 있다. 오래지 않아 그는 또 다른 주요 인물인 덴버에게 발견되어 덴버의 모친인 시이드에게 보내지는데, 시이드는 어두운 비밀로 가득 찬 과거를 숨기고 있는 인물이다. 대화를 통해 독자는 빌러비드는 범상한 사람이 아니라는 점을 알게 된다. 그는 출신도 불분명한 데다 행동거지도 심상치 않다. 이 정보는 여러 장면에 걸쳐 조금씩 조금씩 전달된다.

"저 여자애 뭔가 좀 웃긴단 말이야." 폴 디가 혼자 중얼거리듯 말했다.
"뭐가 웃겨?"
"어디가 아픈 것처럼 움직이고 말하는데, 보기엔 멀쩡하단 말이야. 혈색도 좋고 눈빛도 또렷하고, 힘은 또 엄청 세잖아."
"걔가 힘이 어딨어. 뭘 붙들지 않고선 걸음도 제대로 못 걷는데."
"내 말이 그 말이야. 걸음을 못 걸어, 근데 흔들의자를 한 손으로 번쩍 드는 걸 봤다니까."

이 장면은 새로운 정보가 해야 할 의무를 세 가지나 달성한다. 첫째, 독자와 인물들이 더 많은 것을 알게 된다. 여기서 그들은 '누구' 항목에 해당되는 내용, 즉 빌러비드가 예사롭지 않은 사람이며 상당히 이상하게 행동한다는 사실을 알게 된다. 둘째, 빌러비드의 이상한 행동과 그가 다른 인물들에게 끼치는 영향으로 인해 독자들은 그의 속내와 의도는 무엇일지 궁금해하기 시작한다. 셋째, 동기, 즉 '왜'가 작동하기 시작한다. 이제 인물들이 빌러비드를 다르게 보기 시작했기 때문에, 그를 대하는 행동도 각기 달라지기 시작하며, 이 변화는 다시 플롯 결과에 영향을 미친다.

서사의 중간 부분에서 모리슨은, 앞으로 나와 직접 말하지 않으면서도 이렇게 수상한 빌러비드는 과연 어떤 사람인가에 관한 플롯 정보를 충분히 제시한다. 그는 독자들이 스스로 퍼즐을 맞춰볼 수 있게 한다.

빌러비드는 눈을 감았다. "어둠 속에서 내 이름은 빌러비드예요."
덴버는 좀 더 가까이 달려들었다. "거기 있는 건 어때요, 그전에는 어디에 있었어요? 얘기 좀 해주실 수 있어요?"
"어두워요." 빌러비드가 말했다. "그곳에서 나는 매우 작아요. 거의 이 정도죠." 그는 침대에서 머리를 들더니 자기 쪽으로 숙여 몸을 한껏 웅크렸다.
덴버가 손가락으로 입술을 가렸다. "많이 추우셨나요?"
빌러비드는 몸을 더 꼭 웅크리더니 고개를 저었다. "뜨거워요. 저 아래는 숨이 막히는 데다 들어갈 공간도 없어요."

빌러비드의 묘사는 무엇을 연상시키는가? 엄마의 자궁이다. 독자는 빌러비드가 어디서 왔는지 서서히 알게 된다. 이는 장면의 맥락을 통해 플롯을 쌓아올리고 인물을 드러내는 과정에서 매우 결정적인 플롯 정보이다. 이렇게 정보를 천천히 쌓아가면 작가가 이상하면서도 생생한 인물, 그의 엄마가 자유를 향해 나아가는 여정에서 감수할 수밖에 없었던 희생을 표상하는 인물을 만들 시간을 확보할 수 있다. 모리슨이 빌러비드의 정체를 곧장 알려주었다면, 극적 긴장이나 인물 구축의 여지는 거의 사라졌을 테다.

책이 마지막을 향해 가면서 플롯은 최종 단계에 접어들기 시작한다. 이제 인물들은 빌러비드가 누구인지 더 이상 궁금해하지 않는다. 이제 그들은 그를 두려워한다. 빌러비드는 임신을 하고 기쁨을 전부 차지하고 음식도 모조리 먹어치우고, 집안에서 시이드와 덴버에게 필요한 것도 전부 써버린다(이는 애도가 작동하는 방식에 대한 멋진 은유이기도 하다). 그는 시이드의 관심과 시간을 독차지하며 덴버의 마음에 질투와 분노를 일으킨다. 아무리 빌러비드가 이야기 초반에 불쌍하고 연약했다 해도, 플롯이 마지막을 향해 갈 때쯤 독자는 그가 비참한 말로를 맞이하길 바라게 된다. 이제 그는 기생충이 되었다. 빌러비드가 떠나든 뭔가 끔찍한 일이 벌어지든, 둘 중 하나일 수밖에 없다.

결말을 알려줄 수는 없지만, 모리슨이 모든 줄기를 빠짐없이 마무리하며 플롯을 온전히 합당하게 마무리했다는 점만은 말할 수 있다.

## 신 스틸러

『링컨 가와 함께한 일생*My Life with the Lincolns*』, 『델타 걸스』 외 여러 작품을 쓴 작가 게일 브랜다이스는 어맨다 에어 워드의 소설 『천국을 향한 잠*Sleep Toward Heaven*』을 두고 플롯에 대해 이렇게 논했다.

> 몇 년이 지난 후에도, 여전히 나는 어맨다 에어 워드의 소설 『천국을 향한 잠』의 결말을 생각할 때마다 소름이 돋는다. 멋지게 구성된 플롯

이 세 인물 — 남편 헨리가 살해당한 셀리아와 사형 집행을 기다리고 있는 살인자 캐런, 그리고 캐런의 암을 치료해온 의사 프래니 — 의 이야기를 한 데 엮어준다.

남편이 무의미하게 죽어버린 후 셀리아는 세상 속에서 자신이 있을 곳을 찾기 위해 작품 내내 헤매다닌다. 술집에서 프래니를 만나는 마지막 장면에서, 그는 헨리의 유령이 찾아와 프래니가 화장실에 간 동안 그의 가방에서 수첩을 찾아 캐런의 모르핀 기계 비밀번호를 적으라 말했다고 털어놓는다. 교도소에 있는 캐런을 찾아가기 전까지 셀리아는 영문도 모른채 비밀번호를 외웠다. 책은 셀리아가 이렇게 말하며 끝난다. "그 기계의 비밀번호는 내 머릿속에 저장되어 있었어요. 나는 입을 열었죠." 자기 남편을 죽인 여자에게 처형의 고난을 겪지 않고도 자신의 고통을 끝낼 수 있는 방법을 알려주는 일은 그야말로 지대한 공감과 용서의 행동이다. 이는 이야기의 모든 줄기를 한 데 엮어 깊은 감동을 자아내는 완벽한 총체를 완성하며 책 전체에 숭고함을 불어넣는다.

## 플롯 강화하기

플롯이 튼튼하고 생생한 장면으로 이루어져 있다면, 새로운 장면을 쓸 때 가장 논리적인 출발점은 우선 이전 장면을 언급하는 것일 테다. 당신은 각 장면별로 나름의 설계도를 만든다. 따라서 다음 장면을 집필하면서 플롯을 조금 더 진행시키기 전에, 먼저 당신이 어느 방향으로 얼마만큼 왔는지 확인해봐야만 한다. 지금까지 인물은 어떤 유형의 힘 있는 표지를 거쳐왔는가? 인물은 각 표지 사이에서 변화를 거친다. 그리고 각각의 표지에 도달했을 때 인물은 다양하고 극적인 방식으로 깨달음, 힘, 자원은 물론, 승리의 순간 일어나는 변화를 향한 여정에 필요한 많은 것을 얻어야 한다.

작가들이 지난 장면에서 이미 어떤 정보를 밝혔거나 인물이 그것을 깨달았다는 사실을 잊고 같은 내용을 반복하는 경우가 얼마나 많은지를 알면 놀랄 것이다. 플롯을 진행시키기 위해서는 이따금 앞의 두세 장면을 검토하는 과정이 반드시 필요하다.

앞 장면을 검토하고 나면, 결정의 순간을 맞게 된다. 다음에는 무슨 일이 일어날까? 이 책의 앞부분을 다시 유심히 읽어보면, 인물이 참여한 게임의 판돈을 계속 올려야 하며, 행동은 꾸준히 앞으로 나아가야 하고, 소설이 해결책에 도달할 때까지 계속 이야기를 보다 복잡하게 만들어야 한다는 점을 확인할 수 있을 것이다.

다음 장면에서 당신의 아이디어가 잘 통할지 확신이 없다면, 다음의 테스트를 한 번 해보자. 플롯 정보의 다음 조각은 다음의 일을 해야 한다.

- 주인공을 포함해야 한다.
- 계기적 사건이나 그 결과와 관련되어야 한다.
- 독자에게 단서 및 정보를 주거나, 새로운 정보가 밝혀지면서 상황을 더 잘 파악하게 되었다는 인상을 줘야 한다.
- 상황을 더 복잡하게 만들거나 복잡해진 상황을 해결해야 한다.

# 9

# 서브텍스트

당신이 학교에서 성적이 어땠든, 아마도 글쓰기에는 기꺼이 최선을 다하는 학생이었을 것이다. 지금도 이렇게 장면 쓰기에 대한 책을 읽고 있지 않은가. 1장의 레시피를 따르면 당신도 최소한 모든 재료를 합쳐 기본적 장면은 만들 수 있다. 그러나 공들여 쓴 장면이 여전히 밋밋해 보인다 해도 낙심하지 말라.

장면에는 깊이나 서브텍스트, 즉 장면을 살찌우고 이를 서사의 주제 및 더 큰 플롯으로 이어주는 질감이 필요하기도 하다. 주제는 서사가 담고 있는 근본적 메시지, 생각, 혹은 도덕이다. 서브텍스트를 짜 넣기 위해서는 두 번째 초고를 여기에 꼬박 다 바치거나 그 이상을 할애해야 할 수도 있다. 내가 강의를 할 때도 종종 말하지만, 첫 번째 초고는 우선 당신 자신에게 이야기를 들려주고 등장인물에 대해 알아가는 시간이기 때문이다. 그 후에 원고를 고쳐가는 과정에서 섬세한 뉘앙스와 깊이를 더할 수 있다.

서브텍스트가 없는 장면은 법원 담당 기자의 보도 같을 뿐이다. "베일리프는 진주 목걸이를 하고 빨간 스웨터를 입은 피고인을 방에서 끌어내야 했습니다. 햇볕이 스며들어왔고, 법원은 조용했습니다."

위에서 묘사한 세부사항 자체에는 아무 문제가 없지만, 장면은 극적 긴장이나 정서적 복잡성이라곤 찾아볼 수 없는 문장으로 가득하다. 좋은 장면이 되려면 일단 표층 — 눈에 보이는 명백한 차원, 배경에서부터 인물에 대한 외적 묘사나 겉으로 드러난 대화까지 — 이 있고, 심층, 즉 인물의 정서적 짐이나 숨은 의도, 뼈 아픈 비밀, 혹은 무의식적 동기가 감춰져 있는 서브텍스트가 있어야 한다.

## 서브텍스트를 만들어내는 테크닉

당신이 만든 장면에서 더 깊은 층위는 무엇일지 생각해보라. 서브텍스트는 무의식적 정보, 행동에 대한 단서, 혹은 뒷이야기의 요소를 담고 있는 층위이다. 이야기의 심층을 이룰 서브텍스트의 윤곽을 만들어내기 위해서는 다음의 몇 가지 테크닉을 활용할 수 있다.

### 주제적 이미지 혹은 상징

주제적 이미지를 만들기 위해서는 당연하게도 당신이 자기 이야기의 주제를 알고 있어야 한다(물론 첫 번째 초고를 완성한 후에 주제를 결정하는 작가도 많다). 서사가 담고 있는 전체적 메시지 혹은 생각으로서 주제를 생각하라. 이는 서사 안에서 등장하는 구체적 사건이나 새로운 정보로 이루어지는 플롯과는 상대되는 개념이다.

주제적 이미지는 은유적, 상징적으로 당신의 주제를 보여주는 이미지를 뜻한다. 물론 무의식의 마법을 통해 부지불식간에 이미 서사에 스며들어간 주제적 이미지도 있겠지만, 대부분은 원고를 수정하면서 당신이 의식적으로 넣어야 한다.

에마 클라인의 소설 『더 걸스』에서는 1969년에 십대였던 어리고 순진한 주인공 이비가 속세에 환멸을 느껴 이리저리 떠돌아다니는 몇몇 '야생적' 소녀를 만난다. 처음에 이비는 그들이 동네 공원 쓰레기통을 뒤지고 있는 모습을 보고 당황하지만, 결국엔 그들과 함께하게 된다. 클라인은 책 전체에 산재한 여러 이미지를 활용하여 장면에 서브텍스트를 더한다. 가령 다음과 같다.

> 나는 수전을 바라보았다. 우리의 역사가 아무리 짧아도 그들 사이에서 나의 존재를 인정받을 줄 알았는데, 그는 구석에 앉아 상자에 담긴 토마토만 쳐다보고 있었다. 표면을 눌러보고 썩은 것 골라내기, 벌 쫓기.

이 이야기에는 썩고 부패한 이미지가 반복적으로 등장하면서, 수전을 비롯한 여러 소녀들이 러셀이라는 남자의 카리스마적 지도 하에 공동체 생활을 하고 있는 외딴 '목장'을 훌륭히 보여준다. 러셀 역시 어둡고 부패한 도덕성을 지닌 인물이며, 결국 그로 인해 사태가 매우 암울한 국면을 맞게 된다.

이 부패한 도덕성은 이비가 러셀을 처음 만났을 때부터 암시된다.

> 러셀의 사슴가죽 셔츠는 가죽 냄새와 썩은 냄새가 나면서도 벨벳처럼 부드러웠다.

큰 장면 속에서 그저 작은 조명을 비춰주는 매우 단순한 이미지도 있다. 밤중에 나무가 갑자기 위험을 예고하는 얼굴처럼 보이기도 하고, 임신을 고대하던 인물이 으깬 감자 요리에서 아기의 얼굴을 보기도 하는 것처럼 말이다.

물론 상징을 활용하여 보다 추상적인 세계를 다루는 길을 택할 수도 있다. 위대한 신화학자 조지프 캠벨은 이렇게 말했다. "상징의 기능은 당신에게 '아하! 그래. 그거 뭔지 알아. 바로 나 자신이야.'라는 느낌을 주는 것이다."

상징은 설명하지 않고 의미를 끌어내기 때문에, 당신의 서사에 섬세한 질감을 더한다.

아르헨티나 작가 호르헤 루이스 보르헤스는 인간의 사고와 영적 미스터리의 복잡성을 표현하기 위해 상징 — 미로, 육각형 별, 심지어 책까지 — 을 매우 즐겨 사용했다.

당신의 주제가 평화를 찾는 일과 관련되어 있다면, 어떤 장면에 처마에 깃든 비둘기를 넣거나 이야기가 진행되는 중에 올리브 가지 혹은 흰 깃발을 등장시킬 수 있다. 상징을 미묘하게 넣어 독자가 서브텍스트를 너무 대놓고 들이민다고 느끼지 않게 하는 것이 핵심이다. 굳이 인물에게 "저것 봐, 비둘기야. 저걸 보니 평화를 생각하게 되네!"라는 말을 시킬 필요는 없다. 상징은 그저 인물이 입은 셔츠의 디자인이나 누군가의 사무실 책상에 올려진 책 표지에 등장하는 정도로 충분하다.

타나 프렌치의 미스터리 소설 『침입자 The Trespasser』에서 그는 절대 독자를 편하게 두지 않는다. 소설 앞부분의 어떤 장면에서 사건을 수사 중인 두 형사 스티븐 모런과 앙투아네트 콘웨이가 잠시 마을 공원에 앉아 끼니도 때우고 새로 얻은 정보도 훑어보려 하고 있을 때, 프렌치는 불안과 긴장을 유도하는 이미지를 심어둔다.

> 공룡 옷을 입은 아이가 킥보드에서 떨어지더니 길가에 앉아 그럴듯하게 울어보려고 애쓰고 있었다. 우리는 그를 피해 돌아서 공원 문 쪽으로 향했고, 나는 노숙자들에게 전화를 걸어 팰런을 데려오라고 말하고 있었다. 그때 구석에 있던 비닐봉지가 눈에 들어왔고, 난 밖으로 삐져나와 있는 것이

무엇인지 깨달았다. 그것은 죽은 고양이였다. 털이 머리통을 매끄럽게 뒤덮고 있었고, 입술이 까뒤집힌 채 날카로운 이빨이 훤히 드러나 있어 분노의 울부짖음이 그대로 얼어붙은 듯했다.

이 장면은 콘웨이가 강력계에서 몇 안 되는 여자 형사인데다 남자 형사들에게 성희롱을 점점 더 심하게 받고 있던 상황이기에 더욱 강력하다. 그러나 콘웨이가 분노를 드러내면 그들을 더 부채질하는 꼴이 될 뿐이기 때문에 그럴 수는 없었다. 그 고양이는 플롯과 관련하여 전반적인 불편함을 심어줄 뿐 아니라, 콘웨이가 가슴 속에 숨겨둔 '분노의 울부짖음'을 반영하기도 한다.

## 암시

우리의 삶과 마찬가지로, 당신이 쓰고 있는 소설에서도 인물은 스스로에게 혹은 남들에게 인정하고 싶지 않은 진실을 마주한다. 때로 이 정보는 주변 인물들에게 먼저 알려진다.

각 장면을 발전시켜 나갈 때, 앞으로 발생할 일들의 씨앗을 여기저기 심어두는 일이 중요하다. 암시(innuendo)는 장차 플롯을 발전시켜나갈 수 있는 매우 훌륭한 방법이다. 게다가 암시는 괴롭힘이나 의심의 형태로 나타나면서 강렬한 감정을 이끌어내기도 하기 때문에 인물을 채워나가는 데 도움이 되기도 한다.

예를 들어, 중세 왕국의 공주가 절대 이루어질 수 없는 사랑이기에 농부의 아들과의 관계를 밝힐 수 없다고 하자. 결코 받아들이고 싶지 않은 이 정보를 공주가 되도록이면 그런 말을 듣고 싶지 않은 바로 그 사람 — 아마도 마땅히 자기 의견을 내세우지 말아야 할 시녀나 자신이 궁을 떠나면 대신 왕위를 물려받게 될 친자매 — 에게 듣게 되는 순간보다 자극적인 재미가 넘치는 장면은 없을 것이다.

"밀짚 모자 멋지네." 농부 소년이 양떼를 바치러 들렀을 때, 자매는 공주에게 이렇게 말할지도 모른다.

공주는 당연히 충격을 받고 격분할 것이다. 그는 새빨개진 얼굴로 이렇게 외친다. "내가 모를 줄 알고!"

괴롭히는 일 외에도 암시가 활용되는 경우는 많다. 누가 살인, 강도를 저질렀거나 한 인물이 다른 인물이 죽거나 떠나길 바란다고 넌지시 알리는 데 사용할 수도 있다. 암시는 장면에 복잡한 층위를 더하면서 전하려는 바를 슬쩍 가리켜 독자의 관심이 앞에 있는 장면 쪽으로 조금씩 움직이게 만드는 한 가지 방법이다.

## 무의식적, 혹은 통제 불가능한 행동

인물들은 장면 속에서 다친 동물을 조심스레 쓰다듬어주는 일에서부터 불타는 건물에서 뛰어내리는 일까지 의도적으로 온갖 일을 하게 된다. 그러나 해당 장면뿐 아니라 독자가 인물 및 플롯을 이해하는 국면에까지 서브텍스트를 더해주는 또 하나의 거대한 행동의 세계가 있다.

어린 시절에 벽장에 갇히는 벌을 받곤 하던 과거를 숨기고 있는 인물은 좁은 공간에 들어갈 때마다 식은땀을 흘릴 수 있다. 당신은 마지막에 다다를 때까지 인물의 과거를 상세히 밝히지 않을 테지만, 서브텍스트를 통해 독자의 마음에 씨앗을 심어둘 수는 있다. 인물이 차나 엘리베이터에 탈 때는 물론 뉴욕의 좁은 아파트에만 들어가도 식은땀을 흘린다면 분명한 언급이 따로 없어도 이 모습이 독자의 무의식에 박히게 되고, 차츰 독자에겐 호기심 어린 질문이 생기지만(왜 저렇게 땀을 흘리지?) 그에 대한 답은 아직 얻지 못한다.

심리적 긴장감이 넘치는 실라 콜러의 소설『크로스웨이Crossways』에서 주인공 케이트는 어떤 비극으로 인해 파리에서의 삶을 억지로 떠나 어린 시절을 보냈던 남아프리카의 집으로 돌아가게 된다. 교통사고로 여동생 매리언이 사망하고 그의 남편인 루이스가 병원에 입원해 있었기 때문이다.

외과 의사 루이스는 자신의 삶은 물론 아내와 아이까지도 전부 스스로 통제하며 지냈다. 그러나 이제는 부상을 입은 데다 처형인 케이트가 옆에서 자꾸 사정을 캐묻는 터에 지금까지 어떻게든 억눌러 온 분노를 다스리기 어려워진다.

> 간호사가 침대 쪽으로 몸을 기울였다. 그러곤 그의 손등을 두드렸다. 그는 갑작스레 간호사의 예쁜 얼굴을 후려치고 싶다는 충동을 강렬히 느꼈다. 이는 아내가 자신에게 뭐하고 있냐고 물을 때 느꼈던 충동과 똑같았다.

독자는 과거에 무슨 일이 있었기에 루이스가 저렇게 자기보다 약한 사람들을 함부로 대하게 되었는지 궁금해하기 시작한다. 물론 그에 대한 답은 이야기의 마지막에 밝혀지고, 그러면서 매리언이 죽게된 연유를 밝히는 플롯의 마지막 조각도 드러난다.

## 신 스틸러

『슬로우 문The Slow Moon』의 저자 엘리자베스 콕스는 코맥 매카시의 『서트리Suttree』에서 이미지가 사용되는 방식에 대해 논한다.

...

내가 제일 좋아하는 부분은 숟가락, 커피 한 잔, 혹은 쏟아진 크림과 거기에 '고양이처럼 앉아 있는 파리' 등의 이미지를 제시하면서 긴장을 더하고 서트리가 자신의 아이가 죽었다는 소식을 들으며 느끼는 깊은 슬픔을 드러내는 대목이다.

그가 게이 스트리트로 올라가고 있을 때, 제이본이 문에서 나오더니 그의 팔을 잡았다. 이봐 친구, 그는 말했다.
　　잘 지내?
　　지금 막 너 보러 나가는 길이었어. 들어와서 커피 한 잔 해.
　　그들은 헬름 카페의 카운터에 앉았다. 제이본은 계속 숟가락을 두드렸다. 커피가 서빙되자 그는 서트리를 바라보았다. 당신 아버님께 연락이 왔어. 집으로 전화 달라셔.
　　지옥에 있는 사람들이 얼음물을 찾았다.
　　중요한 일인 것 같았어, 친구.
　　서트리는 아랫입술로 컵 주둥이를 더듬다 입김을 불었다. 무슨 일이려나.
　　글쎄, 가족 일이겠지. 어쨌든 전화해봐.
　　그는 컵을 내려놓았다. 알았어, 무슨 일인데?
　　그냥 전화를 해보지 그래?
　　그냥 말해주지 그래?
　　전화 안 할 거야?
　　어.
　　제이본은 손에 든 숟가락을 빤히 쳐다봤다. 거기에 입김을 불었다가 머리를 흔들었다. 숟가락에 거꾸로 비치는 그의 왜곡된 이미지가 뿌옇게 흐려졌다 다시 나타났다. 그래, 그가 입을 열었다.
　　누가 죽었어, 짐?

> 그는 고개를 들지 않았다. 네 아들. 그가 답했다.
> 서트리는 컵을 내려놓더니 창밖으로 시선을 돌렸다. 그의 팔꿈치 께에는 대리석으로 된 카운터 위로 크림이 쏟아져 작은 웅덩이를 이루고 있었고, 그 안에 파리들이 마치 고양이처럼 웅크리고 앉아있었다. 그는 일어나서는 나갔다.
> 기차가 역을 떠날 때쯤엔 이미 어두웠다. 잠을 청했지만 그의 머리는 곰팡내 나는 머리받침 위에서 뒤척거렸다. 거기엔 이제 식당칸도 카페칸도 없었다. 아무 서비스도 없었다.

학생들이 대화를 쓸 때 발화 및 핍진성의 패턴에 주의를 기울여야 한다는 점은 잘 알고 있지만, 어떤 순간에는 대화로 정보를 제공하고 긴장을 형성하면서 행동을 진행시켜야 한다는 점은 미처 모를 때가 많다. 그때 나는 어떤 말이 오가든 한 사람은 "제발, 제발"이라 말하고 다른 사람이 "안 돼, 안 돼"라고 하는 모습을 상상해보라고 한다. 이 예시는 템포가 빠른 대화(아무리 그 순간이 슬로우 모션으로 진행되는 듯하더라도)를 만들 수 있게 도와준다. 위에 제시한 대화는 인물에게 새로운 정보를 제공하면서 행동을 진행시킨다. 게다가 작가는 이 책에 주로 등장하는 시골 사람들이 쓰는 사실적 발화 패턴도 만들어냈다. 매카시는 절제된 대화와 이미지를 통해 묘사하고 있는 순간에 명료함과 힘을 더하며, 우리 눈 앞에 펼쳐지고 있는 인간사에 극적 긴장을 부여한다.

## 전경과 후경

그림과 마찬가지로 장면도 후경을 가질 수 있다. 그리고 후경은 단순한 배경 이상의 의미를 가진다. 당신이 전경에서 가장 눈에 띄는 일로 독자의 관심을 끄는 와중에도, 행동을 통해 미묘한 메시지와 정서적 층위를 후경에 심어둘 수 있다. 예를 들어 어떤 커플이 이제 막 사랑을 나누려고 하는 장면 — 전경 — 에서 옆방의 다른 커플은 싸우고 있을 수 — 후경 — 도 있다. 이는 코미디나 정극에 잘 어울리는 설정이기도 하지만, 지금 이렇게 깨가 쏟아지는 커플도 결국 저렇게 싸우게 될 운명일지 모른다는 생각을 심어주기도 한다. 어쩌면 이 커플도 실패

할 운명일지 모른다는 언급을 억지로 서사에 밀어넣거나 내러티브 요약으로 설명하지 않고도, 이를 통해 장면에 긴장감 있는 질감을 더할 수도 있다.

제인 해밀턴의 소설 『세상의 지도 A Map of the World』는 보건교사인 주인공 앨리스가 이웃의 두 여자아이를 잠시 돌봐 주기로 하면서 시작한다. 그러나 리지와 오드리가 집에 오자, 앨리스의 딸인 에마와 클레어가 엄마도 좀 쉬면서 자신을 챙길 시간이 필요하다며 잔소리를 늘어놓는다. 정말 몇 분도 채 안 되게 잠깐 쉬는 사이, 막 걸음마를 뗀 리지가 연못으로 들어가 익사할 위험에 빠진다.

다음 장면에서 앨리스는 리지의 가족과 의사의 사전 진단을 기다리며 병원에 와 있다. 그는 과연 리지가 살 수 있을지, 이제부터 그들의 삶이 어떻게 바뀔지 짐작도 되지 않는다. 해밀턴은 장면의 서브텍스트에 이러한 묘사를 넣으면서 우리에게 앨리스(와 리지)의 향방을 보여준다.

> 나는 방 건너편을 슬쩍 보다가 로비 매케시의 어머니를 알아봤던 일을 기억한다. 로비는 블랙웰 초등학교에서 유치원을 다니고 있었다. … 그는 자주 아팠다. 나는 엄마 때문, 엄마가 아이를 방치하기 때문이라고 생각했다. 그는 잡지를 팔락팔락 넘기며 책이 아니라 나를 보고 있었다. 그는 도저히 눈을 크게 뜨고 나를 똑바로 봐줄 수는 없다는 듯 곁눈질을 하고 있었다. … 그의 못생긴 입, 나를 비웃는 입 때문에 나는 울고 싶어졌다.

방치에 대한 이야기, '나를 똑바로 봐줄' 수 없는 것 등의 디테일은 모두 점차 악화되는 두 인물의 어둡고 비극적인 행보에 대한 무의식적 암시이다.

…

모든 장면은 다차원적으로 만들어진다. 서브텍스트를 풍부하게 하면서 복잡성과 깊이를 더할 수 있는 방식은 매우 다양하다는 점을 잊지 말라. 이는 3부에서 각각의 장면 유형을 논하며 자세히 다뤄질 주제이다.

# 10

# 극적 긴장

건장한 두 남자가 하는 줄다리기 경기를 보고 있다고 상상해 보자. 약이 바짝 오른 독사가 우글우글한 구덩이 위로 긴 밧줄을 놓고 둘을 양쪽에 세운다. 한 남자는 자기 쪽으로 밧줄을 끌고, 다른 남자는 구덩이로 떨어질 듯 말 듯 휘청거린다. 다음엔 휘청거리던 남자가 줄을 잡아당기고 반대편 남자가 위험에 빠진다. 이것이 바로 가장 결정적인 장면 요소인 극적 긴장의 효과를 시각적으로 비유한 모습이다.

극적 긴장은 어떤 장면에서 일어날 갈등의 잠재성이다. 문제가 만들어지거나 해결책을 향한 균형이 아슬아슬할 때, 독자는 심리적으로, 심지어 육체적으로까지 긴장하게 된다. 믿기 어려울 수도 있겠지만, 이 긴장이야말로 독자가 책을 계속 읽어나가는 원동력이다. 두 남자에게 무슨 일이 일어날지 알게 되기 전에는 좀처럼 이 줄다리기에서 눈을 떼기 어려울 것이다!

극적 긴장은 독자가 무언가가 잘못되고 있음을 알아차리지만, 정확히 언제 어떻게 될지는 모를 때 만들어진다. 긴장감은 독자가 주인공이 살아서, 사랑을 이루며, 혹은 목표를 달성하며 (그리고 독사에게 물리지 않고) 그 장면을 마치길 바라면서, 계속 숨죽인 채 주먹을 꼭 쥐고 기다리게 만든다.

핵심 요소인 만큼, 극적 긴장은 모든 장면에 있어야 한다. 이는 살인범이 마지막으로 목격된 컴컴한 건물로 주인공이 들어갈 때 느끼는 꺼끌꺼끌하게 불편한 기분일 수도 있고, 주인공이 위험한 사람과 언쟁을 시작한 것은 아닌지 찜찜해하며 나누는 불안정한 대화, 혹은 두려움을 불러일으키는 잠재적 이미지일 수도 있다.

장면이 밋밋해지는 것을 막기 위해서는 긴장이 필요하다. 허구 서사는 현실이 고도화된 경험이기에, 그 안에서의 삶은 현실보다 강렬하고 비범하며 극적이다. 그렇지 않다면 왜 굳이 이야기를 쓰겠는가? 따라서 당신은 자신의 서사 속 세계가 대부분의 사람들이 실제로 살고 있는 흔한 일상에 너무 가까워지지 않게 지킬 수 있는 테크닉을 동원해야 한다. 문제 — 혹은 문제의 가능성 — 가 발생했다는 감각을 매 장면에 쌓아가면, 당신도 독자를 사로잡을 수 있다.

긴장감을 조성할 수 있는 몇 가지 테크닉은 3부에서 장면 유형을 검토하며 알아볼 테지만, 일단 여기서 긴장감이 작용하는 방식을 먼저 훑어보면 도움이 될 것이다.

극적 긴장은 얌전한 장면을 악몽으로 바꿔놓을 수 있는 힘을 가지고 있다. 그러기 위해서는 다음의 사항을 따라야 한다.

- 주인공의 목표를 방해하라. 만족을 지연시켜라.
- 즉각적인 설명 없이 예기치 못한 변화를 포함시켜라.
- 힘을 주거니 받거니 공방하게 하라.
- 계획을 망쳐라 — 주인공을 어떤 식으로든 바꾸어놓는 플롯 정보를 집어넣어라.
- 배경과 감각을 통해 긴장감 있는 분위기를 조성하라.
- 시적이고 운율감있는 언어의 힘을 활용하여 문장 차원에서의 긴장감을 형성하라.

## 해설과 긴장

주요 장면 요소 사이사이에 들어가는 문장은 주로 해설 혹은 내러티브 요약이라고 불린다. 내러티브 요약은 근육과 **뼈**를 연결해주는 힘줄처럼 장면 요소들을 연결하여 그들이 그저 제각기 떠다니면서 장면이 산만해지거나 흩어지지 않게 잡아준다. 그러나 해설이 너무 많으면 독자가 급격히 지루함을 느끼면서 극적 긴장의 가능성도 사라져버린다. 이렇게 말로 이야기를 전하는 부분은 긴장감을 조성하거나 독자의 관심을 장면의 중요한 순간으로 이끌어주는 극장 안내원 같은 역할을 하기 위해 전략적으로 사용되어야 한다.

## 시간 압축하기

당신의 이야기가 얼마나 매혹적이든, 당신의 인물이 얼마나 흥미롭든, 그들의 삶의 모든 순간을 하나의 서사로 보여줄 수는 없다. 극화할 순간을 선택하기 위해서는 압축하거나 요약해야 할 순간 역시 선택해야 한다. 아래의 예는 리처드 권의 소설 『도망가는 개의 색 *The Color of a Dog Running Away*』의 한 대목이다. 바르셀로나에 사는 번역가 루카스는 아름답지만 정체를 알 수 없는 누리아와 막 연애를 시작한 참이었다. 그는 어떤 미술 갤러리에 신비한 초대를 받고 누리아를 처음 만났다. 이미 작가는 서로에게 이끌리는 격정과 행복에 취한 새 커플이 지난 몇 주간 몰두해 온 행동을 묘사했기에, 이제는 플롯의 속도를 높여야만 한다. 그래서 그는 다음과 같이 내러티브 요약을 활용한다.

> 그 후 두 주 동안, 누리아와 나는 시간만 나면 붙어있었다. 우리는 밥도 같이 먹고 잠도 같이 잤으며, 그가 출근했을 때에는 통화를 하면서 오직 저녁과 밤만을 기다리며 살았다.

권은 이 주일이나 되는 시간을 요령 있게 간단한 요약으로 줄인 뒤 다시 행동으로 돌아온다.

> 어느 점심시간, 나는 이미 벤치에 앉아 아침 햇살 속에서 차가운 맥주를 한 잔 마시고 증거를 훑어보면서 시간을 보내고 있었다. 누리아가 혈기 왕성한 모습으로 홍조를 띠고 나타났다.

관련 없는 사건들의 작은 문단을 간략하게 압축하면, 서술에서 군더더기를 덜어 내면서 긴장감을 계속 살릴 수 있다.

## 정보 압축하기

당신은 온갖 종류의 의사, 건축가, 상인인 인물을 만들어낼 것이다. 그들은 실크로 복잡한 디자인을 만들어내고, 거대한 마천루의 설계도를 그리며, 자기 세계의 동식물을 연구할 것이다. 그들이 직업으로, 취미로, 혹은 순전히 생존을 위해 하는 일들이 당신도 정말 흥미를 가진 일일 수도 있고, 심지어 서사에서 결정적인 역할을 담당할 수도 있다. 그러니 어느 시점에는 심장 수술의 숨 막히는 디테일이나 설계도를 그리는 과정을 설명하고 싶어지게 마련이다. 그러나 설명이 너무 많으면 — 대화를 통해서든 서사의 진행을 통해서든 — 기술적 설명서처럼 읽히기 시작면서 어느덧 긴장감은 자취를 감추게 된다. 우선 이 정보를 소화한 다음, 등장인물의 관점으로 걸러 독자에게 고유의 풍미나 번뜩임 혹은 인물에 대한 통찰을 전할 수 있는 압축된 버전으로 사실을 제공해야 한다.

앤 패칫의 소설 『경이의 땅』에서 미국 중서부 제약회사에서 일하는 의사인 머리나 싱은 실종된 동료에 대해 조사하고 오랫동안 소식이 끊긴 프로젝트 책임자 스웬슨 박사와 접촉을 시도하기 위해 아마존으로 향한다. 무수한 시행착오를 거쳐 마침내 스웬슨 박사를 찾은 그는 상사에게 전화로 자세한 내용을 보고한다.

> 머리나는 그가 먼저 물어보기를 기다리지 않았다. 대화를 할 때마다 그는 마치 스웬슨 박사를 찾았는데도 머리나가 깜빡하기라도 했다는 듯 경과를 물었기 때문이다. 머리나는 오페라 하우스, 부활절, 그리고 저녁 식사에 대해 이야기했다. 앤더스에 대해 무슨 말이 있었는지를 말하면서 그 대화를 재구성하려고 애쓰던 중, 그는 실제 대화가 얼마나 적었는지 깨달았다. 그는 프로젝트는 진척되고 있다고 보고했다.

독자는 머리나가 자신이 알아낸 바를 상사에게 전했는지 알아야 하지만, 모든 내용을 시시콜콜 다 들어야 할 필요는 없다. 압축을 통해 이 임무는 충분히 달성할 수 있다.

신성한 유물의 고대 기원에서부터 살인 사건이나 어떻게 전체 문명이 사라지게 되었는지에 이르기까지, 해결해야 할 미스터리나 범죄 현장을 조사한 결과에 대한 정보도 마찬가지이다. 수사나 조사에 관한 문장은 당연하게도 플롯을 진행시키고 사태를 설명하기 위해 전해야 할 여러 단서 및 정보를 담고 있을 것이다.

이때 당신의 임무는 서사에 긴장과 극적 상황을 더하는 방식으로 이를 압축하는 일이다. 예컨대, 조안 해리스의 소설 『잠든 어린 소녀 *Sleep, Pale Sister*』에서 헨리 체스터는 오직 한 명의 모델, 그가 순수함 그 자체라고 믿고 있는 어린 소녀 에피에게만 매료된 화가이다. 그는 소녀에게 집착하며 그를 몇 번이고 그리지만, 지루하게 앉아있는 장면을 독자에게 수도 없이 늘어놓는 대신,

해리스는 작업 전체를 속도감 있고 숙달된 해설로 훑어준다. 이렇게 압축된 문장은 지루하기는커녕 긴장과 우려로 가득한 불안한 느낌을 더해준다.

> 나는 에피를 백 번은 족히 그렸을 것이다. 그는 신데렐라이고 마리아이며 패션플라워의 어린 수녀였고, 그는 천국의 베아트리체이자 무덤 속에서 오필리아의 메꽃을 늘어뜨리고 '어린 거지 소녀'의 넝마를 입은 채 백합으로 뒤덮인 줄리엣이었다. 당시에 내가 그린 마지막 초상화는 '잠자는 숲 속의 미녀'였다. 마치 시 '내 누이의 잠'에서 그랬듯, 신부나 견습 수녀처럼 에피에게 다시 순백의 옷을 입히고 똑같이 작은 소녀의 침대에 눕혔다. 열 살 때에 비해 훨씬 자란 그의 머리카락은 ― 내가 자르지 말라고 극구 말렸다 ― 백년의 먼지가 쌓여 있는 바닥으로 흘러내렸다.

정보를 이렇게 압축할 때에는 문제가 심해지는 듯한 느낌을 자아내는 방식으로 하라. 독자가 주인공을 염려하게 할 수 있는 요소를 더하거나 약간 중심을 잃거나 강박적인 혹은 완전히 폭발 직전인 행동을 암시하라. '악마는 디테일에 있다'면, 독자에게 주인공이 (혹은 적수가) 종사하고 있는 직업과 활동에 대해 말하면서도 긴장을 높여갈 수 있도록 그 디테일을 전략적으로 활용하라.

## 긴장감을 높이는 다른 방법

작가는 매우 여러 가지 방법으로 극적 긴장을 조성할 수 있기에 사용하지 않을 이유가 없다. 앞으로 제시되는 테크닉을 당신의 도구 상자에 넣어두었다가 개별 장면에 긴장을 불어넣고 싶을 때마다 꺼내 쓰도록 하라.

### 불길한 조짐 넣기

불길한 조짐은 주인공에게 불쾌하거나 나쁜 일이 다가오고 있는 듯한 느낌이다. 실질적으로 플롯 사건에 대한 힌트를 주는 전조와 달리, 불길한 조짐은 온전히 분위기를 만드는 데 쓰인다. 이는 장면의 긴장감을 고조시키지만 나쁜 일이 실제로 일어난다는 뜻은 아니다.

돈 드릴로의 소설 『화이트 노이즈』의 예를 보자. 이 장면에서 잭 글래드니 교수와 부인 배비트의 어린 아들은 어느 날 잠에서 깨면서부터 일곱 시간을 내리 울었다. 몸에 이상은 없는 것 같아도 울음소리가 하도 심상치 않아 아들을 병원에 데리고 갔지만 허사였다. 그의 울음소리는 가족에게 공포를 심어주었을 뿐 아니라, 책의 후반부에 등장할 보다 극적인 상황 — 근원을 알 수 없는 유독성 구름이 마을을 뒤덮은 사건 — 의 전조가 되었다. 다음 단락에서 우는 아이처럼 단순한 소재가 긴장감과 더불어 불길한 조짐을 만들어내는 방식에 주목하라.

> 차에 시동을 걸 때 나는 아이의 울음소리의 음색과 높이가 달라졌다는 사실을 깨달았다. 리듬이 있던 절박함은 계속 웅얼거리며 흐느끼는 소리로 바뀌었다. 이제 그는 곡을 하고 있었다. 이는 중동부식 애도의 표현으로, 접근하기 너무 쉬운 나머지 그것을 야기한 원인을 곧장 압도해버리는 슬픔을 드러내는 방식이었다. 이 울음에는 영원하면서도 영혼을 울리는 무언가가 있었다. 타고난 쓸쓸함의 소리였다.

아이가 아직 말을 못하기 때문에 사람들은 그가 앞으로 일어날 일을 어떤 식으로 감지하고 있다고 느끼고, 드릴로는 어떤 플롯 정보를 직접 흘리지 않고도 이 긴장감, 불편한 느낌을 충분히 전달한다. 이 장면은 기괴하고 비극적이고 불안하며 극적 긴장이 가득하여, 도대체 무슨 일이 생길지 독자가 궁금해하게 된다.

불길한 조짐을 만들 때 주변 환경과 분위기에 대해 생각해야 한다는 점을 명심하라. 감각을 일깨워라. 갈매기가 처량하게 까악대는 소리나 아이가 우는 소리 등 소리를 어떻게 사용할 수 있을지 혹은 불결한 악취 등의 냄새는 인물에게 어떤 효과를 낼 수 있을지 생각하라. 불길한 조짐은 순간적으로 나타나며, 전조를 만들 때처럼 정교해야 할 필요는 없다. 독자의 마음속에 불안하고 걱정스러운 기분을 만들어낼 수 있을 정도로만 주변 분위기를 그려 내면 된다.

## 기대를 좌절시키기

장면에서 인물이 기대나 욕망을 품고 있으면(마땅히 그래야 한다!), 독자(와 인물)는 그 기대가 이루어지지 않을까 걱정하게 되기에, 긴장을 형성할 수 있는 더없이 좋은 기회로 삼을 수 있다. 이는 결혼식장에 선 신부처럼 커다란 기대일 수도 있고, 다이앤 세터필드의 『열세 번째 이야기』의 다음 장면처럼 겉보기엔 작은 것일 수도 있다.

아마추어 자서전 작가이자 책 애호가인 주인공 마거릿 리는 유명하지만 정체가 알려지지 않은 작가 비다 윈터의 자서전을 써달라는 청탁을 받는다. 집필을 준비하며 그는 윈터의 유명한 작품을 읽기 시작하고 '열세 가지 이야기'라고 불리는 단편소설집을 읽기에 이른다. 여기서 마거릿의 기대를 담은 단순한 행동 — 열세 가지 이야기를 읽는 일 — 을 가지고 작가가 어떻게 기대가 좌절될지도 모른다는 긴장감을 자아내는지 살펴보자.

> 열두 번째 이야기인 '인어 이야기'를 읽고 있을 때, 나는 이야기 자체와는 관련 없는 불안으로 동요하기 시작했다. 자꾸 정신이 딴 데로 쏠렸다. 오른쪽 엄지 손가락과 검지 손가락이 페이지가 얼마 남지 않았다고 메시지를 보냈다. 그 사실은 내가 책을 기울여 확인을 해볼 때까지 머릿속을 떠나지 않았다. 그것은 사실이었다. 열세 번째 이야기는 아주 짧은 듯했다.
> 나는 책을 계속 읽었다. 열두 번째 이야기를 끝내고 책장을 넘겼다.
> 백지.
> 나는 책장을 앞뒤로 넘겨보았다. 텅 빈 종이뿐이었다.
> 열세 번째 이야기는 없었다.
> 갑자기 머리가 핑 돌았다. 잠수부가 갑자기 수면으로 올라왔을 때 느낀다던 현기증이 일었다.

이것은 소설의 나머지 부분에 대한 분위기를 설정한다. 사태는 보이던 것과 다르고, 이야기의 일부는 사라졌다. 이를 통해 아주 기발하게 극적 긴장을 고조시킨다.

이런 상황을 만들기 위해서는 주인공이 기대하는 바가 무엇인가에 따라 감정적으로 의미 있거나 중요한 일을 위험에 빠뜨려야 한다. 가령 어머니가 남긴 유언의 내용을 듣기 위해 기다리는 남자라면, 그 결과에 많은 것이 달려있어야 한다. 변호사가 사촌과 친척 등 거리가 먼 가족들에게 남긴 재산만을 줄줄이 읽고 있다면, 그 장면에는 팽팽한 긴장이 넘칠 것이다. 어머니가 당신의 주인공에게는 도대체 뭘 남겼을까? 있긴 있는 걸까?

기대를 좌절시키기 테크닉은 자주 사용하는 편이 좋다. 주인공이 너무 여러 장면에서 자주 바라거나 기대하는 바를 얻으면, 긴장감이 사라져 독자를 계속 사로잡기가 어려워지기 때문이다.

## 설명 없이 변화 만들기

사람들은 사건이 벌어지는 이유를 알고 싶어 한다. 특히 변화가 일어날 때에는 더욱 그렇다. 따라서 장면에 긴장감을 조성하고 싶다면, 주인공의 삶에서 무언가를 직접적 설명 없이 변화시키는 방법도 있다. 이는 중요한 삶의 변화일 수도 있고, 지금 살펴볼 조안 해리스의 또 다른 소설『젠틀맨 & 플레이어』의 한 장면처럼 그저 당황스러운 변화일 수도 있다.

> 문이 닫힐 때 나는 펼쳐서 묶어 둔 골판지 상자 뭉치가 벽에 세워져 있는 것을 보았다.
> "오늘 바쁘신가봐요?" 나는 상자를 가리키며 그에게 물었다. "이건 뭐죠? 폴란드라도 쳐들어가시나요?"
> 게리가 움찔했다. "아니, 어… 그냥 뭐 좀 옮기려고요. 새 학과 사무실로."
> 나는 그를 빤히 쳐다봤다. 말에서 불길한 기운이 느껴졌다. "새 학과 사무실이요?"
> "아… 죄송해요. 가봐야 해요. 교장 선생님이 브리핑하시거든요. 늦으면 큰일나요."
> 웃기는 소리였다. 게리는 모든 자리에 늦었기 때문이다. "새 사무실이라니? 누가 죽기라도 했어요?"
> "아… 죄송합니다. 로이. 다음에 뵈어요."

이 장면에서 실제로 벌어진 일은 로이 스트레이틀리 교수가 자신이 가르치고 있는 학교에 새로운 학과가 생긴다는 소식을 들은 것뿐이다. 그러나 세인트오스월드 남학교에서 오랫동안 일해온 로이에게 이렇게 중요한 결정이 전달되지 않는 일은 상당히 이례적이기 때문에 긴장감이 형성된다. 독자는 즉각적으로 로이는 왜 소식을 듣지 못했는지 궁금해진다. 그리고 머뭇거리는 게리의 태도로 봐서 그 답은 로이에게 달가운 일이 아닐 것이 분명하다. 이는 그저 시시한 장면이 되거나, 아예 로이가 상황을 파악하는 단계로 곧장 건너뛰기 십상이지만, 해리스는 단순하기 그지없는 대화로 극적 긴장을 구축해냈다. 그 대화가 흥미를 자극하는 분위기를 만들고, 이것이 나중에 충족되기 때문이다.

마찬가지로 당신도 인물에게 별다른 해명 없이 변화를 던져주는 방법을 시도할 수 있다.
　그러나 오직 긴장만을 위해 혹은 아주 난데없이 변화를 꾸며 내는 일은 바람직하지 않다. 설명 없는 변화라 해도 반드시 플롯에 뿌리를 두고 있어야 하며, 그리하여 주인공이 더 많은 정보를 얻고 자신의 운명을 스스로 결정할 수 있는 동기로 작동해야 한다.

## 긴장의 천적: 신파극에서

신파극만큼 신속하게 긴장감을 없애는 장르는 없을 것이다. 작가 찰스 백스터는 에세이집 『집 태우기 Burning Down the House』에서 신파적 글쓰기는 일종의 "독자에게 감정적 폭력을 행사하는 일"이라고 말했다. "사람들은 종종 그 앞에서 이리저리 밀쳐지며 괴롭힘을 당한다고 느낀다."
　이렇게 괴롭힘을 당한다고 느끼는 이유는 신파극은 한껏 과장된 혹은 과도하게 강렬한 감정을 담고 있거나 너무 빨리 진행되는 나머지 그럴 듯하지 못하기 때문이다. 너무 열렬해서 민망할 지경의 감정이 담긴 장면을 보거나 허황될 정도로 감상적이어서 독자가 자신의 지적 능력이 무시당했다고 느낄 때, 우리는 그 작품이 신파라고 생각한다. 신파극에는 섬세함이 부족하다. 이는 깊이 있게 토대를 다지는 작업 없이 감정, 빈약한 인물, 주제를 독자의 코 앞에 늘어놓는다. 본질적으로, 신파극은 온갖 폭발과 사람들의 비명을 동원하여 요란하게 말한다. 이들은 보여주지 않는다.

### 소소익선: 섬세함의 기술

"나이트메어"처럼 정말 징그럽고 잔혹한 호러 영화나 해마다 때가 되면 한동안 등장하는 듯한 "쏘우"류의 슬래셔 영화를 본 적 있는가? 어리고 예쁜 희생자가 톱으로 잘려 반토막이 나면서(특별한 이유도 없이) 끔찍한 비명을 지르고, 난도질당한 악당이 어둠 속에서 험악한 무기를 들고 튀어나오는(특별한 동기도 없이) 극의 진행은 아주 노골적이다. 이런 류의 호러에 섬세함이란 없다. 섬세함 — 혹은 차분한 감정 — 은 극을 구축하는 데 큰 도움이 된다.
　벤델라 비다의 소설 『오로라가 네 이름을 지우게 둬』에서 주인공 클래리사는 14년 전에 떠났던 어머니 올리비아를 찾고 있었다. 이제 함께 볼 강렬한 장면에서 클래리사는 마침내 어머니와 연락이 닿는다. 이때야말로 신파로 흐를 가능성이 다분하다. 버려진 딸이니 화내야 할 일이 얼마나 많겠는가. 그러나 주인공에게 위험 부담이 너무 컸기에, 비다는 보다 차분한 길을 택한다.

"당신에게 할 말이 있어요." 내가 말했다.
"그래 알아." 그가 답했다. "네가 내 딸이지."
난 고개를 끄덕였다.
"네가 문을 열고 들어오는 순간 알았어." 그의 입꼬리가 올라갔다. 그가 나를 안아줄 거라 생각했다.
"언젠가는 이런 일이 있을 줄 알았지. … 나를 쫓아올 사람은 리처드일 거라 생각했어. …"
그는 선을 줄기로 만들며 꽃을 그렸다. "그에겐 아무 할 말도 없어. 너한테도 할 말이 없고. 있었다면 편지를 썼겠지."

등장인물들은 울거나 서로에게 소리를 지르며 싸우지 않는다. "그가 나를 안아줄 거라 생각했다."라는 문장 다음에도 정작 아무 일도 일어나지 않고 미세한 정적이 생길 뿐이다. 그리고 독자는 문득 무슨 일이 벌어질지 깨닫게 된다. 올리비아는 벌떡 일어나 다정한 엄마가 되지 않을 것이다. 클래리사는 절망에 빠지고, 이를 요란하게 드러내지 않아도 독자 역시 그 마음을 함께 느낀다. 어머니가 자신을 보듬어주지 않는다는 현실 속에서 그의 아픔은 말하지 않아도 선명하다. 독자는 앞의 단락과 이어지는 주인공의 행동을 보며 충분히 그의 슬픔을 느낄 수 있기에, 신파로 흘러야 할 필요가 전혀 없다.

섬세함이 있으면, 독자가 내용을 스스로 알아내게 할 수 있다. 독자에게 무조건 정보를 들이밀지 말고 필요한 시간을 충분히 주면서 정보가 영향력을 발휘하게 하라. 황홀에 취한 숙녀와 점잔 빼는 구세주를 그리기보다는 이미지와 힌트를 전달하는 편이 좋다.

## 신파극의 특징

믿기 어려울지 몰라도, 어떤 점을 피해야 하는지만 알고 있으면 신파에 빠지지 않고도 화려하고 흥미진진한 행동이 펼쳐지는 과격한 상황을 얼마든지 만들 수 있다. 신파극에서 가장 흔히 등장하는 특징은 다음과 같다.

- **감상적임.** 연인에게 보내는 편지에 적을 법한 온갖 감상적인 말을 떠올려보라. 혹은 진부하고 느끼하며 상투적인 대화를 생각해보라. "'넌 나의 전부야.' 그는 연인에게 뜨겁게 고백했다." "'너랑 같이 있을 수 없다면 지구가 멈춰버릴 거야.' 여자가 상대에게 말했다."
- **신경질적 반응.** 울부짖고 소리 지르며, 말다툼하다 언성이 높아지거나 감정이 격해지거나 화가 폭발하는 장면을 생각해보라. 신경질적 반응을 너무 오래 끌면 여지없이 독자를 놓치게 된다.
- **거창한 혹은 비현실적인 행동.** 이는 개심한 남자가 유명 풋볼팀을 섭외해서 사랑을 고백하는 등 전혀 있을 수 없는 이벤트를 선보이는 방식으로, 유치한 로맨스 영화의 마지막 장면에 흔히 등장한다. 이런 거창한 행동이 할리우드에서 먹힐지는 몰라도 소설에서 통하는 경우는 드물다.
- **겉멋들린 연설.** 인물이 현실의 사람들이라면 결코 쓰지 않을 문구를 늘어놓으며 유럽의 왕자와 공주처럼 말하지 않게 주의하라(진짜 왕자와 공주일 때 빼고). 어떤 인물이 신파로 보이는 이유가 그저 어색하게 멋을 부리거나 대화가 조야하기 때문일 때도 많다.
- **반사적 반응.** 온순하던 사람이 하루아침에 용감해지고, 착한 사람이 악해지는 등, 등장인물이 생각이나 행동을 너무 갑자기 바꾸면 장면이 신파적으로 보일 수 있다.
- **서술자의 과도한 개입.** 기술적 차원에서, 형용사와 부사를 남발하면 신파로 느껴지기 쉽다는 점을 명심하라. 이 문제는 수식어를 빼기만 해도 해결되는 경우가 많다.

## 신파적 요소 없애는 법

당신의 글 — 그리고 당신의 독자 — 에게 베풀 수 있는 가장 큰 친절은 다음의 테크닉을 활용하여 신파적 부분을 말끔히 도려내는 일이다.

- **감정적 강도를 확인하라.** 가장 먼저 해야 할 일은 특히 감정적 내용을 중심으로 하여 장면을 검토해보는 것이다. 인물들이 주먹다짐을 하거나 서로에게 일일연속극 스타일의 비난을 퍼붓고 있지는 않은가? 연인들이 감정

표현을 다소 과하게 하고 있지는 않은가? 인물들이 감정을 보여주기보다는 과도하게 말로 전달하고 있지는 않은가? 장면에서 감정적 내용의 온도를 측정해보라. 너무 뜨겁다 싶으면 온도를 낮추어야 한다.

- **대화를 재정비하라.** 아주 고운 참빗으로 대화를 꼼꼼히 빗어내려라. 사람들이 실제로 주고받는 대화처럼 들릴 때까지 소리내어 읽어보거나 다른 사람에게 읽어줘라. (물론 대화의 개성은 살려야 하지만, 독자가 불쾌하거나 기분나쁘게 느껴선 안 된다.)
- **인물의 행동을 다듬어라.** 거만한 왕자님이나 공주님 기운을 걷어내라. 그들이 진실로 어떤 사람인지 파악하여 가식이나 무의미한 행동이 아니라 진정한 동기에서 비롯된 행동을 하게 하라.
- **행동을 현실적으로 조절하라.** 당신의 인물도 얼마든지 과감하거나 열정적일 수 있다. 그러나 너무 비현실적이거나 과도한 행동을 하게 할 때에는 신중히 고민해서 신빙성을 부여해야 한다.
- **인물을 조율하라.** 인물이 현실과 너무 동떨어져서 다른 인물들과 균형이 맞지 않는 듯이 보이지 않게 하라. 나쁜 일은 쓸 때 재밌기 때문에 초고에서는 악당이 매우 화려할 때가 많다. 그러나 악당이 말이나 행동에서 주인공보다 더 멋있으면, 장면은 균형을 상실한 듯하게 보이고 독자는 어느 쪽에 충성을 바쳐야할지 혼란에 빠진다.

긴장은 당신이 인물에게 부과한 위험에서 나온다. 위험에 빠진 부분이 너무 적거나 없으면 긴장감도 미미해진다. 진정한 긴장을 만들어내는 연습을 성실히 할수록 신파에 빠질 위험도 줄어든다.

당신이 어떤 장르의 글을 쓰고 있든, 긴장을 자아내는 테크닉을 활용하면 독자의 관심을 단단히 붙들 수 있다.

# 11

# 장면의 의도

서사 속에서 주인공이 목적 없이 방황하지 않게 막을 수 있는 (동시에 탄탄한 플롯을 구축할 수 있는) 방법은 매 장면마다 주인공에게 의도 — 그가 수행하고자 하는 일이자 장면의 목적이 되어 줄 임무 — 를 부여하는 것이다. 의도가 아무 데서나 나타나지는 않는다. 그것은 플롯의 촉발적 사건과 주인공의 개인사에 직접적 근거를 두고 있다. 좀 더 명확히 말하자면, 의도가 어떤 행동을 취할지에 대한 인물의 계획이라면, 동기는 왜 그가 그런 행동을 취할 계획을 세웠는지 근본적으로 설명해주는, 주인공의 개인사에서 그의 기분에 이르기까지 일련의 이유이다. 이러한 의도는 각 장면에서 행동은 물론 그에 따른 결과를 이끌어내면서, 플롯 및 인물 발전과 긴밀하게 연관되어 있는 장면을 만들어준다. 또한 의도는 서사에 극적 상황 및 갈등을 구축할 때에도 매우 유효하다. 주인공이 추구하는 의도를 당신이 반대하거나 방해하면서 그 욕망을 한층 부추길 수 있기 때문이다. 그러다 마침내 서사의 마지막에 다다라서야 주인공에게 의도를 달성한 만족감을 선사한다.

이를 위해서는 장면을 시작할 때마다 스스로에게 다음의 질문을 던져보자.

1. **이 인물에게 가장 직접적인 욕망은 무엇인가?** 의도는 어떤 일을 하고자 하는 인물의 욕망이나 계획이다. 이는 은행을 터는 일일 수도 있고, 어떤 사람에게 사랑 고백을 하는 일, 담배를 사러 나가는 일, 사고친 가족을 야단치는 일일 수도 있다.

2. **언제 인물이 그 의도를 달성하거나 반대에 부딪칠 것인가?** 극적 상황 및 서스펜스를 만들어내기 위해서는 반드시 의도가 복잡하게 꼬여야 한다. 따라서 인물이 너무 빨리 혹은 쉽게 의도를 달성하지 않도록 하라. 언제 어디서 사태를 복잡하게 만들고 또 해결할지 알고 있어야 한다. 하지만 의도 중에는 중간에 달성되지 않으면 플롯 전체가 멈춰버리는 의도가 있을 수도 있다.
3. **이 의도는 이전 장면 및 전체 플롯과 어떻게 연결되는가?** 의도가 임의로 등장할 수는 없다. 의도는 이전 장면의 행동 및 결과에 뿌리를 두고 있어야 하며, 이미 활발하게 진행되고 있는 이야기에서부터 유기적으로 뻗어 나와야 한다. 원래의 목적에서 벗어나 옆길로 새지 않도록 주의하라. 쓸 때 아무리 즐거웠다 해도 중심 이야기에는 기여하는 바가 없을 것이다. 모든 의도는 계기적 사건 및 그 결과와 관련을 맺어야 한다.
4. **인물이 목표를 달성할 수 있게 도와주는 사람은 누구인가?** 대립하는 사람은 누구인가? 다른 인물이나 상황 중 무엇이 주인공의 의도를 지지하거나 대립할지 결정하라. 그리고 장면에서 긴장을 꾸준히 유지하여 의도가 너무 빨리 달성되거나 현실성이 떨어질 정도로 지연되지 않게 하라. (물론, 서스펜스를 높이기 위해 당신이 일부러 독자의 애를 태우는 경우는 예외이다.)

위의 기본적 질문을 염두에 두면 새로운 장면에서 인물이 취해야 할 행동에 대해 생각의 방향을 잡는 데 도움이 될 것이다. 이제부터 당신이 특히 주의를 기울여야 할 두 종류의 의도를 살펴보겠다. 하나는 플롯에 근거한 의도이고 다른 하나는 장면에 한정된 의도이다.

## 플롯에 근거한 의도

어떤 장면의 어떤 인물이든 일단은 플롯의 계기적 사건에 연결되는 일이 가장 우선이다. 그렇지 않으면 장면들이 아무 연관 없이 제멋대로 떠다니는 것처럼 보이기 때문이다. 기본적으로 의도란 장면 속에서 주인공이 하고자 하는 (때로는 해야만 하는) 일련의 행동으로, 처음에는 계기적 사건으로 인해 나중에는 그에 따른 결과로 인해 발생한다.

예를 들어, 테스 게리첸의 스릴러 소설『소멸』은 법의관 마우라 아일스가 신원 불명 여성의 시신을 부검하기 위해 준비하는 와중에 갑자기 그 시신이 눈을 뜨는 계기적 사건으로 시작한다. 그렇다고 여기서 좀비 이야기가 시작되는 것은 아니다. 그 여성이 죽은 상태에 아주 가깝긴 해도 살아있었던 것이다. 어떤 장면에서든 플롯의 전체를 아우르는 마우라의 의도는 이 여성이 누구인지 그리고 무슨 일이 있었는지 밝혀내는 일이다. 어쩌다가 그는 죽지도 않았는데 시신 가방에 담겨 영안실에 안치되었는가? 이 계기적 사건이 일어나자마자 그에 따른 결과가 신속히 나타나면서 마우라에게 새로운 의도를 부여한다. 가령, 언론이 호들갑을 떨며 무슨 일인지 넘겨짚기 시작했고, 마우라를 괴롭히는 것은 물론 법의관 부서의 의견을 잘못 인용하기도 했다. 거의 숨이 끊겼던 신원미상의 여성은 일단 병원에 들어가면 자신의 목숨을 지키기 위해 무섭게 분노하며 난폭해진다. 이것은 계기적 사건으로 인해 나타난 결과로서, 그 장면에만 해당하는 의도(다음 부분에서 다룸)를 이끌어낸다.

먼저 마우라 아일스가 플롯에 근거한 의도를 갖게 되는 사례를 살펴보자. 마우라는 신원 미상 여성이 입원한 후 병원을 방문한다.

> "환자 면회하러 왔어요." 마우라가 말했다. "어젯밤에 응급실 통해서 입원했어요. 오늘 아침에 중환자실에서 나왔다고 하던데요."
> "환자분 성함이?"
> 마우라는 머뭇거렸다. "아직 신원미상이라고 적혀있을 것 같아요. 커틀러 선생이 431호실에 있다고 알려줬어요."
> 접수대 직원의 눈이 가늘어졌다. "죄송합니다. 저희가 하루종일 기자들 전화에 시달렸어요. 그 환자에 대해서는 더 이상 아무 답도 드릴 수 없습니다."
> "전 기자가 아니에요. 저는 법의관 아일스라고 해요. 커틀러 선생에게 환자를 살피러 가겠다고 말해뒀어요."
> "신분증을 확인할 수 있을까요?"
> 마우라는 가방을 뒤져 신분증을 접수대에 올려놓았다. '의사 가운 없이 나타나면 이런 대접을 받는군' 그는 생각했다. 그는 인턴들이 거만한 거위 떼처럼 복도 저편으로 매끄럽게 몰려가는 것을 바라보았다.

그렇다면 이제 앞서 살펴보았던 지점들을 참고하여 다음의 질문을 던져보자.

1. **가장 직접적으로 플롯에 관련된 마우라 아일스의 의도는 무엇인가?** 신원미상 여성을 조사하여 그의 신원을 밝혀내고, 기억나는 바가 있다면 어쩌다 그렇게 죽기 직전에 이르게 되었는지 알아본다.
2. **그는 이 의도를 달성할 것인가 방해받을 것인가?** 이 장면을 읽는 독자는 마우라가 언제쯤 의도를 달성하게 될지 (혹은 달성할 수 있긴 한지) 모르지만 게리첸은 알고 있다. 그리고 어떻게 그가 곧바로 이 의도를 예기치 못한 방식으로 복잡하게 만들면서 극적 상황과 행동을 끌어내는지 살펴보자. 들어가게 해달라고 아우성치는 기자들을 헤치고 마우라가 병원에 순조롭게 들어가 병실로 곧장 향할 수 있었다면, 의도를 가로막는 장애물이 아무것도 없는 만큼 극적 긴장의 요소도 전부 사라졌을 것이다. 그러나 이제 독자는 그가 과연 환자를 볼 수나 있을지 궁금해한다. 독자도 마우라 못지않게 그 환자에게 무슨 일이 있었는지(그리고 그는 대체 누구인지) 궁금하기 때문에, 마우라의 의도가 저지되면 독자 역시 안달을 내게 된다. 앞으로는 다른 경찰관이 마우라를 돕는 한편 기자와 환자 당사자는 그를 방해하게 된다.
3. **그 의도는 플롯의 논리와 상통하는가?** 물론 완벽히 통한다. 당연히 마우라는 죽다 살아난 이 여성과 말하고 싶어할 것이다. 플롯이 진행되기 위해서는 이 환자에 대해 뭔가 새로운 일이 밝혀져야 한다.
4. **마침내 마우라가 의도를 달성할 수 있게 도와줄 사람은 누구인가?** 이 장면에서 접수원은 마우라에게 꼬치꼬치 질문을 하고 신분증까지 확인하긴 했지만, 마우라를 들여보내 주었기에 의도의 일부 — 병원에 들어가기 — 를 달성할 수 있게 도와주었다. 하지만 그가 환자를 조사할 수 있을까? 누구의 도움을 받을 수 있을까? 이는 장면의 나머지 부분에서 밝혀진다. 아무도 도와주지 않는다.

게리첸은 신원미상 환자가 정신을 차린 정도를 넘어 묶여있어야 할 지경에 이르고 결국은 경비원의 총을 뺏어 그를 쏜 뒤 마우라를 인질로 잡게 되는 데까지 플롯을 발전시킨다. 그 환자가 두려운 나머지 병원 직원들은 아무도 나서지 않았기에, 결국 마우라는 오직 자신의 기지와 능력에 의지하여 목숨을 지킬 수밖에 없다.

긴장과 서스펜스를 키우기 위해서는 의도를 복잡하게 만드는 일이 중요하다. 장면이나 서사 속에서 인물이 너무 일찍부터 의도를 달성하면 기껏 조성한 긴장이나 서스펜스까지 놓쳐버린다는 점을 잊지 말라. 쓰고 있는 작품의 장르가 실제로 무엇이든, 플롯은 매 장면마다 한두 개씩 조각이 채워지지만 결말에 이를 때까지 전체가 맞춰지는 일은 결코 없는 일종의 미스터리나 퍼즐이라고 상상하라.

플롯에 근거한 의도는 다음과 같이 계기적 사건에 대한 주인공의 직접적 반응을 통해 드러낼 수 있다.
- 그의 생각과 감정을 보여주는 내적 독백
- 계기적 사건의 결과에 변화나 영향을 주기 위해 그가 취하는 행동
- 플롯에 대한 그의 생각이나 감정을 드러내는 대화

## 장면에 한정된 의도

이야기 전체를 아우르는 일군의 플롯에 근거한 의도를 설정하여 각 장면에서 무슨 일이 일어나든 앞으로 나아갈 방향을 잡는 일도 필요하지만, 주인공은 또한 자동차에서 폭탄이 터진 후 은신처를 찾는다든가 경찰에게 들키기 전에 믿을만한 친구에게 연락을 하는 등, 보다 직접적인 장면 단위의 의도를 가져야 한다. 이러한 직접적 의도 역시 플롯에 연결되어 있어야 하지만, 일차적으로는 사건의 결과 ― 계기적 사건에서 파생된 여러 가지의 작은 행동과 사건 ― 에 연관되어 있는 쪽에 가깝다. 장면에 한정된 의도가 있어야 인물이 목적 없이 떠돌지 않게 잡아줄 수 있다.

아일랜드의 하층계급 소녀 펠리시아가 영국으로 여행을 떠나는 이야기를 담은 윌리엄 트레버의 소설 『펠리시아의 여정』의 예를 읽어보자. 플롯 상황은 주인공이 임신한 상태로 '친구'(세관에 그렇게 말한다)를 만나기 위해 여행을 떠나는 것이다. 하지만 그 친구는 사실 열정적인 만남 이후로 소식이 끊긴 아기의 아빠 조니이다. 그는 조니의 주소도 몰랐고 조니는 그가 오는지조차 몰랐지만, 작은 시골 마을의 삶에서 벗어나고 싶은 마음이 간절했던 펠리시아는 조니가 자신의 소식을 듣기만 하면 결혼을 해줄 것으로 믿기로 한다.

앞 장면에서 펠리시아는 영국에 도착한다. 그의 플롯 의도는 조니와 결혼

하여 아이의 아빠로 삼는 것이며, 장면 의도 — 가장 직접적인 그의 필요나 욕망 — 는 조니가 일하는 잔디깎이 기계 공장을 찾는 것이다.

> 폭스바겐 전시장의 남자는 펠리시아를 참을성 있게 대해주었지만, 인근의 잔디깎이 기계 공장에 대해서는 아는 바가 없었다. 그러다 그가 떠나려는 참에야 뒤늦게 뭔가가 떠올라 25~6마일 정도 떨어졌을 거라며 어떤 마을 이름을 언급했다. 그의 말을 듣고 펠리시아가 당황하는 듯하자, 그는 팸플릿 구석에 마을 이름을 적어주었다. '나사가 빠졌구만', '정신이 나갔어'는 자기 아빠가 곧잘 쓰는 표현이다. 펠리시아는 그 남자도 자신을 그렇게 생각하고 있는 건 아닌지 궁금했다.

인용한 부분에서 펠리시아의 의도는 조니가 일하는 잔디깎이 기계 공장을 찾는 일이었다. 그러나 그는 주소는커녕 마을 이름도 몰랐기 때문에 잔디깎이 기계 공장과 최대한 비슷할 것 같은 곳인 자동차 대리점으로 찾아갔다. 조니를 만나겠다는 전체 플롯 의도의 영향 하에 있으면서도, 조니를 찾는 데 도움이 될 정보 중 어떤 것을 얻게 되느냐에 따라 장면에 한정된 의도가 정해진다. 이 경우에 그는 공장이 있을지도 모르는 마을의 이름을 가까스로 얻는다.

    차도 없고 돈도 거의 떨어진 펠리시아가 26마일이나 떨어진 마을에 가야 하니 장면에 한정된 의도도 신속히 복잡해진다. 따라서 다음 장면의 의도는 그 마을로 갈 방법을 찾는 일이 된다(당연히 더 많은 문제가 벌어진다).

    장면에 한정된 의도가 복잡해지며 새로운 장면 의도로 이어지는 진행은 서사가 결말에 이르러 플롯이 해결될 때까지 이어진다.

    의도는 주인공에게 거시적인 차원(플롯) 및 당장의 차원(장면)의 목적을 부과하면서 그에 따른 행동을 설정해주며, 독자가 무슨 일이 이어질지 영문을 알 수 없어 흥미를 잃어버리지 않게 잡아둘 수 있다. 의도는 당신이 플롯의 구조를 잡고 인물의 방향을 설정하는 데 큰 도움이 된다. 그런 뒤 대립이나 여러 전환을 통해 그 의도를 더욱 복잡하게 만들면, 극적 상황이나 긴장, 에너지를 형성할 수 있으며 새로운 의도도 만들어낼 수 있다.

## 의도의 대립

지금쯤이면 의도는 인물이 보다 큰 플롯 목표를 달성하기 위해 계획하는 가장 직접적인 행동이라는 점이 분명히 전달되었기를 바란다. 일단 장면 속에서 인물의 의도가 설정되고 행동으로 옮겨지면, 다양한 방법으로 그 의도를 방해하면서 긴장감을 조성하고 독자에게 꾸준히 초조한 기분을 안겨주어야 한다. 당신이 활용할 수 있는 몇 가지 방법은 다음과 같다.

- **의도가 완수되지 않게 하라.** 다른 인물이 끼어들든, 폭풍우가 몰아치든, 교통사고가 일어나든 해야 한다.
- **방향을 전환시켜라.** 자신이 의도한 바가 달성 불가능하거나, 불법이거나 옳지 못하다는 사실을 주인공이 알게 된다. (그래서 그는 결국 그 일을 완전히 포기하기로 하거나, 어찌됐든 계속 그 일을 하기로 한다.)
- **의도를 복잡하게 만들어라.** 주인공이 하나의 의도를 마음속에 품게 하라. 그러나 그로 인해 상황이 통제불능하게 되어버리거나 새롭게 알게 된 정보를 계기로 행동의 과정이 바뀌게 하라.
- **새로운 의도를 만들어라.** 원래 의도가 방해받고 복잡해지고 방향이 달라지면서, 주인공도 지금까지 해왔던 행동을 완전히 바꾸어 새로운 의도를 마련할 수도 있다.

오랫동안 주인공의 의도가 충족되지 않게 미룰수록, 극적 상황과 긴장감도 더욱 높일 수 있다. 언제 어떻게 그 의도가 달성될지, 달성될 수 있기나 한지 알아내기 위해 독자가 책을 놓을 수 없게 만들려면, 장면의 상당 부분에서 의도를 반대하고 지연시키는 방법을 요긴하게 활용하라.

## 의도를 지원하기

의도를 추구하는 주인공에게 언젠가는 당신도 모종의 지원을 제공해야 한다. 욕망을 영원히 지연시킬 수는 없거니와 서사를 미해결 상태로 끝낼 수는 없기 때문이다. 따라서 어느 시점에는 주인공이 의도를 달성할 수 있도록 동료와 도움을 제공해야 한다. 이것이 유력한 지위에 있는 친구 — 늘 멋진 해결책으로 해리포터를 도와주 듯한 알버스 덤블도어 교장처럼 — 이든, 아니면 그저 누군가에게 쫓기느라 기진맥진한 주인공에게 쉴 곳을 마련해주는 친절한 사람이든, 이렇게 작은 도움의 행동이 있어야 인물이 난관에서 헤어나올 수 있다.

당신이 오로지 의도를 방해하기만 하면, 결국 주인공은 완전히 좌절하고 플롯은 중단되어버릴 것이다.

어려운 도전을 이겨 내기 위해 인물이 오직 초인적인 힘을 발휘해야만 하는 상황이 되어선 안 된다는 점을 명심하라. 『반지의 제왕』 삼부작에서 프로도는 사악한 반지를 영원히 없애고자 모르도르로 가기 위해 원정대가 필요했다. 주인공에겐 친구와 지원자, 작은 친절, 통찰력, 그리고 여정 중에 그들을 이끌어 줄 실마리가 필요하다.

...

장면에 한정된 의도 중 몇몇은 결국 한 장면에서 다른 장면으로까지 이어지게 된다. 특히 당신이 그 의도를 절묘하게 방해했다면 더욱 그렇다. 이러한 의도는 서사가 진행되는 과정에서 플롯의 어떤 측면이 드러나거나 정리되면 다소 바뀌기도 하지만, 이 역시 당신의 이야기를 출발시킨 계기적 사건으로부터 파생되어 유기적으로 발생하고 지속되어야 한다. 한편, 장면에 한정된 의도는, 계기적 사건으로부터 도출된 결과와 멀게나마 연관되면서도 매우 다양한 성격을 띨 수 있는 것은 물론, 플롯을 진행시키기 위해 장면과 장면을 옮겨다닐 수 있고, 인물의 삶에 다채로운 효과 — 긴장과 극적 상황을 포함하여 — 를 연출할 수도 있다.

# 3부:
## 장면의 유형

> 소설이란 작가와 독자가 동등하게 협력하여 만들어진다. 소설은 이 세상에서 전혀 모르는 두 사람이 만나 절대적으로 친밀한 관계를 만드는 유일한 공간이다.
>
> — 폴 오스터

# 12

# 장면의 유형

이 책의 처음 두 부분에서는 장면의 핵심 요소를 소개하여, 장면을 구성하고 인물을 형성하며, 그것을 모아 균형 잡힌 플롯을 갖추는 방법을 알려주고자 했다. 3부에서 우리는 당신이 도구 상자에 구비해둔 장면의 유형을 보다 자세히 살펴보고자 한다. 장면의 유형이 다양할 수 있다고 생각해본 적이 없다면, 이 부분을 읽으며 장면의 범위를 확장할 수 있을 것이다.

플롯 구조가 당신이 쓸 소설의 척추이고 장면이 앙상한 뼈대를 온전히 현실적인 창작물로 만들어주는 살이라면, 장면의 유형은 그 과정에서 색깔과 질감, 모양을 더해주는 요소이다.

내가 마사 올더슨과 공저한 『깊이 있는 장면 만들기』에서 우리는 이야기에서 활용할 수 있는 주요 장면 유형을 자세히 제시한 바 있다.

1. 클라이맥스 장면
2. 관조(혹은 후일담) 장면
3. 위기 장면
4. 대화 장면
5. 통찰(Epiphany) 장면
6. 탈출 장면
7. 마지막 장면
8. 첫 장면
9. 지형의 배치 장면

10. 애정 장면
11. 재도전 장면
12. 해결 장면
13. 변이 장면
14. 서스펜스 장면
15. 비틀기 장면

위의 장면 목록이 존재하는 장면을 총망라하고 있다고 보기는 어려워도, 여전히 좋은 예시를 제공하고 있다. 이 장면 유형은 『깊이 있는 장면 만들기』에서 자세히 다루고 있으므로 여기서 전부 다시 설명하지는 않을 테지만, 탄탄한 이야기를 쓰기 위해 당신이 반드시 알고 있어야 하는 중요한 장면 유형에 대해서는 보다 심층적으로 살펴보고자 한다. 이것이 다른 장면까지 모두 만들어낼 수 있는 주요 색상이라고 생각하라.

각 장의 마지막에는 해당 장면 유형에 관해 기억해두어야 할 핵심 내용을 간단히 정리할 수 있도록 '중요 포인트'라고 하는 짧은 목록을 붙여두었다. 이를 활용하여 장면 유형을 완전히 익히면, 힘 있는 플롯을 만드는 데 필요한 필수 구조를 갖출 수 있을 것이다.

# 13

# 서문 장면

## 서문이란 무엇인가?

서문과 1장을 구분하지 못하는 작가가 많기 때문에, 이 장에서는 그 차이를 명확히 알아보는 일을 목표로 하겠다. 서문은 서사가 처음 시작할 때 등장하는 짧은 장면이다. 이는 제일 처음으로 읽히는 장면으로, 심지어 '공식적'인 첫 장면이나 첫 장보다도 먼저 등장한다. 모두가 혼란에 빠지는 부분이 바로 이곳이다. 서문은 시간에 구애받지 않으며 — 미래, 몇 분 전, 심지어 먼 과거라도 괜찮다 — 서사의 진행 순서와 맞지 않아도 상관없다. 서문의 목적은 서사가 아직 보여줄 수 없거나 보여주지 않지만 그래도 플롯이나 인물의 핵심 요소를 이해하는 데 반드시 필요한 정보를 제공하는 것이다. 플롯 상으로는 앞으로 수백 페이지가 지나도록 혹은 심지어 끝까지 밝혀지지 않을 정보를 흘리면서 독자들을 끌어들이기 위한 미끼로 서문을 이용하는 작가도 있다.

다음과 같은 상황이라면 서문 활용을 고려해보자.

- 독자가 이야기 속 시간의 순차적 흐름 밖에 놓인 핵심 정보를 알아야 할 때. 이러면 뒷이야기나 해설을 너무 긴밀하게 제시해야 하는 상황을 피하는 데 도움이 된다.
- 정보를 제시하면서도 속도를 늦추고 독자의 주의를 흐트러뜨릴 위험이 있는 플래시백 장면을 피하고 싶을 때.
- 주인공은 아니지만 그의 이야기가 어떤 방식으로든 주인공의 서사에 결정

적인 역할을 하는 인물의 시점을 제공할 때.
- 독자를 사로잡기 위해. 서문은 시간적으로 어느 지점에서든 출발할 수 있기 때문에, 행동이나 극적 상황이 한껏 고조된 순간을 택할 수 있다. 특히 첫 장면이 조금 느리게 진행될 때에는 더욱 효과적이다.

그렇다면 이제 서문의 몇 가지 유형과 각각의 기능에 대해 알아보자.

## 인물에 대한 핵심 정보를 밝히는 데 서문 이용하기

타나 프렌치의 미스터리 소설 『침입자』의 서문을 보자. 주인공 앙투아네트 콘웨이는 더블린 살인 전담반의 형사로 팀에서 유일한 여성이다. 남성 동료들이 서로를 대할 때와는 전혀 다른 태도로 그를 놀리고 괴롭히자 결국 그는 동료들이 자신을 괴롭힌다는 강박에 빠지게 된다. 이 소설의 서문은 대부분 이런 앙투아네트의 일인칭 시점 해설로만 이루어져 있다.

> 우리 엄마는 아빠에 대한 이야기를 해주곤 했다. 기억나는 첫 번째 이야기는 아빠가 이집트 왕자였는데, 엄마랑 결혼하여 아일랜드에서 영원히 함께 살려고 했으나 그의 가족이 억지로 데려가 아랍 공주와 결혼을 시켰다는 내용이었다. 우리 엄마, 그분은 정말 대단한 이야기꾼이었다. 화려한 불빛 아래서 엄마와 아빠는 춤을 추었고, 그때 엄마의 긴 손가락에는 자수정 반지가 빛나고 있었고 아빠에게선 알싸한 소나무와 향신료의 향기가 났다. … 몇 년간 나는 이 이야기만 생각하면 어깨가 으쓱해졌다. 여덟 살 때 나의 절친인 리사가 내 말을 듣고 코웃음을 치기 전까지는.
> 　몇 달이 지나고 어느 정도 아픔이 가시자, 나는 어느 날 오후에 부엌으로 쳐들어가서 손을 허리에 짚고 사실을 따져 물었다. 엄마는 조금도 주저하지 않고 대답했다. 접시에 세제를 뿌리며 아빠는 사우디 아라비아에서 온 의대생이었다고 말했다. … 엄마가 나를 임신했다는 사실을 알았을 때, 아빠는 주소도 남기지 않고 사우디로 돌아간 후였다. 엄마는 간호대학을 그만두고 나를 낳았다. … 이 버전은 12살 때까지 지속되었으나, 무슨 일로 내가 학교에 구금되자 엄마는 절대로 너까지 나처럼 되게 놔두지 않겠다는 둥, 대입시험 점수가 없어서 죽을 때까지 최저임금 받는 청소부 외에는 꿈도 꾸지 못하는 게 어떤 줄 아느냐는 둥, 귀가 따갑도록 잔소리를 퍼붓기 시작했다. 그때까지 그런 타박은 천 번도 넘게 들었지만, 그

날만은 웬일로 간호를 공부하려면 대입시험 점수가 있어야 한다는 사실을 깨달았다. …
　　　내 출생 증명서에는 '미상'이라고 나와 있었지만, 방법이 있었다.

솔직히 고백하겠다. 숙련된 독자이자 글쓰기 교사인 나조차 처음에는 이 서문의 목적을 제대로 파악하지 못했다. 물론 이 서문을 통해 앙투아네트에 대한 중요한 디테일을 알게 되고, 그에게 더욱 관심을 가지게 된 것은 분명하다. 하지만 소설을 한참 읽고 나서야 프렌치가 왜 그 서문을 넣었는지를 깨달았다. 앙투아네트는 사망한 여성인 아이슬린 머레이가 아는 사람인 것 같아 사건 초반부터 마음이 불편했지만 어디서 봤는지 정확히 기억하지는 못했다. 그 뒤로도 한참 사건을 조사하다 어떤 용의자에 대한 수사가 막다른 길에 다다랐을 때, 그는 갑자기 자신이 이 소녀를 어떻게 알게 되었는지 기억해낸다. 그가 실종 사건을 다루는 부서에서 일하고 있을 때, 아이슬린이 사라진 아빠를 찾아달라며 찾아왔었다. 이때 앙투아네트가 어떻게 반응했는지 살펴보자.

　　　나는 그가 아빠를 찾을 수 있게 열심히 도와줄 생각이 전혀 없었다.
　　　말도 그렇게 했다. 물론 좀 더 돌려서 얘기했지만. 얼마나 열심히 그를 무시해야 그가 내 눈 앞에서 꺼져줄지 궁금할 뿐이었다.
　　　그러자 당연히도 그는 눈물을 펑펑 쏟았다. '제발 파일을 한번 봐주시기라도 하면 안 될까요, 아빠 없이 산다는 게 어떤 건지 상상도 못 하실 거예요.' 어쩌구 저쩌구…. 그러더니 이 문제 하나로 자신의 삶 전체가 휘둘리지 않으려면 꼭 진실을 알아야 한다는 둥 무슨 할리우드 스타일의 하소연을 해댔다. 그 이후로 완전히 신경을 꺼버려서 그가 실제로 '종지부'나 '동기 부여'라는 말을 사용했는지는 확실치 않지만, 딱 그런 말이 나올 분위기였다. 그쯤 되자 좋았던 내 기분은 완전히 망쳐져버렸다. 그저 그 계집애의 입을 닥치게 한 뒤 문 밖으로 쫓아내고 싶을 뿐이었다.

　서문 덕분에 우리는 앙투아네트가 왜 그 소녀에게 전혀 공감해주지 않는지 바로 이해할 수 있다. 그는 아빠가 실제 어떤 사람인지 모르고 자라면서 남몰래 그에 대한 분노를 품고 있었기 때문이다. 따라서 앙투아네트의 삶에 중요한 영향을 끼친 요소를 드러내기 위해 따로 부담스러운 플래시백 장면이나 무거운 대화를 삽입할 필요가 없다. 서문에서 일단 설정을 마련해 두었다가, 아이슬린의 뒷이야기가 드러나면 그 디테일을 다시금 소환할 수 있다. 또한 이 서문은 앙투아네트가 왜 남자 동료, 특히 나이 많은 남자 동료들을 그토록 경계하는지, 그리고 왜 좀처럼 사람을 신뢰하지 않으려 하는지를 이해하는 데에도 도움이 된다. 나아가 그것은 그의 아빠라고 주장하는 인물이 나타났을 때 더욱 긴장된 상황을 만들어내는 기반이 되기도 한다.

## 독자를 사로잡기 위해 순서와 상관없이 정보를 밝히는 데 서문 활용하기

내가 처음 출판한 소설 『은총으로 위조된 Forged in Grace』에서 주인공 그레이스 젠슨은 어린 시절에 제일 친했던 친구 말리 케넷을 13년 동안이나 보지 못했다. 그레이스가 말리를 마지막으로 본 것은 그레이스에게 무시무시한 화상을 남기고 그의 삶을 완전히 바꾸어놓은 끔찍한 사고가 있던 밤이었다. 그레이스는 그날 밤을 완전히 기억하지 못하기에 왜 말리가 자신을 버리고 떠났는지 늘 궁금해한다. 나는 그 둘이 재회하여 과거를 밝히고 우정을 회복할 방법을 찾을 수 있을지 궁금해하느라 독자들이 안절부절못하거나 지루해지길 원치 않았다. 또한 나는 독자들이 말리가 어디로 터질지 모르는 폭탄이라는 점을 미리 알고, 두 친구의 재회를 응원하는 동시에 둘이 만나도 그레이스가 괜찮을지 걱정하기를 바랐다. 서문은 사실 한참 갈등이 고조되는 소설 뒷부분에 등장하는 어떤 장면의 일부이다.

> 술을 한 방울도 마시지 않았는데도, 나는 아드레날린이 치솟는 듯 어지러우면서 기분이 좋아졌다. "우리가 먼저 그 남자를 제압해야 해." 나도 모르게 중얼거렸다. "그냥 따귀나 한 대 때리고 기절하길 바랄 순 없잖아."
> 
> 말리가 고개를 끄덕였다. 물론 몸이 너무 둔해서 빨리 움직일 수는 없지만 말이다. 그리고 나, 내가 무엇을 할 수 있을지는 아무 보장이 없었다.
> 
> "나한테 후추 스프레이 있어." 그는 마치 대포라도 꺼내려는 듯 초조하게 가방을 만지작거렸다. "그리고 우리가 꼭 무단 침입을 해야 하는 건 아니야, 그레이스. 그가 나를 알아보기만 하면 우릴 들여보내줄 거야. 내가 얘기하러 왔다고 생각해."
> 
> "그래 알았어." 용기를 잃기 전에 내가 답했다. 그리고 우리는 말리의

차에 올라 달리기 시작했다.

우리는 주차를 한 뒤 네 블록을 걸었다. 거리에는 노란 할로겐 램프가 켜져 있었지만, 달도 거의 꽉 차 있었다. 그 환한 빛을 보자 든든한 지지와 지원을 받는 느낌이었다. 말리가 오직 백인들만 모여사는 베이지 세계의 무수한 박스 중 한 칸인 그의 콘도를 가리켰다.

"나도 저기서 살 수 있었다구." 말리가 속삭일 때, 그의 얼굴에는 경멸이 서렸다. "내가 지금 당장이라도 저 부엌에서 저녁을 하고 있어야 한다구. 그런 뒤 그에게 다리를 벌리겠지. 그 인간이 나한테 그런 짓을 하고도 빠져나갈 수 있다고 생각했다니 정말 어이가 없어."

나는 죄책감이 다시 솟아올랐다. 내가 그 증거를 치유해버리지 않았더라면. 하지만 우리는 몰랐다. 누구도 알 수 없었다.

"빨리 해버리자, 내가 겁 먹고 내빼기 전에." 손바닥이 화끈거리다 못해 쑤시기 시작했다.

"네 말이 맞아." 그가 동의했다. 그러고는 머리칼을 찰랑 넘기는 모습이 너무 익숙한 나머지 열다섯 살 시절로 돌아간 기분이었다.

누가 먼저랄 것도 없이 우리는 숨을 깊이 들이마셨다.

말리는 자신이 할 말을 되뇌었다. "얘기 좀 하러 왔어요, 라고 말하고, 너는 내 친구이자 증인으로 데려왔다고 해야지. 그러면 그도 최선을 다해 예의를 갖출 거야. 그러면 너는?"

나는 침을 삼키다 사레가 들려 기침을 한 뒤, 대답했다. "나는 물 한 잔 달라고 부탁하면서 햇볕을 너무 많이 쬐었다고 말하지. 일단 그가 나를 보면 안 된다고 하기 어려울 거야, 맞지?"

말리가 가방을 두들겼다. "가자."

그는 늘 나를 한 발 앞서갔다.

이 부분은 말리와 다시 엮이는 일이 아무래도 그레이스에게 썩 좋은 일이 아닐 것 같다는 조짐을 독자에게 보여준다. 한편으로 이것은 사고 이후에 스스로 구축한 작고 안전한 삶에서 그레이스가 벗어날 가능성이 있다는 힌트이기도 하다. 이를 통해 독자가 이 두 사람에게 도대체 어떤 일이 벌어질지 궁금해하면서 비로소 흥미진진함이 생겨난다.

순차적 서사에서 벗어난 시간대의 정보를 전달해야 할 때, 서문이야말로 아주 효과적인 장소이다. 긴장감 넘치고 흥미 넘치는 장면에 도움을 줘야 하는 경우엔 특히 더 유효하다.

## 서문을 활용해 시점 화자나 독자가 알 도리가 없는 정보를 밝히기

플롯이 가문의 오래된 비밀에 근거한 것이거나 이야기가 시작하기 전에 발생한 사건에 근거한 것일 때, 그 역사를 독자가 속도를 내는 데 딱 필요한 만큼 서문에 담을 수 있다.

머판위 콜린스의 소설 『레이니의 책 The Book of Laney』은 스쿨버스에서 두 소년이 끔찍한 대학살을 벌인 후를 배경으로 시작된다. 주인공인 레이니는 살인자 중 한 명인 웨스트의 여동생으로, 그 비극 이후 작은 공동체에서 지내던 그의 삶은 완전히 끝나버렸다. 서문과 함께 시작되는 이야기에서, 겉으로는 레이니의 일인칭 시점인 듯하지만, 매우 신속히 다른 무언가, 어떤 환영, 즉 웨스트의 시점으로 흘러들어 그 대학살의 순간으로 돌아간다.

> 내 이야기는 몇 달 전, 지금 내가 있는 곳에서 남쪽으로 수백 마일 떨어진 곳에서 시작한다. 내 이야기는 내가 집이라고 부르곤 하던 곳에서 시작한다. 내 이야기는 폭력과 상심에서 시작한다.
>
> 내 이야기는 어떤 환영에서 시작한다.
>
> 마크가 나보다 앞서 버스에 오르더니 뒤쪽으로 밀고 들어갔다. 창문을 통해 번지는 빛은 노란빛의 둔한 치통이었다. 그것을 지우기 위해 나는 한 손으로 눈을 비볐다. 그것은 내 손이었다. 그것은 내 손이 아니었다. 그것이 느끼는 것을 나도 느꼈고, 그것을 바라보면 알아볼 수 있었다. 그렇지만 그게 정말 내 것인지는 알 수 없었다. 그러나 나는 여기 있다. 나는 여전히 여기 있다. 내가 있을 수 있는 곳은 달리 아무 데도 없고, 이것은 진짜다. 한 아이가 소리를 지르기 시작하자 마크는 큰 칼로 그 아이를 가리키며 닥치지 않으면 다음은 네 차례라고 말했다. 이것은 영화의 한 장면이거나 게임일 수도 있지만, 그것은 진짜였다. 그것은 진짜였다. "이것은 진짜다. 이것은 진짜다." 내가 지금 이곳에 마크와 함께 있다는 사실을 상기시키기 위해 나는 계속 중얼거렸다. …
>
> 그러나 지금 우리는 여기에 있고, 그의 눈과 내 눈이 마주치며, 나는 칼을 쥔 손을 들어 머리 위로 곧게 팔을 올린다. 나는 그가 놀랐다는 사실을 알지만, 그는 눈빛으로 드러내려 하지 않는다. 나는 그가 두려움을 보

여줬으면 좋겠다. 그러면 그를 죽이기가 더 쉬워졌을 것이다.

"넌 죽는 게 두렵지 않아?" 그에게 물었다. 나는 그를 찌를 것이다. 나는 그를 해칠 것이다. 나는 심지어 그를 죽일 수도 있다. 그는 살 자격이 없다. 고통.

"제발 날 해치지 마, 웨스트." 그가 말했다.

그가 내 이름을 알고 있었다. 그가 내 이름을 말했다. 웨스트.

이 환영이자 서문을 통해 독자는 얼마 전에 벌어졌지만 그 자리에 없었던 레이니가 직접 겪지 않은(뉴스와 인터뷰에서 본 것을 제외하고) 끔찍한 사건을 금방 따라잡을 수 있다. 그리고 이는 레이니가 환영을 본다는 핵심 플롯 장치를 구축하는 역할을 하기도 한다. 여기서는 오빠가 끔찍한 일을 저지른 뒤 레이니가 그 무시무시한 디테일을 단순히 설명하는 방식에 비해 두 장치 모두를 흥미진진하게 활용하여 한층 효과를 높였다. 학살 당시의 웨스트의 머릿속으로 들어가면서, 독자 역시 진정한 공포를 느끼며 모든 인물들에게 보다 깊이 연결된다.

## 서문이 맞지 않을 때

서문을 시도해 보았지만 이야기를 그저 너무 빨리 혹은 너무 늦게 시작하게 될 뿐이라는 사실을 깨닫게 될 때도 있다. 어느 쪽이든 서문이 혼란을 일으킨다는 의견이나 왜 서문을 넣었냐는 질문을 받을 것이다. 한 편의 비네트가 되기에도 완성도가 부족할 수 있기 때문이다. 서문에서 이야기에 핵심이 되거나 독자를 사로잡을 만한 요소가 제시되지 않는다면, 서문 없이 바로 첫 번째 장면을 시작하는 편이 좋다. 초고를 쓰고 나서 분명히 서문이 필요한 상황이라는 판단이 들면 그때 써서 추가해보자.

### 서문 장면의 중요 포인트

서문을 활용하여 다음의 역할을 수행하라.

- 드러난 이야기의 앞이나 뒤에 등장하는 핵심 플롯이나 인물 정보

를 제공하라.
- 현재 이야기에는 등장하지 않거나 세상을 떠났지만 이야기에 결정적인 어떤 인물의 시점을 드러내라.
- 독자를 사로잡아라.
- 전조를 제시하라.
- 인물에 대한 이해에 깊이를 더하라.

# 14
# 첫 장면

첫 번째 장면이란 어디선가 들려오는 비명소리에 열어젖힌 창문과 같다. 소설은 인생과 마찬가지로 호기심에 의해 움직인다. 독자는 첫 장면이라는 창문을 열게 만든 원인, 가령 연인의 말다툼이나 시신을 두고 도망치는 살인자, 이상하지만 아름다운 춤 등에 궁금증을 느껴 책을 계속 읽을 수밖에 없어야만 한다.

소설에서는 첫 장면에서 계기적 사건이 벌어지는 경우가 많다. (서문은 진정한 첫 장면이 아니라는 점을 명심하라. 그것은 다가올 행동에 대한 힌트를 제공하는 장면이다.) 하지만 계기적 사건이 그들을 산산이 부숴놓기 직전의 모습을 묘사하며 모든 핵심 요소와 그들이 지닌 문제를 소개하는 자리로 첫 장면을 활용하는 소설도 있다.

첫 장면은 서사를 집필할 때 가장 부담이 큰 장면이기도 하다. 다음의 일을 반드시 전부 해내야 하기 때문이다.

- 계기적 사건을 출발시키거나, 그것이 시작되기 직전에 독자에게 필요한 것을 준비시켜라.
- 당신의 주인공을 소개하고, 그가 일상적 삶에서 내적 혹은 외적으로 어떤 어려움을 겪고 있는지 간단히 보여줘라.
- 은근히 감각을 환기시키며 뚜렷한 배경을 구축하라.
- 극적 긴장을 조성하면서 앞으로 어떤 갈등이 등장하고 복잡해질지 힌트를

제공하라.
첫 장면은 위의 임무를 달성하면서도 다음의 요소를 피해야 한다.

- 주인공의 뒷이야기를 전부 드러내기.
- 시간적, 공간적 배경에 대한 묘사와 관련된 역사를 늘어놓기.
- 주인공의 삶에 연루된 인물을 전부 소개하기.
- 행동이 자연스럽게 펼쳐질 수 있는 상황을 말로 설명하기.

첫 장면은 미스터리의 분위기, 대답이 필요한 질문이나 상황, 혹은 주인공이 벗어나야 할 위기로 시작할 때 가장 성공적으로 완성될 수 있다. 그러면서도 행동과 플롯 정보를 충분히 제공하여, 독자의 혼란을 막기 위해 뒷이야기나 해설적 요약을 늘어놓아야 하는 상황에 빠지지 않도록 해야 한다.

보다 큰 서사와 관련하여 첫 장면은 전체적 어조를 설정하면서 마치 머릿속을 떠나지 않는 후크송처럼 시종일관 독자의 마음을 울려야 한다.

## 계기적 사건과 주인공 소개하기

머릿속에 이 말을 지금 당장, 그리고 앞으로 영원히 새겨두자. 플롯과 인물은 분리될 수 없다. 계기적 사건은 주인공에게 생기는 나쁜 일, 어려운 일, 미스터리한 일, 혹은 비극적인 일이다. 이 중대한 사건이 바로 당신의 이야기를 움직이기 시작하고 인물이 행동을 취하지 않을 수 없게 만드는 요인이다. 그 문제는 주인공에게 가장 우선적으로 그리고 가장 중요한 영향을 끼친다. 플롯이 계속 전환되고 복잡해지면서 계기적 사건이 다른 수다한 인물들의 문제로 이어질 수도 있지만, 1페이지부터 그러지는 않는다. 첫 장면은 주요 인물을 위해 쓰여야 하며, 마치 책을 읽는 순간에 벌어지고 있는 일처럼 실시간으로 행동이 진행되어야 한다. 내레이션으로 해설을 하거나 플래시백 장면으로 시작하지 말라. 행동은 지금 일어나야 한다!

당신이 첫 장면에서 계기적 사건을 출발시킬 계획이라면, 처음 몇 단락 안에 바로 시작하라. 중심 사건이 처음 등장하기까지 너무 오래 끌면, 사건이 시작되기도 전에 독자를 놓치게 된다.

예를 들어, 제니퍼 맥마흔의 소설 『밤의 자매 The Night Sister』는 별다른 설명도 없이 첫 번째 장면부터 곧장 한창 진행 중인 행동으로 들어간다.

> 에이미의 심장이 요동치고 피부가 땀으로 번들거렸다.
> '집중해' 그는 스스로를 다잡았다.
> '타워에 있는 저것에 대해서는 생각하지 마.'
> 그것에 대해 생각을 너무 많이 하면 해야 할 일을 할 수 없다는 사실을 에이미는 알고 있었다.
> 그는 사진을 내려다 보았다. 침대 협탁 서랍에 숨겨서 지금까지 쭉 가지고 있던 낡은 흑백 사진이었다. 하도 많이 만졌더니 온통 바래고 갈라지고 심지어 한쪽 모서리는 찢어져버렸다.
> 그 속에서 그의 엄마 로즈와 실비 이모는 빳빳한 여름 원피스를 입은 어린 소녀로, '세계적으로 유명한 런던 치킨 서커스'라고 써있는 간판 앞에 서 있다. 두 소녀는 각각 걱정스러운 표정의 암탉을 쥐고 있는데, 닮은 구석이라곤 거기까지였다. 에이미의 엄마는 피곤한 눈빛으로 얼굴을 찌푸리고 있고, 머리칼은 헝클어져 있었다. 실비는 자라서 할리우드로 진출할 사람답게 화사하니 빛이 났다. 금발머리는 배우처럼 완벽했고, 눈은 반짝거렸다.
> 누군가가 뒷면에 날짜를 휘갈겨 써놓았다. 1955년 6월. 에이미가 그 시절로 돌아갈 수만 있다면, 이 두 소녀에게 말을 걸어 앞으로 무슨 일이 벌어질지 경고할 수 있다면, 언젠가 그것이 전부 지금 이 순간으로 이어진다고 알려줬을 것이다. 무언가 끔찍한 일을 하기 직전인 이 순간, 에이미는 혼자였고 다른 선택지가 없었다.
> 그는 입술을 깨물며, 자신이 떠나고 나면 사람들이 자기에 대해 뭐라 말할지 모르겠다고 생각했다.

독자는 즉각적으로 사로잡힌다. 아직 에이미에 대해 아는 바는 없지만, 그는 명백히 어려운 상황, 아마도 위험한 상황에 놓여있다. 처음 몇 줄에서, 우리는 에이미가 '타워에 있는 저것'에 관해 '해야 할 일' — 상당히 불길한 뉘앙스의 말이다 — 이 있다는 점을 알게 된다. 으스스하게 소름 돋는 긴장에 사로잡혀 독자는 다음에 무슨 일이 벌어질지 궁금해하며 책장을 넘기게 될 것이다. 특히 에이미가 '자신이 떠나고 나면' 어떻게 될지를 생각하는 마지막 줄 이후에는 더욱 그렇다.

계기적 사건을 개시하고 나면, 반드시 그것이 주인공과 직접적으로 연결되게, 최소한 주인공에게 직접적 결과를 미치게 해야 한다. (주인공이 여럿일 수도 있다. 다수의 주인공에 대해 자세한 내용은 23장을 참고하라.) 어느 쪽이든 당신이 만든 사건이 주인공의 일상적 감각을 뒤흔들고 그의 상태를 어그러뜨려야 한다는 사실을 잊지 말라. 플롯과 인물은 한 데 묶여 있기에, 한쪽이라도 없으면 첫 장면 역시 무너질 수밖에 없다.

하지만 첫 장면에서 너무 인물의 발전에만 초점을 맞춰서도 안 된다. 당신의 목표는 오히려 이야기에 시동을 걸고 독자를 사로잡으면서도 가능한 한 빨리, 그리고 흥미진진하게 주인공을 소개하는 것이다. 그렇다면 첫 장면을 성공적으로 쓰기 위해 무엇이 필요할까? 일단 다음의 요소부터 시작해보자.

- **주인공의 현 상태를 뒤흔드는 계기적 사건이나 다가올 일에 대한 힌트.** 에이미는 분명히 뭔가 위험한 일, 아마도 목숨이 걸린 일을 하기 직전이다.
- **주인공이 상호작용할 수 있는 촉매.** 타워에 있는 저것은 아마도 촉매이거나 에이미가 맞서 싸워야 할 적수일 것이다.
- **주인공의 즉각적 의도에 대한 신속한 소개.** 그는 타워로 가서 거기에 있는 무언가를 처리하기로 결심한다.
- **그의 동기에 대해 심화된 실마리를 던져 줄 주인공의 개인사 및 성격의 간략한 노출.** 여기서는 에이미의 개인사를 일부 듣게 된다. 이는 나중에 알게 되겠지만, 플롯에서 매우 중요한 역할을 한다.
- **상황을 즉각적으로 더욱 복잡하게 만드는 일련의 행동이나 주인공에 관련된 결정.** 장면이 진행됨에 따라, 에이미는 "뛰지 않고 침착하게 움직여 가족을 깨우지 않기로 다짐하며" 복도로 나선다.

계기적 사건이 등장하지 않는 첫 장면도 있다. 지나 프랜젤로의 현대 문학 소설 『모든 종류의 바람Every Kind of Wanting』에서 이미 어느 정도 혈연과 결혼 등으로 맺어진 여러 등장인물들은 모두 아기가 갖고 싶다는 게이 커플의 욕망을 중심으로 앞으로 나아간다. 서문에 이은 첫 장면에서 이 소설은 책 전체를 아우르는 계기적 사건이 아니라, 난자를 기증하기로 한 주요 인물 그레첸을 소개한다.

그레첸의 아들 그레이가 작은 식탁에 앉을 때, 어딘가 문제가 있어 보였다. 뭔가 이상하고 정신이 딴 데 팔려있는 듯했지만, 그레첸은 이유를 알 수 없었다. 그는 계속 아이를 빤히 쳐다보았다. 마치 파티에서 코트 더미를 뒤지다 실수로 다른 사람의 검정 코트를 입었을 때의 기분 같았다. 약간 술에 취하기도 했고 코트가 자기 것과 비슷하기도 하지만, 심지어 브랜드가 같을지도 모르지만, 뭔가가 심각하게 잘못되어 있었다. 그는 이 위화감의 어떤 근거나 더 바람직하게는 이게 사실 누구의 것인지에 대한 단서를 찾길 바라며 어색한 코트 주머니를 더듬기라도 하듯, 그레이를 지켜보았다.

트로이는 커피를 찾아 방을 어슬렁거렸다. 흡사 텔레비전 드라마에서 나치 역을 맡은 배우처럼 섹시하고 각이 서 있으면서도 증오에 찬 모습이었다. 그러다 그레이를 슬쩍 보더니 "쟤 눈썹 대체 어딨어?"라고 말했다.

"뭐?" 그레첸이 되물었다.

"왜 우리 애 눈썹이 없어?" 트로이가 쏘아붙였다. 그리고 둘은 숟가락으로 시리얼을 퍼 입에 넣고 있는 그레이 쪽으로 동시에 고개를 돌렸다. 순간 그들의 눈이 아이의 머리 위에서 마주쳤다. 뜻이 통하는 몇 안 되는 순간이었다. 설마 그레이가 원래부터 눈썹이 없었나? 애가 처음부터 눈썹 없이 살고 있었는데, 지금까지 그레첸과 트로이가 까먹고… 알아채지 못한 건가?

그레첸의 아들 그레이에 대한 이 독특한 대목은 플롯이 진행되는 방향과는 거의 상관이 없다. 그러나 이를 통해 자기 삶의 균형을 잃었다고 느끼는 그레첸의 감정을 드러내면서 그레첸과 그의 남편을 소개하고 무대를 설정한다. 계기적 사건이 시작되지 않는 첫 장면에서도 독자의 관심을 끌어들여야 하기는 마찬가지이지만, 이때에는 달성해야 할 사항이 달라진다.

- **인물을 흥미진진한 방식으로 소개하라.** 여기서 프랜젤로는 그레첸의 '평범한 삶' — 즉, 그를 계기적 사건으로 이끄는 삶 — 의 무대를 설정하면서 그의 성격을 드러낸다. 그레첸은 중년의 위기를 겪고 있으며, 그로 인해 자신의 난자를 기증하기로 하게 된다. 그러나 그는 곧 그 결정을 후회한다 (최소한 소설의 어떤 부분에서는).
- **모종의 문제를 만들어라.** 장면이 펼쳐지면서, 우리는 재빨리 몇 가지 문제

점을 파악한다. 그레첸의 아들은 자폐 스펙트럼 장애가 있을지도 모르지만, 필요한 지원을 받지 못하고 있고, 그레첸은 남편의 컴퓨터에서 외도의 증거를 찾은 후로 이혼을 고려하고 있다.
- **인물을 불귀의 지점으로 데려갈 준비를 하라.** 첫 힘 있는 표지를 떠올려 보자. 그것은 한번 건너면 다시 돌아갈 수 없는 강력한 문턱이다. 계기적 사건이 첫 번째 장면에서 벌어지지 않는 프랜젤로의 소설의 경우, 이 장면은 주인공의 삶을 터지기 직전의 압력밥솥처럼 만들면서 그가 불귀의 지점에서 벌어지는 계기적 사건에 도달할 수밖에 없는 상황을 설정했다.

## 첫 장면에서 장면 요소의 균형 맞추기

이제는 다른 장면 요소들 — 배경, 서브텍스트, 극적 긴장, 속도, 장면 마무리 — 이 작동하는 방식을 살펴보자. 한 요소가 너무 많거나 적으면 장면 전체의 균형을 깨뜨릴 수 있기 때문에 적절히 균형을 잡는 것은 정말 중요하다. 가령, 배경 묘사가 너무 과하면 속도가 떨어지면서 독자가 지루함을 느끼고 이야기는 시작되기도 전에 좌초한다. 그러나 너무 적으면 독자가 배경의 전체 지형과 그 속에 살고 있는 인물의 위치를 머릿속에 그리기 어려워진다.

### 배경

첫 장면에서 배경이라는 극적 캔버스를 그리고 싶은 유혹을 떨치기란 쉽지 않다. 그러나 배경에 스포트라이트가 쏟아지지 않게 주의하라. 물리적 공간에 인물을 제대로 배치하기 위해 그가 어떤 방, 건물, 도시, 심지어 어떤 행성에 살고 있는지 반드시 밝혀야 하는 것은 아니다. 메건 애벗의 소설 『이제 나를 알게 될 거야』를 보자. 첫 장면이 배경에 대한 세부사항을 선명히 담아 시각적 이미지를 제공하면서도 묘사가 과하지 않은 문장으로 시작된다.

> 통풍구에선 비닐 깃발이 펄럭이고, 레스토랑은 부모들로 왁자지껄했다. 체조선수들의 머리가 빠르게 움직였고, 창턱에 걸쳐진 묵직한 스피커에서는 음악이 쏟아져 나왔다.

그리고 한 페이지를 넘기면 다시 한번 배경의 디테일이 간단히 그려진다.

모든 것이 반짝였다. 머리 위에서 돌아가는 미러볼, 케밥 밑에서 어른거리는 알코올 램프의 빛과 가장자리에 야자나무 장식이 달린 긴 테이블 위에 놓인 하와이식 연어요리, 케이티가 아이스크림 주걱으로 속을 파낸 코코넛과 파인애플 껍데기에 올려둔 촛불까지도.

첫 장면을 쓸 때, 배경은 그 자체가 어떤 극적인 방식으로 계기적 사건의 한 부분을 이루는 경우(가령, 주인공이 야생의 정글에서 조난을 당하거나, 산을 올라야 하는 등)를 제외하고는 가볍게 묘사되어야 한다.

다른 작가는 계기적 사건을 발전시키기 위해 첫 번째 장면에 배경을 어떻게 녹여냈는지 살펴보자. 마거릿 애트우드의 소설 『시녀 이야기』에서는 정부가 바뀌면서 여성들이 하룻밤 사이에 자유를 빼앗기는 극단적 변화가 계기적 사건이다. 그로 인해 남편과 딸과 함께 평범한 삶을 살던 주인공 오프레드는 어느 날 모든 것을 빼앗겨버린다. 첫 장면에서 그는 이미 새로운 지배 계급의 자손을 낳기 위해 존재하는 노예에 불과하다. 애트우드는 첫 문장에서부터 곧바로 긴장감과 불편함을 조성하기 위해 배경을 사용한다. 그는 친숙한 배경 — 고등학교 체육관 — 을 묘사하지만, 그 그림엔 뭔가 이상한 점이 있다. 왜 주인공을 비롯한 사람들이 거기서 자고 있는 걸까? '가죽 혁대에 전기 충격기를 매달아 덜렁거리며' 순찰을 다니는 이 '아주머니'들은 누구인가?

애트우드의 '알고 보니 사실은' 스타일의 글쓰기와 더불어 평범한 배경을 평범하지 않게 활용하는 방식은 두렵고 불안한 분위기를 만들어내며 플롯을 앞으로 밀고 나간다.

우리는 한때 체육관이었던 곳에서 잤다. 래커 칠을 한 나무 바닥에는 예전에 거기서 열리던 경기에 필요한 직선과 동그라미가 그려져 있었다. 농구대에 그물은 없어도 링은 여전히 제자리에 달려 있었다. 벽에는 관중석으로 쓰던 발코니가 둘러져 있는데, 그곳에 있으면 관전하는 소녀들의 달콤한 껌의 흔적이나 향수 냄새, 그리고 그 속에 어우러진 자극적인 땀 냄새의 흔적이 희미하게 코끝에 닿는 것만 같았다. 사진을 보면 여자 아이들은 처음에 펠트 스커트를 입다가 나중엔 미니스커트, 다음엔 바지를 입었고, 그러다가 한쪽 귀에 귀걸이를 하고 머리를 군데군데 초록색으로 물들이고 있었다. ...

우리는 아동용인 듯한 면 시트를 깔고 군용 담요를 덮고 자는데, 아직도 U.S.라는 글자가 찍혀 있는 구시대 담요다. 옷은 곱게 개켜서 침대 맡 원형 의자 위에 놓아둔다. 사라 '아주머니'와 엘리자베스 '아주머니'는 가죽 혁대에 가축용 전기 충격기를 가죽끈으로 매달아 덜렁거리며 순찰을 돌았다.

첫 줄로 당신의 불안과 호기심을 자극하는 방법에 주목하라. 또 체육관을 얼마나 신중하게 묘사했는지, 그리고 몇 안 되는 그들의 소지품 — '아동용인 듯한 면 시트, 군용 담요' — 이 어떻게 뭔가 나쁜 일이 벌어졌고 이제 더 나쁜 일이 기다리고 있다는(복잡화!) 느낌을 강화하는지 살펴라. 주인공은 향수를 담은 예리한 서술을 통해 배경을 묘사하면서 이 친숙한 공간이 이제 더 이상 친숙한 활동으로 쓰이지 않는다는 사실을 암시하기도 한다. 이렇게 애트우드는 우리가 갖고 있던 평범함에 대한 감각을 흐트러트린다.

당신도 친숙한 배경에서 예상치 못한 방식으로 계기적 사건을 일으키면서, 평범함에 대한 독자의 감각을 흐트러뜨릴 수 있다. 예컨대, 작고 안락한 집에서 가정적인 장면을 연출한 뒤 살인을 일으킨다거나, 노숙인들이 자는 침침한 뒷골목 배경에서 예상과 달리 어떤 남자가 청혼을 할 수도 있다.

배경으로 평범함의 균형을 깨는 것은 시각적으로나 감정적으로 강렬한 인상을 주며 장면을 시작할 수 있는 훌륭한 방법 중 하나이다.

## 서브텍스트

일단 물리적 세계를 만들고 나면, 이제는 서브텍스트에 대해 생각해볼 수 있다. 9장에서 살펴본 바와 같이 서브텍스트는 주제적 이미지의 전략적 배치, 인물의 미묘한 행동, 장면의 후경에서 대응적으로 벌어지는 행동 등을 통해 플롯의 어떤 측면을 암시한다. 서브텍스트가 많이 필요하지 않은 장르도 있다. 가령 스릴러나 미스터리처럼 행동 중심의 서사는 미묘함보다는 행동이 우선하는 반면, 문학적 소설 — 아름다운 언어, 차분한 속도, 풍부한 인물 발전을 특징으로 하는 장르 — 은 서브텍스트에 보다 많이 의지하는 경향이 있다.

『밤의 자매』의 인용문을 다시 떠올려보면, 첫 번째 장면에서 에이미의 엄마 로즈와 이모 실비에 대한 미묘한 서브텍스트는 이후에 등장할 플롯의 초점을 암시한다. 에이미가 꺼내 본 사진에서 에이미의 엄마는 '어두운 색 머리칼은 헝클어져 있었' 있지만 이모인 실비는 '화사하니 빛이 났'으며 '배우처럼 완벽'하다. 자매 사이에 보이는 이 차이(와 경쟁)가 형성하는 서브텍스트는 이야기의 중심 플롯에서 핵심적 역할을 하게 된다.

당신도 첫 장면의 서브텍스트로 분위기를 고조시키고 주인공의 플롯 방향을 미리 암시하며, 주제적 이미지를 독자의 마음속에 심어야 한다.

## 극적 긴장

첫 장면에 서브텍스트를 활용했든 안 했든, 극적 긴장은 반드시 필요하다. 극적 긴장은 주인공에게 불리하게 작용하는 힘 때문이든, 잘못된 정보나 어리석음으로 인해 자신이 내린 결정 때문이든, 주인공의 일이 잘 못 될 것이라는 기대를 만들어낸다. 이때 당신은 계기적 사건을 통해 독자가 본격적으로 주인공을 염려할 이유를 부여해야 한다.

일단 계기적 사건이 시작되면, 당신은 장면 내내 긴장을 팽팽히 유지해야 한다. 극적 긴장이 사라지면 장면의 속도가 둔해지면서 인물이 처한 딜레마도 시시해 보이며, 결국 독자의 관심도 잃게 된다.

## 속도

첫 장면에서는 사태를 움직이기 시작해야 한다. 거창하거나 극적으로 출발하여, 서스펜스를 고조시키거나 두려움을 심어주고 우리의 균형 감각을 흐트러뜨리면서 독자를 견딜 수 없이 궁금하게 만들어야 한다. 이것이 독자를 사로잡을 단 한 번의 기회이기 때문이다.

필립 풀먼의 판타지 소설 『황금나침반』에서는, 불안한 예상의 분위기와 함께 첫 장면이 시작되며, 빠른 진행 속도로 그 감정을 반영한다. 열 살 소녀인 주인공 리라와 그의 '데몬'(분신과 같은 동물)인 판탈라이몬은 영국 옥스퍼드의 조던 대학 기숙사에서 살고 있다. 첫 장면에서 리라는 옆에서 판탈라이몬이 큰일 날 거라며 안절부절 못하는데도 불구하고 대학 총장실을 살금살금 돌아다니고 있다. 행동은 신속하게 진행되는 반면, 해설이나 생각에 대한 서술은 최소한으로 유지된다.

"저 사람들 무슨 얘기 하는 것 같애?" 리라가 말했다. 아니 말의 첫머리를 꺼냈다. 그 질문을 끝내기도 전에 문 밖에서 목소리가 들렸기 때문이다.

"의자 뒤로, 빨리!" 판탈라이온이 속삭였다. 그러자 리라는 순식간에 안락의자에서 일어나 그 뒤에 웅크렸다. 하필 방 한가운데 있는 의자를 고르는 바람에 숨기에 아주 좋지는 않았다. 정말 아주 조용히 있지 않는다면 …

문이 열리고, 방에 불빛이 생겼다. 들어오는 사람 중 하나가 램프를 들고 와 선반에 올려두었기 때문이다. 리라의 눈에 그의 다리가 들어왔다. 짙은 녹색 바지에 반짝이는 검정 구두를 신고 있었다. 관리인이었다.

그런 뒤 낮은 목소리가 들렸다. "아스리엘 경은 도착하셨나?"

총장이었다.

몇 단락 속에서 **빠른 속도의 행동**과 간단한 묘사가 이어지면서, 리라는 계기적 사건 한가운데에 휘말려 든다. 있어선 안 될 곳에 들어간 결과, 그는 손님인 아스리엘 경이 마실 브랜디에 누군가가 몰래 독을 타는 장면을 목격하고, 플롯을 출발시키는 비밀 대화를 엿듣게 된다. 아스리엘 경의 목숨을 살리기 위해서는 그가 자신이 출입이 금지된 방에 들어갔다는 사실을 밝히고 벌을 받아야만 한다. 이렇게 주인공을 곤란한 딜레마에 빠뜨리는 것이야말로 독자를 첫 장면부터 몰입하게 만드는 훌륭한 방법이다!

첫 장면은 물이 차가운 수영장 같아야 한다. 독자가 일단 뛰어들고 나면 가만히 있기에 너무 추워서 계속 **빠르게 움직여야만** 한다. 앞으로 살펴볼 다른 장면 유형에서는 속도를 조절할 수 있는 여지가 더 넓지만, 첫 장면에서는 속도가 **빠른 편** — 행동이 많고 해설과 내면 서술은 적음 — 이 훨씬 유리하다.

속도를 빠르게 유지하려면, 행동의 차원에서 생각하라. 주인공이 계기적 사건과 직접적으로 연관된 행동을 취한다면 어떻게 움직일까? 이때 당신은 어떤 식으로든 주인공이 위험을 무릅쓰거나 충격을 받게 만들어야 한다. 첫 장면은 반응(reaction)을 보여주기 매우 적합한 장소이다. 즉 인물이 어떤 이유로 기존의 울타리를 벗어날 수밖에 없게 되면서 그 다음에 어떻게 할지 재빨리 결정해야 하는 상황에 처한다.

## 첫 장면을 마무리하기

언젠가는 첫 번째 장면도 끝을 향해 차츰 마무리되어야 한다. 당신이 어떤 종류의 플롯 — 인물 중심의 조용한 플롯일 수도 있고 행동 중심의 플롯일 수도 있다 — 을 선택했든, 문제나 갈등, 위기, 딜레마가 이제 막 시작되었다는 느낌을 남기며 첫 장면을 끝내면, 대부분의 독자가 다음 장면까지 계속 읽어나갈 것이라고 장담할 수 있다. 이때 다음의 요소를 모두 갖추도록 노력하라.

- 계기적 사건의 결과를 해결되지 않은 채로 남겨두면서 앞으로 벌어질 일이 무수히 남아있다는 점을 약속하라. 예를 들어, 주인공이 살인 현장에서 붙잡혔다면, 첫 장면이 끝나기 전에 그가 체포되거나 무죄로 밝혀지게 해선 안 된다. 독자들이 계속 추측할 여지를 남겨둬라.
- 인물이 중대한 결정을 하기 직전에, 혹은 『밤의 자매』의 에이미처럼 막 잘못된 결정을 한 직후에 장면을 끝내라.
- 나라를 떠나 도망쳐야 한다거나, 남편이 이중 스파이였다거나, 숨어있던 그의 원수가 발견되는 등, 주인공이 지금까지의 삶을 전부 바꿔버릴 괴로운 깨달음을 얻게 하라.
- 주인공이 계기적 사건에 대해 예상대로의 반응을 보이자 오히려 사태가 더욱 복잡하게 꼬이도록 하라.

『밤의 자매』에서 맥마흔은 첫 장면을 어떻게 마무리했는지 살펴보자.

> 에이미는 뛰지 않고 침착하게 움직여 가족을 깨우지 말자고 다짐하며 한 발 한 발 천천히 걸음을 옮겼다. 자기 부인이 총을 들고 살금살금 계단을 올라가고 있는 모습을 보면 마크는 무슨 생각을 할까? 아무것도 모르는 착하고 불쌍한 마크. 그 모텔의 비밀을 그에게 말해줘야 하는 걸까? 하지만 아니다. 힘이 닿는 한 이 모든 일에서 그를 보호하는 편이 나을 것이다.
>
> 발밑에서 갈라진 마루가 삐걱거리는 소리를 들으며, 그는 할머니가 가르쳐줬던 시를 떠올렸다.
>
> *죽음이 당신의 문을 두드릴 때,*
> *당신은 예전에 그의 얼굴을 본 적 있다고 생각할 테요.*
> *그가 당신의 계단을 오를 때,*
> *당신은 어두운 악몽에서 본 그를 알고 있을 테요.*
> *거울을 들면 당신은 보게 될 테요.*
> *그가 당신이고 당신이 그라는 것을.*

장면이 끝날 때까지 첫 장면의 행동을 차츰 정리하면서도, 너무 완결된 느낌을 줘선 안 된다. 여기서 독자들은 에이미가 무슨 일을 할지 여전히 알지 못한다. 그리고 이 으스스한 시는 그저 불길한 예감을 더할 뿐이다.

끝까지 주인공을 약간의 곤경 속에 남겨두면서 독자가 불안한 나머지 다음 장을 계속 읽게 만들어야 한다. 인물 속에서 갈등과 변화를 끌어낼 가능성이 가장 높은 길을 선택하라. 가령 겁 많고 숫기 없는 인물이 첫 장면의 마지막에서 중대하고 용감한 결정을 내려야 하는 상황에 놓일 수도 있다. 그리고 그 상황은 계기적 사건으로 인한 하나의 결과여야 하며, 당신이 어떤 길을 택하든 주인공의 운명은 아직 확실하지 않은 상태여야 한다.

### 첫 장면의 중요 포인트

- 주인공에게 계기적 사건이 일어나야 한다.
- 장면의 정서적 내용에 속도를 맞춰라.
- 주제적 이미지를 활용해서 결과를 암시하라. 주인공의 삶이 위기에 빠진다면, 으스스한 분위기를 설정하고 죽음이나 어둠의 심상을 자아내는 배경 사물, 가령 칼, 까마귀, 밝았다가 점점 어두워지는 빛의 변화 등을 이용하라.
- 수도원에서 무참한 범죄가 일어난다든가 감옥이 놀랍게도 순수함을 발견하는 장소가 되는 등, 배경에서 예상치 못한 상황을 제시하며 독자의 기대를 흐트러뜨려라.
- 속도를 유지하라. 해설이나 묘사로 인해 속도가 떨어지지는 않는지 유의하는 한편, 대화나 행동이 휴식도 없이 길게 이어지면서 속도가 너무 빨라지지 않는지도 점검하라.
- 주인공이 곤경이나 불확실한 운명에 빠진 채로 장면을 끝내면서 다음 장면으로 이어질 수 있게 하라.

# 15

# 숙고 장면

숙고 — 생각, 감정, 사소한 세부사항을 깊이 검토하거나 따져보는 행위 — 는 행동과 대립되는 개념이다. 인물이 숙고할 때, 시간은 천천히 흐르고 심지어 사라지기도 하며, 장면은 인물이 인식하는 바에 가까이 다가가 이를 내밀히 관찰한다. 숙고 장면은 쉽게 사용되지 않는 경향이 있다. 그러나 당신이 이 장에서 보게 되겠지만, 어떤 장르와 스타일, 특히 정통 문학 소설에서 숙고 장면은 결정적인 역할을 담당한다.

잘 다듬어진 숙고 장면은 대체로 다음과 같은 일을 한다.

- 행동이나 대화보다는 내적 독백(생각)을 더 많이 담고 있다.
- 독자가 주인공의 내적 삶을 더 깊고 내밀하게 관찰할 수 있도록 비교적 느린 속도로 진행된다.
- 주인공이 다른 인물보다는 자기 자신 및 배경과 상호작용하는 모습을 보여준다.
- 주인공이 행동, 사건, 앞서 깨달은 바를 소화하고 다음에 어떻게 행동할지 결정할 시간을 준다.
- 강렬한 장면의 전이나 후에 잠시 휴지(休止)를 주어 인물이 상황을 반추하고 독자도 잠시 숨을 고를 수 있게 한다.

숙고 장면이 첫 번째 장면은 물론 서사의 앞부분에 등장하는 경우는 매우 드물다. 숙고 장면은 곰곰이 생각해보거나 깊이 반추해볼 가치가 있는 플롯 사건

숙고 — 생각, 감정, 사소한 세부사항을 깊이 검토하거나 따져보는 행위 — 는 행동과 대립되는 개념이다. 인물이 숙고할 때, 시간은 천천히 흐르고 심지어 사라지기도 하며, 장면은 인물이 인식하는 바에 가까이 다가가 이를 내밀히 관찰한다. 숙고 장면은 쉽게 사용되지 않는 경향이 있다. 그러나 당신이 이 장에서 보게 되겠지만, 어떤 장르와 스타일, 특히 정통 문학 소설에서 숙고 장면은 결정적인 역할을 담당한다.

잘 다듬어진 숙고 장면은 대체로 다음과 같은 일을 한다.

- 행동이나 대화보다는 내적 독백(생각)을 더 많이 담고 있다.
- 독자가 주인공의 내적 삶을 더 깊고 내밀하게 관찰할 수 있도록 비교적 느린 속도로 진행된다.
- 주인공이 다른 인물보다는 자기 자신 및 배경과 상호작용하는 모습을 보여준다.
- 주인공이 행동, 사건, 앞서 깨달은 바를 소화하고 다음에 어떻게 행동할지 결정할 시간을 준다.
- 강렬한 장면의 전이나 후에 잠시 휴지(休止)를 주어 인물이 상황을 반추하고 독자도 잠시 숨을 고를 수 있게 한다.

숙고 장면이 첫 번째 장면은 물론 서사의 앞부분에 등장하는 경우는 매우 드물다. 숙고 장면은 곰곰이 생각해보거나 깊이 반추해볼 가치가 있는 플롯 사건 및 극적 상호작용 다음에 올 때 가장 효과가 좋다. 이런 장면이 연달아 너무 많이 등장하면 속도가 처지기 때문에, 숙고 장면 사이에는 행동이 얼마간 포함된 장면이 번갈아 배치되어야 한다.

## 내적 독백

숙고 장면의 대표적 특징은 인물이 말이나 행동보다는 생각하는 데 시간을 더 많이 할애한다는 점이다. 이렇게 생각을 담은 대목을 내적 독백(인물의 마음속에서 일어나는 독백이므로)이라 하며, 이는 어떤 식으로든 독자에게 노출되어 전해져야 한다. 따라서 해당 장면에서 실질적 사건이 벌어지지 않는다 해도,

이것이 플롯을 진행시키며 인물을 발전시킨다.

오래된 전통에 따르면 생각 부분은 이탤릭체로 표기해서 구분을 하지만, 나는 생각까지 단순하고 세련된 해설의 형태로 서술자의 목소리에 삽입하는 방식을 선호하는 편이다.

예를 들어 리디아 유크나비치의 소설 『아이들의 작은 등』에서 그저 '작가' 라는 이름으로 등장하는 서술자는 딸을 사산한 경험을 내적 독백으로 묘사한다.

> 마침내 출산날이 다가왔고, 진통이 이틀 동안 계속됐다. 난 거의 포기한 상태였다. 이게 도대체 어떻게 끝날까 하는 생각을 떨칠 수가 없었다. 진실로 어떤 순간에든 일상의 몸의 고통에 그저 굴복한 채 … 떠날 수 있을 것만 같았다.

내적 독백은 시간의 흐름에서 벗어나 자유롭게 흘러다니는 만큼, 상당히 느리게 느껴진다. '작가'는 실제로 장면 속에 있거나 진통을 하고 있지 않다. 거기엔 행동이 포함되어 있지 않다. 그의 생각이 얼마나 현실을 초월해 있는 것처럼 느껴지는지에 주목하라. 이것이 언제 어디서 벌어지는 일인지는 느껴지지 않고 그저 그 시간에 대한 감정과 기억만 있을 뿐이다. 물론 이는 여전히 감정을 불러일으키고 어조를 설정하며, 독자가 주인공을 더 잘 이해하게 도와준다.

주제 사라마구의 소설 『눈먼 자들의 도시』에서 내적 독백 부분을 살펴보자. 여기서 시점 인물인 의사의 아내 — 이야기에서 시력을 잃지 않은 유일한 인물 — 가 어떤 생각을 하고 있는지 조금 더 분명히 드러난다.

> 이제, 벽에 걸린 가위에 눈을 고정시킨 채, 의사의 아내는 스스로에게 물었다. 내가 눈이 보인다는 게 무슨 소용이지? 그러자 상상치도 못했던 엄청난 공포가 엄습했다. 차라리 나도 눈이 멀었다면 좋았을걸이라는 생각이 들 뿐이었다.

"내가 눈이 보인다는 게 무슨 소용이지?"라는 생각이 일인칭으로 서술되어 있기에 독자들도 이것이 의사 아내의 생각임을 알 수 있다는 점에 주목하라. 그 뒤로 이어지는 해설 역시 그의 시점에서 나온 것이며, 서술자의 목소리에 통합되어 있지만 그의 생각이라고 고려될 수 있다.

내적 독백은 매우 내밀하기 때문에 독자들이 일시적으로 인물의 마음속에 들어갈 수 있게 해준다. 사실 독자도 함께 경험할 수 있도록 인물이 깊이 생각에 잠길 수 있는 방법은 몇 가지 되지 않는다. 주인공이 다른 인물에게 자기 생각을 말하거나, 생각을 써 내려가거나, 내적 독백을 통해 무슨 일이 있었는지를 곱씹으며 생각할 수 있다. 사람들이 소리내어 깊은 생각을 해나가는 경우는 드물기 때문에 숙고의 기법으로 대화는 적절하지 않다. 우리는 대개 말없이 생각에 잠기거나 글을 쓴다.

내적 독백은 필연적으로 글의 속도를 떨어뜨리기 때문에, 숙고적이지 않은 장면에서 함부로 사용하지 않는 편이 좋다. 그러나 온전히 숙고를 위해 마련된 장면에서는 행동에서 한 걸음 물러나 사고의 세계를 깊이 탐구할 기회를 얻을 수 있다. 당신의 서사에서 이러한 장면이 전략적으로 배치되어야 하는 이유가 바로 이것이다. 진행 속도를 늦추고, 대화나 행동으로는 쉽게 전달할 수 없는 인물에 대한 통찰을 드러내겠다는 목적이 분명할 때 숙고 장면을 활용하라.

## 숙고 장면의 시작

커다란 플롯 사건과 격렬한 감정이 중심을 이루는 어떤 행동, 서스펜스, 극적 장면이 끝나고 나면 당신은 앞서 있었던 일을 깊이 생각해야 하는데, 그럴 때에는 장면이 처음 시작할 때부터 독자에게 이제부터 속도가 느려진다는 신호를 보내야 한다. 예컨대 여러 가지 행동으로 숙고 장면을 시작하면, 정작 깊은 생각이 이어질 때 독자가 불필요하게 돌아간다고 느낄 수 있다. 숙고 장면을 시작하는 가장 보편적인 방법으로는 내적 독백, 배경 묘사, 혹은 전환적 행동 등이 있다.

### 내적 독백으로 시작하기

내적 독백으로 사색 장면으로 시작하기 위해서는 일단 인물의 생각이 앞 장면과 연관되어야 한다. 주인공이 무엇에 대해 생각하고 있는지 독자가 추측하게 만들어선 안 된다. 명료히 드러내라.

    찰스 디킨스의 소설 『위대한 유산』에서 주인공 핍 — 누나 및 매형과 함께 살고 있는 어린 소년 — 은 어느 날 아침 탈옥수를 마주친 뒤 물과 음식을 가져다 달라는 요구를 받는다. 핍은 겁에 질린 나머지 엄청난 위험을 무릅쓰면서도 시키는 대로 한다. 마침 새로운 장의 첫 장면이기도 한 다음 장면은 자신이 나쁜 일을 저질렀음에도 불구하고 잡혀가거나 처벌되지 않았다는 사실에 대해 핍이 곰곰이 생각하는 모습으로 시작한다.

> 나는 당연히 경찰이 나를 체포하기 위해 부엌에서 기다리고 있을 줄 알았다. 그러나 경찰은 보이지 않았고, 강도 짓이 아직 발각되지도 않은 것 같았다.

첫 문장을 읽으면 독자는 이제부터 핍이 자신의 행동을 반추하는 장면이 이어진다는 사실을 알 수 있다. 독자에게 이제부터 생각이 시작된다고 알리는 일은 몇 줄로 충분하지만, 내적 독백은 훨씬 길게 이어질 수도 있다. 『위대한 유산』의 예로 다시 돌아가 보자. 소소한 행동이 몇 가지 등장하긴 하지만, 자신이 휘말릴 곤경에 대해 걱정하는 내적 경험에 완전히 몰두한 나머지, 핍은 이 장면 내내 주변에서 벌어지는 일에 거의 신경을 쓰지 못한다.

> 그래서 동정심 많은 사람들에게는 교회에 가는 조와 내가 매우 측은해 보였을 것이다. 하지만 겉으로 보이는 고통은 내면의 고통에 비하면 아무것도 아니었다. 조 부인이 저장실에 다가갈 때나 거기서 나올 때마다 나를 엄습하던 공포는 내 손으로 저지른 크나큰 잘못에 따른 양심의 가책의 고통에 견줄 만큼 어마어마한 것이었다.

내적 독백으로 장면을 시작할 때에는 본론으로 바로 들어가면서 그 인물이 뭔가 돌아봐야 할 내용이 있다는 신호를 독자에게 줘야 한다. 그렇게 해야 간단하면서도 자연스럽게 숙고 장면으로 전환할 수 있다.
    하지만 생각이란 시간을 초월하여 느리게 흘러가기 때문에, 이것이 몇 페이지씩 이어지면 장면의 속도를 떨어뜨리다 못해 완전히 늘어지게 만들 수 있다는 점을 반드시 염두에 둬야 한다. 숙고 장면의 핵심은 생각에 있지만, 핍의 생각이 평범한 일상의 흐름과 함께 흘러갔던 것처럼 장면이 오직 그것만으로 이루어지지는 않는다는 사실을 잊지 말자.

## 배경 묘사로 시작하기

배경 묘사도 장면을 여는 훌륭한 방법이다. 행동이 전혀 없어도 독자가 우선 물리적 현실 속에 자리잡을 수 있게 해주기 때문이다. 독자는 주인공이 내적 동요 속으로 깊이 파고들어 가기 전에 그가 어디에 있는지 알 수 있다.

그러나 이 테크닉은 아래에 제시한 질 맥코클의 소설 『캐롤라이나 달 Carolina Moon』의 경우처럼, 배경을 인물이 자신의 생각을 비춰보거나 만들어 갈 수 있는 일종의 거울로 활용할 때 특히 효과가 좋다. 세라가 몇 년 동안 코마 상태에 빠져 있었어도 남편인 맥은 여전히 그에게 충실해야 한다고 생각했다. 그러나 그는 다른 여성인 준에게 빠져가고 있었고, 세라가 잠들어 있는 바로 그 침실에서 준과 포옹하기에 이른다. 다음 장면에서 그는 깊은 걱정과 고민에 빠진다.

맥코클은 가족의 이미지 — 이제 맥에겐 없는 — 를 불러일으키는 배경 묘사로 장면을 시작하여, 그것을 통해 맥의 내면세계까지 바로 이어간다.

> 맥은 현관 계단에 앉아 주변 주택에서 새어 나오는 불빛을 바라본다. 왼쪽 옆집은 벌써 불이 꺼졌는데, 아무래도 오후 내내 소리를 지르며 뛰어다니던 아이들이 침대로 들어가 쌔근쌔근 잠이 든 모양이다. 그는 흔들리고 있는 어둑한 전등 아래에서 부른 배를 안고 두 발을 단단히 버티고 서있는 지친 엄마를 떠올린다. 대학생 아이들조차 잠자리에 들고, 안이 훤히 보이게 빛나는 새하얀 욕실 창문에서만 빛이 나온다. 세라는 왜 그집은 커튼이나 블라인드를 달지 않는지 의아해하곤 했다. 대신 거기선 바깥 세상으로 등을 내놓은 젊은 남자들의 퍼레이드가 하루 종일 열렸다.

아내와 함께 지내던 주변 환경을 바라보며 맥이 어떤 식으로 생각을 떠올리는지에 주목하라. 이는 어떤 인물이 사건에 대해 반추하기 시작할 수 있는 실로 자연스럽고도 현실적인 방식이다. 동네를 돌아보고 있자면 아내에 대한 생각을 피할 길이 없고, 그와 함께 준을 사랑하게 된 것에 대한 죄책감에 직면할 수밖에 없기에, 여기서는 아내 문제에 대한 생각을 풀어낼 수 있는 한 가지 방식으로 배경이 매우 효과적으로 사용된다. 이 장면이 이런 식으로 시작될 수도 있다. "맥은 세라 앞에서 준과 키스를 한 일에 대해 죄책감을 느꼈다." 하지만 이러한 서술 기법에는 정서적 무게가 없다. 맥코클이 사용한 방식은 장면에 묵직한 극적 영향을 주면서, 맥이 세라와 공유하던 세계를 함께 보는 독자들 역시 이 주제에 대한 그의 복잡한 생각과 감정을 보다 깊이 이해하게 된다.

인물의 감정과 생각을 끌어내기 위해 배경 디테일을 사용할 때, 인물의 감정적 반응이 보다 통합적으로 느껴지는 것은 물론, 그 디테일이 마치 행동인 듯한 인상을 주면서 숙고 장면에서 부족하기 쉬운 부분을 보충해준다. 맥의 생각이 주변 환경과 상호작용할 때, 독자들은 행동이 실제로 벌어지지 않아도 그것을 보는 듯한 느낌을 받는다. 에너지가 완전히 가라앉아 버리지 않게 하는 것이 관건인 숙고 장면에서, 이렇게 인물의 생각을 배경과 상호작용하게 하면 에너지를 효과적으로 살릴 수 있다.

## 전환의 행동으로 시작하기

숙고 장면이 본질적으로 이전 장면의 연속일 때에는 앞 장면의 행동을 매듭지으며 시작할 수도 있다. 가령, 어떤 장면이 자기 집이 불길에 휩싸여 있는 모습을 여성이 막 발견한 상황에서 궁금증을 남기며 끝났다고 하자. 그러면 다음 장면에서 그는 소방관이 불을 끄는 모습을 지켜보며 서서 이제 앞으로 자신의 삶이 어떻게 바뀔지 골똘히 생각할 수 있다.

하나의 행동이 해결되기 전에 장면을 끝내면 독자가 계속 인물을 걱정하게 되기 때문에 서스펜스가 넘치는 결말 혹은 클리프행어 결말은 실제로 매우 영향력이 강한 테크닉이다. 당신이 어떤 장면을 클리프행어로 마무리했다면, 앞 장면의 행동을 마무리하면서 숙고 장면을 시작할 수 있는 다양한 기회를 가지게 된다.

이때, 클리프행어의 에너지를 그대로 살려두기 위해 애쓰지 말라. 숙고 장면으로 들어갔다면 긴장감이나 에너지가 다소 떨어져도 괜찮다. 사실 그게 목적이기도 하다. 행동을 최소한으로 사용하면서 신속히 숙고 장면으로 이어지게 하라.

예를 들어, 스티븐 셰릴의 멋진 우화 소설 『미노타우로스는 잠시 담배 피우러 나갔다 The Minotaur Takes a Cigarette Break』에서 죽지 않는 미노타우로스(머리는 소, 몸은 인간인 존재)인 주인공 M은 남부식 레스토랑에서 일하는 요리사이다. 고독하고 서툴러 친구를 사귀지 못하는 그에게 켈리라는 웨이트리스가 몇 달이나 꾸준히 접근을 한다. 그러다 한 장면에서 드디어 그들이 사랑을 나누는데, 중간에 켈리가 갑자기 간질 발작을 일으킨다. 겁을 먹기도 하고 인간의 고통을 어떻게 다뤄야 할지 모르기도 한 터라 M은 무작정 도망을 친다. 독자는 물론 M조차 켈리가 괜찮은지 아닌지 알지 못한다. 심지어 M 때문에 켈리가 죽었을지도 모른다. 다음 장면에서는 M이 차를 몰고 그곳을 빠져나가는 것으로 그의 도주가 마무리 된다.

인디펜던스 대로가 4차선에서 6차선으로 바뀌는 신호등 앞에 멈췄을 때, 자동차의 시동이 꺼지는 바람에 미노타우로스는 스로틀을 돌려 다시 시동을 걸어야했다. 그는 이 쭉뻗은 길을 싫어했다. 쓸데없는 지식의 원천인 데이비드는 여기 5마일이야말로 주 전체에서 가장 번잡하고 위험한 아스팔트 도로라고 말했다.

여기서는 셰릴이 얼마나 신중하게 행동을 골랐는지 봐야 한다. M은 켈리가 발작을 일으킨 곳에서 도망치고 있다. 앞 장면과 관련하여 다음 장면을 시작하는 행동은 M이 어디로 가고 있는지 독자에게 알리는 역할을 주로 맡는다(그리고 그의 인생은 어디로 향하고 있는가에 대한 은유를 제공한다. 차는 멈췄고, 만일 켈리가 죽었다면 자신도 위험에 처할 것이다). 켈리의 목숨이 위험하다는 사실에도 불구하고 M은 911에 전화를 걸 줄 아는 인간이 아니기에, 독자는 이제 그는 무슨 일을 할지, 그리고 어떻게 켈리를 그냥 놔둘 수 있는지 의아해할 것이다. 여기서 셰릴이 어떻게 기어를 바꿔 생각의 영역으로 빠르게 이동하는지에 주목하라.

전환의 행동으로 시작하는 숙고 장면에서, 그 행동은 반드시 앞 장면의 행동과 관련되거나 그것을 마무리하고 주제적 혹은 은유적 서브텍스트를 제공한 뒤, 다음에는 인물의 생각의 영역으로 신속히 이동해야 한다.

## 인물과 플롯

이제 숙고 장면을 시작하는 방법에 대해 어느 정도 살펴봤으니, 그것의 근본적 목적을 다시 한번 되새겨보자. 그 목적은 이야기의 초반 장면에서 제시된 계기적 사건의 결과를 경험하는 주인공에게 최대한 밀접해지는 것이다. 이러한 사색적 장면은 주인공이 하는 생각과 반성의 가장 깊은 곳까지 파고들어 갈 때 사용해야 한다. 오랫동안 주인공의 생각에 초점을 맞추면, 독자는 그의 생각과 감정에 관해 매우 내밀한 경험을 하게 된다. 이러한 숙고 장면은 근본적으로 속도가 느릴 수밖에 없기 때문에, 꼭 필요한 순간 즉 앞서 언급했던 것과 같이 인물이 매우 강렬하고 극적이거나 고통스러운 일을 겪은 후와 같은 순간에만 활용해야 한다. 이럴 때에는 방금 겪은 일을 소화할 수 있도록 인물 — 과 독자 — 에게 현실적인 휴지를 줘야 한다.

그 숙고가 플롯과 연관성을 유지하기 위해 주인공은 반드시 다음의 일을 해야 한다.

- 플롯 사건에 대한 현실적이고 적절한 반응을 보여야 한다. 즉, 난데없이 어린 시절에 대한 기억 등을 떠올리는 시간이 아니다.
- 서사 속에서 최근에 벌어진 일(바로 앞 장면이 가장 이상적이다)이나 이제 곧 벌어질 일을 극복하려고 노력해야 한다.
- 행동에 대한 계획을 세우거나 선택지를 두고 고민하거나 플롯 사건에 관한 모종의 결정을 내리는 데 숙고 장면을 활용해야 한다.

숙고 장면은 고도로 극적인 상황을 위한 곳은 아니다. 이것은 주인공이 지금 자신의 삶에 벌어진 비극, 빗나간 성공, 예기치 못한 변화를 이해할 기회를 제공한다.

그럼 이제 워커 퍼시의 소설 『영화광The Moviegoer』의 한 장면에서 이 세 가지 요소를 살펴보자. 이 소설에서 바람둥이인 빙크스 볼링은 맞지 않는 여성들 — 그를 사랑하지 않고, 그도 진정으로 사랑하지 않는 여성들 — 과 끊임없이 데이트를 한다. 그러다 그가 뜻하지 않게 매우 우울한 미인인(게다가 그의 사촌이기도 하다) 케이트 커트러를 사랑하게 되자, 아무도 달가워하지 않았고 특히 케이트의 모친이자 그의 이모는 매우 싫어했다. 그러나 그들의 관계는 이 어울리지 않는 연인들에게 어떤 구원의 기회를 마련해주었고, 그래서 뉴올리언스의 축제에서 함께 주말을 보낸 뒤 깊은 상념와 걱정에 빠졌던 빙크스 결국 케이트를 진정으로 사랑하게 된다. 다음은 장면 중간에 그가 자신에게 일어난 일에 대해 생각하기 시작하는 순간이다.

모든 것이 사라지고 욕망만이 남았다. 그리고 욕망은 마치 사나운 겨울바람처럼 천국을 휩쓸어버린다. 나는 모색을 포기해버렸다. 아무리 그래도 이모, 그의 옳음과 그의 좌절, 나에 대한 그의 좌절과 자기 자신에 대한 그의 좌절에 비할 바가 아니었다. 여느 때처럼 이모와 심각하게 대화를 나눈 뒤 내가 그에게서 벗어나려 할 때마다 나는 여자를 만나야 했다.

　　바다에서 파도를 즐기고 있는 케이트를 50분 동안 기다리다, 나는 제정신을 잃었다. 그에게 무슨 일이 생긴 걸까? 그는 이모와 이야기를 나눈 뒤 나를 내쫓았다. 직장 동료인 샤론에게 연락을 할 수밖에 없었다. 공공 구역의 소란스러움의 바로 한가운데에 있는 천국의 밋밋한 땅, 그곳에 서 있는 유리와 알루미늄으로 만든 작은 탑은 겉으로 보기엔 예쁘고 단아했지만 속으로는 끔찍한 냄새가 났다. 천천히 돌아오면서, 나는 연필로 시를 적고 외로운 연인에 대한 슬픈 만화를 그렸다. 전화벨이 울렸다 멈추고 다시 울렸다. 그리고 그사이에는 내 숨소리가 내 귀로 들어왔다. 마치 내 자신이 내 옆에 서서 아무 말도 하지 않는 것처럼. 전화는 연결되지 않았다. 그는 날 떠난 걸까?

이 장면이 위에 제시한 세 가지 요소를 어떻게 다루고 있는지 살펴보자. 먼저, 빙크스는 자신의 괴로운 감정을 극복하려고 노력 중이다. 그는 케이트를 향한 욕망과 이모의 반대, 그리고 자신의 감정을 회피하고 싶을 때마다 여자를 찾던 자신의 성향 사이에서 혼란을 겪고 있다. 둘째로 그는 여기서 샤론에게 전화를 하기로 결정을 내린다. 샤론의 의견을 신뢰하기도 하고, 자신을 비난하거나 야단치지 않을 사람에게 자신의 감정에 대해 상의하고 싶기도 했기 때문이다. 마지막으로 그의 반응은 비록 감정적이긴 하지만 적절하다. 여기서 그는 마침내 누군가 — 심지어 자살 성향의 이력을 가진 사람 — 를 진심으로 사랑하게 되었지만, 그 사람이 만나자고 한 곳에 나타나지 않고 있다. 결국 불안과 두려움은 그를 제압해버린다.

　　이런 식으로 생각과 감정을 드러내기 위해 속도를 늦출 때, 주인공이 분명히 플롯 사건에 관련된 특정한 문제에 대해 고민하고 그 결과로 변화나 선택의 지점에 도달하게 해야 한다. 현실에서 사람들은 중요한 일에서부터 완전 한심한 일까지 온갖 문제에 대해 고민하지만, 소설에서 삶이란 얼마나 위대한가에 대해 고심하면 순식간에 지루해지는 경향이 있다. 숙고는 당면한 문제를 드러내야 하고, 그래서 어려운 주제를 위해 남겨둬라.

# 극적 긴장

7장에서 우리는 매 장면마다 상호작용할 촉매자나 적수는 물론 새로운 플롯 상황이나 정보가 최소한 한 가지는 주인공에게 제시되어야 한다는 원칙을 살펴보았다. 그러나 숙고 장면에서만큼은 이러한 일을 하지 않아도 된다. 여기서는 행동이 거의 없거나 인물 간의 상호작용도 제한되어 있는 상황 속에서도 극적 긴장을 계속 살려둘 수 있는 방법을 찾아야 한다. 어떻게 해야 할 수 있을까?

- **내적 갈등을 포함하라.** 숙고 장면은 복잡한 결정이나 행동을 인물과 독자가 이해하고 소화할 수 있도록 하기 위해 존재한다. 따라서 인물이 어쩔 수 없이 혼자만의 시간 — 감옥에 갇히거나 납치되거나, 그저 아침에 혼자 일어나는 등 — 을 보내게 되든, 아니면 자신에게 벌어진 일에 대해 이해할 시간이 필요하다고 느끼든, 이 장면에서는 마치 빙크스 볼링처럼 주인공이 어떤 일을 받아들이기 위해 적극적으로 고군분투하는 내용이 핵심이다. 따라서 당신은 주인공의 마음 속에서 벌어지고 있는 감정적 고투를 보여줘야 한다. 그는 자신이 가진 선택지에 대해 고민하고, 앞으로 어떤 일이 벌어질지 궁리해야 한다. 또한 하나 이상의 감정을 이해하기 위해 애써야 하고, 장면이 끝날 때까지 자신이 앞으로 어떻게 하고 싶은지 혹은 해야 하는지 알지 못해야 한다.
- **막연한 두려움을 포함시켜라.** 행동이나 다른 인물이 없다고 해서 반드시 그 장면이 느긋한 느낌이라는 뜻은 아니다. 사람들은 위험한 상황에서도 깊은 고민을 하기 때문에, 곧 위험이 다가온다는 느낌이나 당시의 불안을 조성하면서 얼마든지 긴장을 살려둘 수 있다. 주인공이 납치되었는데 납치범들이 몇 시간 정도 그를 혼자 남겨두었을 수도 있다. 혹은 사랑하는 아내가 실종된 상황에서 남편이 집안 구석구석의 아내의 물건을 살펴보며 그에게 무슨 일이 생겼을지 골똘히 생각해보게 할 수도 있다.
- **으스스하거나 긴장된 분위기를 형성하라.** 날씨, 물리적 지형, 사물이 불편하고 긴장된 환경을 만드는 데 어떤 역할을 할 수 있는지, 그 안에서 당신의 인물은 어떻게 고민을 할 수 있을지를 고려하여, 당신에게 유리한 방향으로 배경을 활용하라.(이에 대해서는 다음 부분에서 더 자세히 논할 것이

다.) 가령, 숙고 장면을 긴장감 있게 만들기 위해, 배경을 햇살이 환하고 활기찬 주인공의 뒷마당으로 할지 차가 고장 나 서있게 된 길가로 할지 고민하고 있다면, 긴장을 위해서는 망가진 차를 타고 인적 드문 길가에 서있는 편이 주인공 앞에 갈등이나 위기가 기다린다는 느낌을 조성할 수 있는 잠재력이 훨씬 크다는 점을 염두에 둬야 한다.

문학과 판타지가 융합된 카밀 디앤젤리스의 소설 『메리 모던Mary Modern』에서 유전학자의 딸이자 불임인 루시 모리는 할머니의 DNA를 이용해서 아이를 복제하여 자신의 자궁에 착상시키기 위해 준비하고 있다. 할머니의 머리카락을 수집하기 위해 그는 다락방을 뒤지게 되고, 그러다 할머니의 핏방울이 묻은 천조각을 발견한다. 세심한 묘사를 통해 디앤젤리스는 깊은 생각에 잠기는 루시의 행동을 보여주는 동시에 으스스한 분위기를 형성한다.

> 대개 다락방은 유쾌하지 않은 장소이다. 문을 여는 기세로 퀴퀴한 바람이 일거나 지붕에 난 구멍 혹은 깨진 유리창 틈으로 웃풍이 들이치면 흔들리는 거미줄이라든지, 곰팡이와 먼지 그리고 좀약의 냄새. 거기 있는 물건에 손을 대는 순간 산산히 부서져버릴지도 모른다는 두려움 등으로 가득하다. 심지어 깨끗한 손끝에 묻은 천연 오일조차 오래된 나무에 얼룩을 남긴다. 왜 여기왔을까? 왜 이 온갖 물건을 뒤적거리면서 오래 전에 떠난 사람들을 다시 떠올리는 걸까?

이 세심한 디테일을 통해 낡고 노쇠한 감각이 일깨워진다. 루시가 생명을 창조하기 위해 불법적으로 자신의 가족을 복제하려고 고민할 때, 이러한 배경과 사물의 디테일이 긴장감과 불길한 예감을 만들어내면 독자도 루시의 행동이 어떤 결과로 이어질지에 걱정하게 된다.

숙고 장면에서, 배경의 디테일은 인물이 숙고하는 내용 중에서도 감정적 부분을 반영해야 한다. 절망한 사람이 자살에 대해 심각하게 고민할 때에는 외로운 배경 — 아무도 없는 방, 텅 빈 호텔 등 — 이 가장 적절할 것이다. 반대로 인물이 성급하고 공격적인 행동을 고려하고 있을 때에는 축제처럼 시끄럽고 압도적인 배경이나 분노의 감정을 자극하는 사물 — 불 붙은 성냥이나 말벌에게 공격받는 둥지 등 — 에 그것이 반영될 수 있다.

## 배경

숙고 장면은 분위기에 크게 좌우된다. 심지어 배경 때문에 주인공이 그토록 오랫동안 생각할 시간을 가지게 되는 경우도 있다. 예컨대 주인공이 감옥에 투옥되거나 동굴에 갇히거나 길고 느린 여행을 하게 되면, 자연히 자신의 삶을 찬찬히 돌아볼 시간을 가지게 된다. 장면이 진행되면 당신에게도 극적이거나 행동 중심의 장면에서는 지나치기 쉬운 작은 세부사항에 초점을 맞출 기회가 생긴다. 당신의 서사가 가족 비극에 관한 것이라면, 숙고 장면은 당신이 선택한 구체적 배경 디테일을 통해, 즉 어두운 색깔, 흐릿한 불빛, 그리고 이런 분위기를 만드는 주요 사물을 통해 우울과 슬픔의 감정을 전달해야 한다.

    그러나 여기서는 주인공에게 생각과 감정을 비춰볼 물리적인 대상을 마련해 줄 수 있다는 점이 더 중요하다. 숙고 장면에는 행동이 거의 없기 때문에, 주인공이 그저 진공 상태에 앉아있지 않도록 때때로 배경의 세부사항을 내적 독백과 엮어줘야 한다.
    닐 게이먼의 판타지 소설 『오솔길 끝 바다』에서 주인공은 오랜 세월이 흐른 뒤, 아주 어두운 기억이 남아 있는 어린 시절 장면으로 돌아온다. 이 숙고 장면에서는 집에 다가갈수록 커져가는 그의 불안을 배경을 통해 드러낸다.

> 매끄럽고 시커먼 도로가 점점 더 좁아지고 구불구불해지다가 내가 어린 시절에 보던 일차선 길이 되더니, 단단히 다져진 땅에 울퉁불퉁하고 뼈다귀처럼 딱딱한 돌까지 박힌 길이 나타났다.
>     나는 양쪽으로 나무딸기와 들장미가 늘어선 좁은 오솔길을 따라 천천히 털털거리며 차를 몰았다. 오솔길 가장자리 어디에도 개암나무나 손질하지 않은 산울타리는 서있지 않았다. 시간을 거슬러 차를 몰고 가는 것 같았다. 다른 건 전부 달랐지만 그 오솔길만은 예전 그대로였다.

'매끄럽고 시커먼'이라는 디테일, 특히 '뼈다귀처럼'이란 말은 으스스한 분위기를 자아낸다. 더욱 깊이 들어갈수록 점점 거칠고 야생적이 되는 배경은, 주인공이 자신의 어린 시절에 대해 어떻게 느끼는지에 대한 은유인 동시에 그의 상념에 어두운 긴장을 만들어준다.

오래 전에 여기 와보지 않았나? 그렇다고 확신했다. 꽉 들어찬 어른들의 옷장 바닥에서 잊혀버리는 어린 시절의 장난감들처럼, 어린 시절의 기억은 때때로 그 다음에 일어난 일들 밑으로 덮이고 흐려지지만, 절대로 영원히 잊히지는 않는다.

숙고 장면 내내 — 이 장의 전반부에서는 우선 앞부분만 살펴봤지만 — 구체적인 배경 디테일에 초점을 맞추면, 생생한 주변 환경 및 분위기를 만들 수 있을 뿐 아니라 속도가 느려지다 못해 완전히 죽어버리지 않도록 적절히 유지할 수도 있다. 여기서 당신은 주인공이 내려야 할 결정에 맞게 여러 가지 생각을 촉발하고 분위기를 형성하면서, 독자들에게 말 그대로 잠시 멈춰 서서 장미 향기를 맡아보거나 전투 장면의 포연에서 한 걸음 벗어날 수 있는 기회를 줄 수 있다.

## 숙고 장면 마무리하기

숙고 장면의 속도는 몰아치는 급류보다는 완만한 시냇물에 가깝기 때문에, 장면을 끝낼 때에도 다음 장면을 준비하면서 에너지를 살짝 바꿔주기만 하면 된다.

숙고가 끝나면 행동이 돌아온다. 일단 인물이 반성하고 고민할 시간을 가졌으면, 이제는 다시 플롯을 앞으로 밀고 나가기 위한 행동을 취해야 한다.

따라서 다음에 어떤 장면을 연결시킬 계획인가에 따라, 숙고 장면이 다시금 행동으로 이어질 수 있도록 속도를 다소 높이며 마무리하는 몇 가지 아이디어를 참고해 보자.

- **행동을 클리프행어로 끝내라.** 고민에 몰두하거나 신중하게 주변을 관찰하다, 주인공이 불현듯 자신이 막다른 곳에 몰려 있거나 목에 총이 겨눠져 있거나, 벼랑 끝에 서있다는 사실을 발견할 수도 있다. 이렇게 주인공이 다른 곳에 정신을 팔게 되기 때문에, 숙고 장면을 거치는 동안 다른 인물들이 주인공을 따라잡는 경우도 종종 있다. 클리프행어 결말은 행동 장면으로 이어갈 수 있는 매우 훌륭한 준비작업이다.

- **결정의 순간으로 끝내라.** 인물이 어떤 딜레마로 고민하고 있었다면, 장면의 결말은 마침내 그가 결정을 내렸음을 독자에게 보여주는 장소로 매우 적절하다. 꼭 어떤 결정을 내렸는지까지 보여줄 필요는 없지만, 가령 주인공이 자신의 외도를 남편에게 알려야 할지 갈등하고 있었다면, 전화기를 드는 모습으로 장면을 끝낼 수 있다. 혹은 어떤 남자가 총을 들고 차를 타는 등 뭔가를 결정했음을 독자에게 알리는 의도적 행동을 취할 수도 있다. 물론 그 결정은 주인공이 그 장면에서 고민하던 문제와 연관되어 있어야 한다.
- **놀라운 일로 끝내라.** 숙고 장면은 아주 조용하고 느리기 때문에 독자는 장면의 바깥에서 표면적으로 등장하는 사건이나 인물에는 주의를 기울이지 않는다. 그러면 온갖 방식으로 놀라운 일을 만들어낼 여지가 생긴다. 인물이 앉아서 생각하는 동안 밖에서는 속수무책으로 사건이 벌어질 수 있기 때문에, 숙고 장면의 맨 마지막이야말로 놀라운 일을 터뜨리기 아주 좋은 장소이다.
- **전조로 끝내라.** 대부분의 숙고 장면은 자연스럽게 다음 장면의 행동으로 이어지지 않기 때문에, 앞으로 이어질 장면에서 행동이나 대화 혹은 모종의 속도 상승이 있다는 사실을 독자에게 알리는 약간의 전조와 함께 장면을 끝낼 수 있다.

위에서 언급한 게이먼의 소설 장면 마지막에서, 주인공은 이웃집 근처에 있는 연못에 도달한다. 이 연못은 앞으로 펼쳐질 이야기에서 — 정확히 말하자면, 앞으로 진행될 플롯뿐만 아니라 이제 그가 되살리려 하는 어린 시절의 이야기에서 — 매우 중요한 역할을 담당한다. 이 숙고 장면을 통해 독자는 몇 가지 끔찍한 기억으로 인해 주인공이 당연히 덮어둘 수밖에 없었던 과거로 빠져들게 된다.

> 연못은 기억하던 것보다 작았다. 저 멀리에는 나무로 된 작은 헛간이 있었고 길가에는 나무와 금속으로 된 무겁고 해묵은 벤치가 있었다. 껍질이 벗겨진 나무 널빤지는 몇 년 전에 녹색으로 페인트칠을 했다. 나는 벤치에 앉아 수면에 비치는 하늘의 광경과 호숫가에 뭉쳐있는 개구리밥의 찌꺼기와 대여섯 장의 연잎을 빤히 쳐다봤다. 이따금, 나는 헤이즐넛을 연못 한

가운데에 던졌다. 레티 헴스톡은 그 연못을 보고 이렇게 말했었다 …
저건 바다 아니지, 그치?
레티 헴스톡, 그는 지금 나보다 나이가 많았을 것이다. … 우리가 물에 뛰어든 적이 있었는지 궁금했다. 내가 그 사람, 그 길 맨 끝에 있는 농장에 살았던 그 이상한 소녀를 오리 연못으로 밀어넣었던가? 그가 물속에 있었던 것은 기억이 난다. 어쩌면 그도 나를 물에 밀어넣었을지 모른다.
그는 어디로 갔을까? 미국? 아니다. 호주였다. 그런 곳이었다. 아주 멀리 떨어진 곳.
그리고 그것은 바다가 아니었다. 대양이었다.
레티 헴스톡의 대양.
나는 그것을 기억했다. 늘 기억하고 있었다. 나는 모든 것을 기억했다.

숙고 장면을 어떻게 끝내기로 했든, 당신이 다음 장면을 설정하고 서사의 균형을 잡는 데 필요한 에너지를 적절히 제공할수록 숙고 다음에 등장하는 행동도 멋지게 이어질 수 있다는 사실을 염두에 둬야 한다. 숙고 장면을 활용하면 인물을 변화, 행동, 플롯에 필요한 극적 상황이나 서스펜스로 이끌어갈 수 있다. 그러나 숙고 장면을 두 개 이상 연달아 배치하면 속도가 너무 늘어질 수 있기 때문에 이는 피하는 편이 좋다.

### 숙고 장면의 중요 포인트

- 숙고 장면을 활용하여 서사에서 행동의 속도를 늦춰라.
- 가능한 한 빨리 숙고 장면이 시작되었다는 신호를 보내라.
- 주인공의 내면적 삶에 초점을 맞춰라.
- 주인공이 갈등, 딜레마, 혹은 결정해야 할 일에 대해 깊이 고심하게 하라.
- 극적 긴장을 형성하고 분위기를 조성할 수 있는 배경 디테일을 선택하라.
- 앞으로 이어질 행동 쪽으로 에너지를 옮길 수 있도록 장면의 결말을 활용하라.

# 16

# 서스펜스 장면

서스펜스는 근본적으로 불안을 조성하는 불확실한 상태를 뜻한다. 소설에서는, 서스펜스를 만드는 상황이 긍정적이든 부정적이든(그는 잘생긴 건달의 프로포즈를 받아들일 것인가?), 독자에게 미치는 효과는 동일하다. 심장이 뛰고 신경이 곤두서며 걱정의 기운이 장면 전체를 휘감는다. 이것은 바람직한 일이다. 서스펜스 장면을 보는 내내 독자가 손에 땀을 쥐게 만들려면 인물이 겪고 있는 문제로 인해 나타나야 할 결과를 계속 지연시켜야 한다.

서스펜스 장면은 거의 모든 허구 장르에서 볼 수 있지만, 로맨스나 문학 소설보다는 미스터리와 스릴러 장르에서 더 많이 사용된다. 서스펜스가 잘 드러나는 장면을 만들기 위해서는 다음의 특징을 충분히 살려야 한다.

- 주인공이 자신이 위험에 빠졌다는 사실이나, 문제의 한가운데에 휘말렸다는 사실을 깨달아야 한다.
- 장면이 진행될수록 주인공의 감정적, 육체적 혹은 정신적 위험부담이 더욱 복잡해져야 한다.
- 주인공이 감정적으로 고조되어야 하며, 장면이 끝날 때까지 다시 완화되어선 안 된다.
- 장면의 사건이나 다른 인물이 주인공이 변화하거나 행동할 수밖에 없도록 압력을 가해야 한다.
- 그 상황이 어떻게 마무리될지 오랫동안 불확실한 상태로 있다가 나중에 해결되어야 한다.

서스펜스는 근본적으로 불안을 조성하는 불확실한 상태를 뜻한다. 소설에서는, 서스펜스를 만드는 상황이 긍정적이든 부정적이든(그는 잘생긴 건달의 프로포즈를 받아들일 것인가?), 독자에게 미치는 효과는 동일하다. 심장이 뛰고 신경이 곤두서며 걱정의 기운이 장면 전체를 휘감는다. 이것은 바람직한 일이다. 서스펜스 장면을 보는 내내 독자가 손에 땀을 쥐게 만들려면 인물이 겪고 있는 문제로 인해 나타나야 할 결과를 계속 지연시켜야 한다.

서스펜스 장면은 거의 모든 허구 장르에서 볼 수 있지만, 로맨스나 문학 소설보다는 미스터리와 스릴러 장르에서 더 많이 사용된다. 서스펜스가 잘 드러나는 장면을 만들기 위해서는 다음의 특징을 충분히 살려야 한다.

- 주인공이 자신이 위험에 빠졌다는 사실이나, 문제의 한가운데에 휘말렸다는 사실을 깨달아야 한다.
- 장면이 진행될수록 주인공의 감정적, 육체적 혹은 정신적 위험부담이 더욱 복잡해져야 한다.
- 주인공이 감정적으로 고조되어야 하며, 장면이 끝날 때까지 다시 완화되어선 안 된다.
- 장면의 사건이나 다른 인물이 주인공이 변화하거나 행동할 수밖에 없도록 압력을 가해야 한다.
- 그 상황이 어떻게 마무리될지 오랫동안 불확실한 상태로 있다가 나중에 해결되어야 한다.

서스펜스 장면을 활용하여 서사에 감정적 전압을 높이고 주인공에게도 정서적 부담을 키우며 새로운 해결책을 요하는 플롯에 복잡성을 더하라. (독서의 즐거움 중 절반은 주인공이 곤경에 빠졌다가 빠져나오고 다시 돌아가는 동안 그를 따라가는 것이다.) 정보를 공개하여 결론을 내는 것이 목표인 장면이 아니라면 서스펜스 장면이 적합하지 않은 순간은 없다. 특히 숙고 장면이나 플롯 정보를 제공하는 대사 중심의 장면이 끝난 후에 다시 긴장을 고조시킬 때 매우 유용하다. 이때, 서스펜스 장면은 주인공에게 새로운 도전 과제를 제시하면서 독자의 흥분을 되살릴 것이다. 서스펜스 장면을 읽는 동안 독자는 최대한 빨리 앞으로 나아가 가슴 졸이며 애태우는 달콤한 고통에서 벗어나고 싶다고 느끼기 때문에, 이를 통찰 장면 앞에 배치하여 인물을 대망의 결론과 깨달음으로 인도하는 방법도 고려해볼 만하다. 또한 자칫하면 플롯이 늘어지기 쉬운 이야기 중반부에서 서스펜스 장면을 강도 높게 활용할 수도 있다.

행동이 실행되고 정보가 제시되는 빠르기를 뜻하는 속도는, 서스펜스 장면의 성패를 좌우하는 결정적 요소이다. 고통스러운 깨달음이나 피할 수 없는 결과를 향해 나아갈 때에는, 작은 디테일에 주목하거나 적재적소에 해설 및 내적 독백을 몇 줄 정도 배치하여 속도를 늦추는 편이 좋다. 서스펜스를 자아내는 핵심 요소는 다음에 무슨 일이 벌어질지 모른다는 고통이다. 물론 장면의 속도가 빠르면 독자를 앞으로 밀고나가는 데 꼭 필요한 아드레날린을 솟구치게 할 수도 있다. 그러나 일반적으로 서스펜스는 차분하고 신중하게 계산된 행동을 통해 긴장을 높이거나 유지하면서 구축된다.

서스펜스를 너무 성급히 도입하려고 하면 오히려 놓쳐버릴 수가 있다. 공포영화에서 인물이 기괴한 소리가 나는 방을 향해 어두운 복도를 천천히 걸어가는 장면을 볼 때 얼마나 머리카락이 쭈뼛 서는지 생각해보라. 인물이 복도를 뛰어가면 서스펜스가 생길 시간이 없지만, 겁에 질려 천천히 걸어가면 관객들도 인물의 불안을 함께 느낀다. 서사에서 서스펜스를 구축할 때에도 마찬가지이다. 독자가 초조해할 수 있는 시간을 충분히 줄수록 장면의 효과도 한층 높아진다.

## 서스펜스 장면 시작하기

서스펜스 장면은 독자가 즉각적으로 주인공을 걱정하게 하는 방식으로 시작해야 한다. 벌써부터 주인공이 공사장 간이 계단에 매달려 있어야 할 필요는 없지만, 계단을 오르기 시작할 수는 있다. 혹은 주인공이 건물에서 평소와 다른 침묵이나 불빛 등을 감지하곤 뭔가가 약간 이상하다고 느끼는 정도의 미묘한 불안감을 만들어낼 수도 있다. 서스펜스 장면에서는 독자에게 '이건 좀…'하는 느낌, 뭔가 문제가 생겼다는 감각을 줘야 한다. 그리고 이 감각은 차츰 강해지기 시작해서 장면의 결말을 향해 가는 동안 최고조에 도달해야 한다.

폴 오스터의 소설 『환상의 책』에서 서스펜스 장면을 살펴보자. 이 작품은 문학 소설이긴 하지만, 그는 서스펜스를 흠잡을 데 없이 멋지게 활용한다. 주인공인 데이비드 짐머는 일 년 남짓 전에 비행기 추락 사고로 아내와 두 아들을 잃은 슬픔을 추스르며 지내는 번역가로, 비를 뚫고 끔찍한 운전을 하다 작은 사고까지 겪은 끝에 집에 막 도착했다. 플롯의 계기적 사건은 지금은 행방이 묘연한 무성영화 코미디언 헥터 만을 만나러 오라는 초청장을 한 통 받게 된 일이다. 데이비드가 그에 대한 책을 쓰긴 했지만 그는 죽었다고 알려져 있었다. 데이비드는 초청장이 진짜인지 믿을 수 없어 만이 실제로 살아있다는 증거를 보여달라는 답장을 보낸다. 그러자 앨머 그런드라는 신비한 여성이 증거로 나타나, 그를 뉴멕시코로 데리고 가기 위해 왔다고 말한다. 이 장면이 평온하게 시작되면서도 차츰 불안의 가시를 세우기 시작하는 방식에 주목하라.

> 그의 회중전등 덕에 우리는 열쇠를 발견했고, 내가 문을 열고 안으로 들어가서 거실에 불을 켰다. 앨머 그런드도 내 뒤를 따라왔는데, 30대 중반에서 후반쯤 되는 나이에 푸른 실크 블라우스와 회색 맞춤 바지를 입은 키가 작은 여자였다.

먼저, 낯선 여성이 그의 뒤를 따라 들어왔다는 사실이 걱정을 불러일으킨다. 그리고 몇 단락 지나지 않아 앨머가 아무 위협을 가하지 않았는데도 데이비드가 비이성적으로 행동하기 시작하면서 장면의 서스펜스는 더욱 고조된다.

> 5분만 시간을 주세요. 앨머가 말했다. 모든 걸 다 설명할게요.
> 나는 사람들이 내 집에 무단 침입하는 거 좋아하지 않습니다. 한밤중에 누군가가 내 앞에 불쑥 나타나는 것도 안 좋아하고요. 당신을 여기서 쫓아내야 하는 상황이 벌어지길 바라진 않겠지요?
> 내 격한 말투와 분노가 실린 목소리에 놀라서 겁을 먹은 그가 나를 올려다보았다. 당신이 헥터 씨를 만나고 싶어하는 줄 알았는데요. 그러면서 그는 방금 내가 한 위협을 실행에 옮길 경우에 대비해 몇 발짝 안으로 들어섰다.

여기야말로 이 장면 중에서도 가장 기발한 대목이다. 주인공인 데이비드가 공격하는 입장이 되기 시작하면서, 독자도 그가 아니라 공격을 받을지도 모르는 이 불쌍한 여성을 걱정하게 된다. 그러나 앨머가 '몇 발짝 안으로 들어서'자 이 작은 움직임을 통해 오스터는 미묘하게 판세를 돌린다. 앨머가 원하는 건 뭘까? 왜 그는 데이비드를 두려워하지 않을까? 갑자기 앨머가 힘을 가진다. 서스펜스는 이제 시작일 뿐이다. 데이비드는 아직 겁을 먹지 않았지만, 독자들은 벌써 두려워하고 있으며 충분히 그럴 만한 상황이다. 데이비드가 목욕을 마치고 아래층으로 돌아왔는데도 앨머가 아직 가지 않았다는 사실을 발견한 뒤, 말로는 끝내 그를 설득하지 못한 앨머가 다음과 같이 절박한 행동을 취했기 때문이다.

> 그의 손에는 권총이 들려 있었다. 은빛으로 도금되고 진주빛 손잡이가 달린 연발 권총으로, 내가 어렸을 적에 가지고 놀던 장난감 권총의 절반 크기밖에 안 되는 것이었다. 그가 내 쪽으로 돌아서서 팔을 들어 올렸을 때, 권총을 쥔 그의 손은 덜덜 떨리고 있었다.
> 저는 원래 이런 사람 아니에요. 그가 말했다. 나는 이런 짓 하지 않아요. 이걸 치우라면 치울게요. 하지만 우리는 지금 가야 해요.

총이나 물리적 싸움이 효과가 있다고 해도, 서스펜스를 높이기 위해 꼭 그런 요소를 넣어야 하는 것은 아니다. 서스펜스는 인물들이 서로 힘을 뺏고 뺏기게 하면서, 예컨대 주인공이 고대의 보물을 적의 손에서 빼낼 수 있을지 아니면 용암이 끓고 있는 구덩이에 빠지게 될지 독자가 마음을 졸이며 지켜보게 만들면서 형성될 수도 있다.

나중에 데이비드는 앨머의 손에서 총을 낚아채더니 자기 머리에 갖다대면서 두 사람 모두에게 충격을 주고, 데이비드가 마침내 방아쇠를 당길 때까지 감정적 격렬함 — 위험부담 — 을 계속 높여간다.

장면의 도입부에서 서스펜스를 만들어내기 위해서는 다음의 일을 할 수 있다.

- **주인공에 대한 의도가 수상해 보이는 촉매자나 적수를 소개한다.** 앨머가 등장한 방식 — 언질도 없이 갑자기, 게다가 한밤중에 나타남 — 때문에 처음부터 데이비드는 물론 궁극적으론 독자들도 앨머를 신뢰하지 않는다.
- **다른 인물이나 사건을 통해 주인공에게 위협이나 압박을 주면서도 그에 따른 요구나 요청은 거부하게 하라.** 데이비드는 비를 맞은데다 지치고 기분도 좋지 않은 상태라 그저 목욕을 하고 싶었다. 불쑥 나타나서 뉴멕시코까

지 가자고 하는 앨머의 요구는 그에게 너무 큰 압박이었다. 그의 가족이 비행기 추락사고로 세상을 떠났으며, 그는 정서적으로 불안하다는 사실을 기억하라.

- **압박을 받고 있는 주인공이 예기치 못한 갈등을 일으키는 방식으로 반응하거나 엇나가게 만들어라.** 데이비드는 앨머로 인해 감정이 격앙된다. 진작에 앨머에게 설명할 기회를 줬다면 총까지 동원하지는 않을 수도 있었을 터였다.

서스펜스란 지연에 달렸다는 점을 명심하라. 불안감을 조성하는 사건이 길어질수록, 그리고 그 장면에서 인물에게 가해지는 압력이 클수록, 서스펜스도 더욱 높아진다.

## 분위기, 배경, 그리고 감각의 디테일

당신이 만들어내는 분위기 역시 서스펜스에 큰 영향을 미친다. 분위기는 주인공이 몸담고 있는 곳의 배경과 날씨 등 물리적 조건을 통해 전해진다. 위의 장면에서 오스터는 인물의 신체가 만드는 풍경으로만 시야를 좁혀서 그들을 둘러싼 물리적 세계를 배제한 뒤, 행동이 벌어지고 있는 장소, 즉 데이비드와 앨머 사이로 독자의 관심을 불편하게 묶어 둔다.

다른 작가들이 서스펜스가 담긴 분위기를 조성할 때에는 각각의 목적에 따라 감각을 활용하는 방식도 달라진다. 타나 프렌치의 『침입자』의 예를 보자. 앙투아네트 콘웨이는 자신의 집을 노리고 있는 누군가를 봤다는 생각을 떨치지 못한다. 하지만 그는 이미 자기 팀의 동료들에 대한 피해망상을 갖고 있기 때문에, 독자는 콘웨이를 믿어야 할지 알 수가 없다. 이 장면에서 그의 망상은 현실이 된다.

> 내가 답장을 쓰고 있을 때, 시야의 가장자리에서 뭔가가 움직였다. 나는 휙 돌아봤지만, 이미 사라진 후였다. 내가 제대로 보기도 전에 크고 어두운 그림자가 창문을 스치고 지나갔다.
>
> 나는 열쇠를 들고 문으로 달려나갔다. 문을 열었을 때, 길은 텅 비어 있었다. …

> 차 문을 당겨 열 때 빛이 움직였다. 길 끝 가로등 아래 누군가가 있었다. 근처를 서성대고 있는 키가 큰 남자였다. 내가 차 문을 거칠게 닫고 그 방향으로 한 발 내딛는 찰나, 그는 아주 빠른 속도로 어두운 모퉁이를 돌아 사라졌다.

'크고 어두운 그림자', '근처를 서성대고 있는 키가 큰 남자' 등 몇 개 안 되는 이미지가 적재적소에 놓이면서 불안과 서스펜스의 분위기를 얼마나 고조시키는지 살펴보라. 특히 시간은 한밤중이고 콘웨이는 집에 혼자 있었다는 점을 생각하면 더욱 그렇다.

서스펜스를 위한 감각의 디테일은 세심하게 만들어야 한다. 그것이 은유와 분위기를 만들 뿐 아니라, 독자의 감각에 영향을 끼치고 장면에 실제성을 부여하는 데 큰 역할을 하기 때문이다. 눅눅한 지하실의 끔찍한 냄새나 꺼림직한 미끌미끌함이 묘사되는 순간 평범한 장면이 서스펜스가 가득한 장면으로 탈바꿈할 수도 있다.

배경 및 감각으로 훌륭한 서스펜스를 만들어내는 테크닉에는 다음의 요소가 포함된다.

- **날씨.** 폭풍이나 눈보라, 작열하는 태양과 같이 극적인 날씨를 사용하여 인물을 위험에 빠뜨리거나, 목표에 다가가지 못하게 방해하거나, 상황을 더욱 복잡하게 만들 수 있다면, 이것도 서스펜스를 조성하는 훌륭한 방법이다. 날씨를 플롯에 연결시킬 수 있도록 주의를 기울여라.
- **부패나 부식.** 물리적 세계에서 집이나 배 혹은 자동차가 부식된 상태로 있을 때 필연적으로 서스펜스가 형성된다. 썩은 나무나 호수에서 반쯤 물에 잠긴 자동차, 아무렇게나 쌓여 있는 낡고 빛바랜 옷을 보면, 독자는 주인공 역시 똑같은 운명에 처할지도 모른다는 걱정을 하게 된다.
- **색깔과 빛.** 어두운 색은 어두운 감정을 불러일으킨다. 어두운 천이나 그림은 서스펜스의 기운을 더해준다. 인물이 취조당하고 있을 때 혹은 도망치려고 하다 탐조등에 잡혔을 때 강렬하고 밝은 빛은 압박당하는 기분을 불러일으킨다.
- **촉감.** 촉감을 섬세하게 사용하여 서스펜스를 자아낼 수 있는 방법도 많다. 특히 인물이 자신이 위험에 빠졌을까 두려워하고 있을 때에는 더욱 그렇

다. 뒷덜미를 스치는 손의 감촉, 피부에 묻은 피의 미끄덩거림, 귓가를 가볍게 누르는 입김의 느낌 등 촉감이 얼마나 무서운지 생각해보라.

배경과 감각의 디테일의 장점은 최소한만 더해도 된다는 점이다. 꼭 필요한 곳에 놓인 작은 디테일 몇 가지만으로도 서스펜스의 감정을 일으키기에는 충분하다.

서스펜스 장면과 다른 장면의 차이점이 있다면, 서스펜스 장면에서는 배경 디테일뿐만 아니라 가능한 한 모든 방식으로 불안과 불확실함을 심어둘 수 있다는 점이다. 따라서 새로운 플롯 정보도 서스펜스가 담긴 방식으로 소개해야 한다는 점을 잊지 말라.

## 위험부담 키우기

서스펜스 장면은 인물의 운명을 바꾸거나 그의 이야기에 새로운 복잡성을 더하여 플롯의 방향을 전환할 때 정말 효과적이다. 이러한 전환에서 서스펜스 장면을 활용하면 해설로 서술하는 것에 비해 훨씬 극적인 효과를 낼 수 있다.

세라 워터스의 소설 『벨벳 애무하기』에서 가족의 굴 식당에서 종업원으로 일하던 주인공 낸시 애슬리는 배우 키티 버틀러를 만나며 활기를 얻는다. 그는 키티의 세계에 빠져 함께 투어를 떠나고, 순식간에 공연에 참여하여 19세기 런던에서 연기를 하게 된다. 더불어 그들은 연애를 시작하지만 숨겨야할 수밖에 없다. 가족을 방문하기 위해 오랫동안 미뤄온 휴가를 얻은 낸시가 키티를 다시 볼 수 있다는 기대를 잔뜩 안고 고향으로 돌아갔을 때, 워터스는 본인이 미처 깨닫기도 전에 낸시의 운명을 살짝 보여주며 서스펜스를 고조시킨다.

> 우리집. 길에서 우리집을 올려다봤을 때 그곳은 내가 바랐던 대로 꽤 어둡고 굳게 닫혀 있었다. 나는 까치발로 조용히 계단을 오른 뒤 열쇠로 문을 열었다. 복도는 고요했다. 심지어 집주인과 그의 남편조차 아직 자고 있는 듯했다. 나는 가방을 내려놓고 코트를 벗었다. 모자 걸이에 이미 망토가 하나 걸려 있었고, 나는 그것을 슬쩍 쳐다봤다. 그것은 월터의 옷이었다. 거 참 이상한 일이네, 나는 생각했다. 그가 어제 여기에 왔다가 놓고 간 것

이 분명해! 그리고 어두운 계단을 오르며 나는 이내 그것을 잊어버렸다.
　　　나는 키티의 문앞에 이르러, 거기에 귀를 갖다댔다. 그저 고요할 줄 알았는데, 그 안에서 소리가 들렸다. 마치 고양이가 우유라도 마시고 있는 듯 할짝거리는 소리였다.

워터스는 전략적으로 속도를 극도로 늦춰서, 가장 중요한 단서인 모자 걸이에 걸린 월터의 망토에 독자가 세심히 주의를 기울이게 한다. 또한 그는 명민하게도 그 문을 '키티의 문'이라고 부른다. 과거에 이것은 낸시와 키티의 문이었지만, 이 장면부터 낸시는 다시는 거기서 살 수 없다. 낸시가 문 안에서 나는 '할짝거리는 소리'를 궁금해하는 와중에도, 그는 여전히 자신의 운명이 곧 송두리째 바뀐다는 사실을 깨닫지 못하고 있다. 독자에겐 실마리를 주지만 낸시는 아무것도 모르게 하는 방식으로, 작가는 낸시가 크게 상심하면서 그의 삶이 (그리고 플롯이) 영원히 바뀌어버리는 순간을 마음 졸이며 기다리는 서스펜스를 독자에게 선사한다.
　서스펜스를 통해 오랫동안 갈등의 순간을 지연시킬수록, 그 갈등은 독자에게 더욱 강렬하게 다가올 것이다. 또한 다가오는 갈등을 인물이 미처 모를수록, 훌륭한 서스펜스의 목적인 극적 변화를 끌어낼 수 있는 가능성이 훨씬 높아진다.

## 예기치 못한 일을 강조하기

평범함에 대한 주인공의 감각을 흐트러뜨리면서 혼란을 만들어내고 불안을 가중시키는 낯설거나 놀라운 행동은 서스펜스를 최고조로 이끌어갈 수 있다. 잠시 저스틴 머스크의 공포 소설 『블러드 앤젤 *BloodAngel*』에서 서스펜스가 빠르게 진행되는 순간을 살펴보자. 머스크는 거창하고 과장된 공포에 빠지지 않는 신중하고 능숙한 작가이다. 대신 그는 자신의 인물인 루커스 매독스를 아주 특이한 상황에 몰아넣은 뒤, 그와 독자에게 무슨 일이 벌어지고 있는지 파악할 시간을 주지 않는다. 그로 인해 서스펜스는 극에 달한다.

　　15분에서 20분 정도 기다리고 있었을 때쯤, 그의 시야 가장자리에서 움직임이 느껴졌다.
그는 돌아섰다.
누런 풀밭에 짐승 한 마리가 눈에 띄었다.
그는 눈을 두 번 껌뻑거린 뒤 다시 한번 쳐다봤다.
뭔가가 네 발로 게처럼 잽싸게 지나갔다. 청바지에 염색된 흰 티셔츠를 입고 창백한 머리칼이 햇빛에 반짝이는 짐승-소녀였다.
그는 생각했다. '그럴 리가 없어.'
그리고 소녀는 그의 앞에 섰다.
미소를 짓고 있었다.

소녀가 저렇게 미소를 지은 뒤 한 일은 실제로 상당히 무시무시하지만, 이렇게 서스펜스가 고조되는 과정에서부터 ― 상당히 빠르긴 하지만 ― 독자는 이미 불안을 느낀다.

공포 소설을 쓰지 않는다 해도, 평범함에 대한 주인공의 감각을 흐트러뜨리는 것은 서스펜스를 고조시키는 데 매우 유용한 테크닉이다. 소녀가 네 발로 마치 게처럼 움직이는 모습이 얼마나 징그럽고 부자연스러운지, 그리고 어떻게 독자가 ― 그리고 인물도 ― 자기 눈을 의심하며 다시 보게 만드는지 눈여겨 보라. 평범함에 도전할 수 있는 방식은 매우 여러 가지이다. 예를 들어, 주인공을 혼란스럽게 만들 수도 있다. 누군가의 눈을 제대로 믿을 수 없을 때에도 서스펜스가 생겨난다. 저 검은 옷을 입은 남자는 이 사람의 뒤를 밟고 있을까, 아니면 그저 같은 방향으로 걷고 있을까? 그는 정말로 군중 속에서 죽은 아내를 봤을까? 주인공의 현실감(또한 독자의 현실감도)을 흐트러뜨리기 위해 악천후나 시끄러운 소음, 심한 피로감, 질병 등을 사용할 수도 있다.

## 서스펜스 장면 마무리하기

서스펜스도 언젠가는, 혹여 일시적이라 하더라도, 끝나야 한다. 때로는 한 종류의 서스펜스가 다른 종류로 이어지기도 한다. 예를 들어 『환상의 책』에서는 데이비드가 마침내 방아쇠를 당기는 순간 서스펜스가 최고조에 도달하는데, 그 뒤로 장면이 마지막 순간에 이를 때쯤 다음과 같은 일이 벌어진다.

> 마침내 문제가 무엇인지 알아냈다. 안전 장치가 걸려 있었다. 앨머가 미처 풀 생각을 못했던 것이다. 그 실수만 아니었다면, 탄환 중 한 발이 내 머릿속에 박혀있을 터였다.

총이 발사되지 않았을 때까지도 서스펜스는 끝나지 않는다. 이는 자신이 요행으로 죽음을 모면했다는 사실을 데이비드가 발견했을 때에야 비로소 끝난다(또한 이 장면은 비행기가 추락할 때 아내와 자녀는 정말 운이 없었다는 점을 고려할 때 서브텍스트에 강렬한 대칭을 삽입한다). 눈 앞의 위험이 해소되었다는 생각이 들면 여기서 잠시 숨을 돌리려는 충동이 찾아올 수도 있다. 서스펜스를 멈추기 위해서는 행동을 마무리하면서 잠깐의 휴지를 제공해야 한다. 이때는 실제로 잠시 쉬는 시간을 줄 수도 있고, 인물의 관점에서 반추하는 시간을 마련할 수도 있다. 다음 장면이 되면 앨머가 다른 총을 꺼낸다는 것을 독자들이 모두 알게 되지만 아직은 거기까지 가지 못했다. 지금 앨머는 잠시 휴식의 시간을 갖고 있기 때문이다. 서스펜스를 마무리하기 위해 당신은 장면 내내 숨기고 있던 사실을 마침내 독자에게 알려준다.

    마지막 순간까지 서스펜스를 이어가 장면을 천국과 지옥 사이에 남겨둔 채 끝낼 수도 있다. 『블러드 앤젤』에서 서스펜스는 지속된다.

> 그리고 정신을 잃기 직전, 루커스 매독스는 이것이 꿈도 아니고 약에 취한 것도 아니라는 불가능한 사실을 깨달았다.
>     그 소녀가 자신을 공격한 것이었다.

인물이 의식을 잃게 만들면, 장면을 끝내면서도 위험이나 문제가 있다는 느낌(즉 서스펜스)은 지속시킬 수 있다.

    그러나 이렇게 서스펜스가 한껏 고조된 상태로 장면을 마치면, 남겨진 이야기를 다음 장면에서 반드시 이어가야 한다. 즉 다음 장면도 서스펜스가 가득한 상태로 시작해야 한다는 뜻이다. 따라서 이것이 당신의 의도에 부합하는지를 고려해봐야 한다. 이것은 당신이 장면을 구축할 때 절대 놓쳐서는 안 될 세부사항 중 하나이다. 현재 장면이 다음에 이어질 장면에 어떤 배경과 발판을 마련해주는지 항상 고려하고 있어야 한다.

마지막으로 서스펜스 장면에 대한 주의사항을 한 가지만 덧붙이겠다. 서스펜스 장면이 너무 여러 개 연달아 나오면 독자들이 피로를 느끼게 된다. 절대적인 규칙은 아니겠지만, 숨 돌릴 틈도 없이 서스펜스 장면이 세 개 이상 연속되면 독자들도 진이 빠지기 시작할 것이다. 따라서 강도를 조정하기 위해 중간에 숙고 장면이나 여전히 극적이긴 하지만 서스펜스는 아닌 장면을 넣어주는 편이 좋다.

### 서스펜스 장면의 중요 포인트

- 불편이나 불안을 불러일으키는 방식으로 장면을 시작하라.
- 지체없이 주인공을 곤경에 빠뜨려라.
- 장면에 감정적 강도를 더하라.
- 서스펜스의 분위기를 조성하기 위해 감각적 이미지를 활용하라.
- 사건이나 적수를 대립시키며 주인공에게 압박을 더하라.
- 사건에 대한 결론을 지연시키고 인물의 의도를 방해하라.
- 장면의 마지막에서는 서스펜스를 끝내거나 클리프행어로 끝내라.

# 17

# 대화 장면

대화는 허구 장르를 집필할 때 가장 유용한 요소 중 하나이다. 잘 만들기만 하면 대화가 심지어 신스틸러가 될 수도 있다. 문학에서도 가장 멋진 문장은 대부분 서술자의 해설이 아니라 인물들의 말이었다. 이 장은 그저 장면 중간중간에 삽입된 대화가 아니라, 대화를 중심으로 구성된 장면에 초점을 맞출 것이다.

　대화는 매우 유연한 요소이기에 대화 장면은 장르를 불문하고 다양한 이야기 속에 등장한다. 따라서 당신도 분명 어디선가 대화 장면을 사용하게 될 것이다. 잘 짜여진 대화는 빨리 진행되는 경향이 있기 때문에, 속도를 높이면서 플롯과 인물을 앞으로 밀고 나가는 역할을 할 수 있다. 또 대화에서는 인물들이 말로 논쟁하고 싸우고 의견을 내세울 수 있으므로, 갈등을 키워가는 데에도 탁월한 역할을 한다. 인물이 힘, 사랑, 이해를 얻기 위해 수를 쓸 때, 대화가 긴장을 조성하는 훌륭한 매개물이 되기도 한다.

## 대화 장면 시작하기

장면을 시작하기 전에, 당신은 행동을 전달하기 위해 대화를 사용할지 아니면 인물, 플롯, 뒷이야기에 담긴 정보를 전달하기 위해 사용할지(아니면 이 두 가지의 조합인지) 결정해야 한다. 작가들 중에는 그저 칸을 채우기 위해 인물들이 시간과 날씨에 대한 잡담을 주고받는 대화를 넣거나 독자에게 너무 많은 정보를 한꺼번에 전달하는 데 대화를 사용하는 실수를 범하는 경우가 많다. 형식적 언사를 건너뛰려면 장면을 대화의 중간에서부터 시작해야 한다고 지레짐작해서도 안 된다. 사실 이렇게 하면 대체로 장면을 시작할 때 혼란을 야기할 뿐 대화는 허구 장르를 집필할 때 가장 유용한 요소 중 하나이다. 잘 만들기만 하면 대화가 심지어 신스틸러가 될 수도 있다. 문학에서도 가장 멋진 문장은 대부분 서술자의 해설이 아니라 인물들의 말이었다. 이 장은 그저 장면 중간중간에 삽입된 대화가 아니라, 대화를 중심으로 구성된 장면에 초점을 맞출 것이다.

대화는 매우 유연한 요소이기에 대화 장면은 장르를 불문하고 다양한 이야기 속에 등장한다. 따라서 당신도 분명 어디선가 대화 장면을 사용하게 될 것이다. 잘 짜여진 대화는 빨리 진행되는 경향이 있기 때문에, 속도를 높이면서 플롯과 인물을 앞으로 밀고 나가는 역할을 할 수 있다. 또 대화에서는 인물들이 말로 논쟁하고 싸우고 의견을 내세울 수 있으므로, 갈등을 키워가는 데에도 탁월한 역할을 한다. 인물이 힘, 사랑, 이해를 얻기 위해 수를 쓸 때, 대화가 긴장을 조성하는 훌륭한 매개물이 되기도 한다.

## 대화 장면 시작하기

장면을 시작하기 전에, 당신은 행동을 전달하기 위해 대화를 사용할지 아니면 인물, 플롯, 뒷이야기에 담긴 정보를 전달하기 위해 사용할지(아니면 이 두 가지의 조합인지) 결정해야 한다. 작가들 중에는 그저 칸을 채우기 위해 인물들이 시간과 날씨에 대한 잡담을 주고받는 대화를 넣거나 독자에게 너무 많은 정보를 한꺼번에 전달하는 데 대화를 사용하는 실수를 범하는 경우가 많다. 형식적 언사를 건너뛰려면 장면을 대화의 중간에서부터 시작해야 한다고 지레짐작해서도 안 된다. 사실 이렇게 하면 대체로 장면을 시작할 때 혼란을 야기할 뿐이다. 대화 장면도 2장에서 제시된 요소, 즉 장면 도입이나 서사, 행동, 혹은 인물 도입 등 중에서 하나를 활용하여 시작할 수 있다. 하지만 그 후에 빨리 대화로 넘어가야 한다. 다음은 대화 장면을 시작할 때 고려해야 할 가장 기본적인 지침이다.

- 대화가 시작되기 전에 독자를 배경에 정착시켜야 한다.

- 처음 몇 개 단락 내로 대화가 시작되게 하라.
- 주인공을 대화에 참여시켜라.
- 누가 누구에게 이야기하고 있는지 분명히 하라.
- 대화 속에 갈등이나 대립을 담아라.

허구 장르에서 심문이나 경찰의 취조 장면은 대부분 대화로 이루어져 있다. 사실 이런 장면은 용의자에게 압력을 가하거나 증인의 기억을 흔들려고 하는 동안 인물 간에 오가는 불꽃 튀는 에너지에 상당히 의지한다. 타나 프렌치의 미스터리 소설 『비밀의 공간』에서 강력계 형사인 모런과 콘웨이는 학생들 중 몇몇이 미해결로 남은 십대 소년 살인 사건의 범인을 알고 있다는 제보를 받고 보다 자세히 알아보기 위해 세인트 킬다 사립 여학교에 파견된다. 대화 장면에서 형사들은 늘 적극적이지만은 않은 십대 소녀들을 체계적으로 인터뷰하기 시작했고, 그러다 한사코 입을 열지 않는 상대를 만난다.

줄리아 하트. 레베카가 그렇게 나가버린 후, 콘웨이가 그에 대해서는 사전 브리핑을 해주지 않았다. 그러나 줄리아가 문을 열고 들어오자마자 나는 그가 그 복장을 한 집단의 수장이라는 사실을 알 수 있었다. …

"콘웨이 형사님" 그가 말했다. 좋은 목소리였다. 여느 여자아이들보다 낮고 절제된 목소리였다. 그래서 더욱 성숙하게 느껴졌다. "우리가 그렇게 보고 싶으셨어요?"

재수없게 똑똑한 것. 그건 우리에게 충분히 먹힐 만한 말이었고, 실제로 잘 먹혔다. 잘난 것들은 꼭 말하지 말랄 때 말하고, 근사하게 정곡을 찌를 수만 있다면 못하는 말이 없었다. …

내가 말했다. "나는 스테판 모런이라고 해. 줄리아 하트 맞지?"

"대령했습니다. 어쩐 일로 부르셨는지요?"

잘난 것들은 똑똑함을 드러낼 기회만을 바란다. "네가 더 잘 알겠지. 내가 알아야 할 거라도 있니?"

"뭐에 대해서요?"

"네가 정해봐." 그리고 나는 씩 웃었다. 우리는 마치 오랫동안 서로를 그리워하던 스파링 파트너 같았다.

줄리아도 씨익 웃었다. "수상한 거 막 주워먹고 그러지 마세요. 잠자는 사자를 건드리면 안 되죠."

이 장면이 위에서 제시한 항목을 빠짐 없이 달성하는 방식에 주목하라. 우리는 줄리아의 외관에 대해 충분히 들었기 때문에 안정적으로 장면에 몰입할 수 있다. 그리고 형사들은 앞 장면에서 하던 일 — 학생들 심문하기 — 을 계속 하고 있으므로 그들이 어디에 있는지도 알고 있다. 이 심문에서 대화는 핵심 용의자에 대한 세부사항을 제시하는 동시에 새로운 플롯 정보를 제공하며, 학생들이 각자의 방식으로 두 형사를 시험하면서 그들의 성격을 드러내기도 한다. 이 대화 장면에서는 '잘난 것' 줄리아가 좀처럼 쉽게 정보를 내주지 않을 태세라는 점이 드러난다. 그는 형사들을 가지고 놀면서 일을 더 힘들게 만들 것이다.

대화에 빨리 돌입하고 싶다 하더라도, 반드시 첫 문장부터 시작해야 할 필요는 없다. 심지어 몇 단락 지나서 시작되어도 괜찮다. 그보다는 독자가 물리적 디테일을 파악하여 혼란을 겪지 않게 돕는 일이 중요하다. 이때 디테일은 주인공의 특성을 강조해주기도 한다.

## 대화와 중대한 폭로

대화는 해설에 의지하지 않고도 독자에게 꼭 필요한 정보를 전하는 훌륭한 테크닉이다. 대화를 통해 주인공이 어떤 사람인지 독자에게 보여줄 수도 있고, 주인공이 다른 인물들에게 미치는 영향을 드러내며 서사를 진행시킬 새로운 플롯 정보를 제시할 수도 있다.

### 인물 드러내기
주인공의 성격, 감정, 인식을 표현할 수 있는 가장 좋은 방법 중 하나는 그가 하는 말을 들려주는 것이다. 그러면 독자는 주인공과 같은 장소에 함께 있으면서 그를 직접 알아가고 있다고 느낄 수 있다. 인물 드러내기가 대화 장면의 목적일 때에는 다음과 같은 일을 해야 한다.
- 인물이 갈등이나 압박 속에서 말하는 모습을 보여줘라. 평범한 대화는 반드시 피해야 한다.
- 주인공의 진정한 본성이 말을 통해 나오도록 하라. 그는 용감한가? 그렇다면 그가 희망과 용기의 말을 하는 모습을 보여줘라. 그가 유혹적인가?

그렇다면 여자를 만날 때마다 그들을 유혹하기 위해 온갖 얘기를 다하는 모습을 보여줘라.
- 주인공이 매우 중요한 상황이나 직전의 플롯 사건에 대한 생각이나 감정을 표현하는 모습을 보여줘라. 인물의 내적 대화를 통할 수도 있고 실제 대화를 통할 수도 있다.

트루먼 커포티의 뛰어난 중편소설 『티파니에서 아침을』에서 주인공 홀리 골라이틀리는 매우 인상적인 대화로 자신을 독자에게 선보인다. 홀리는 성급하고 과감하면서도 섹시하고 여성스럽다. 이는 어떤 장면이든 그가 등장하거나 입을 열 때마다 전해진다.

서술자가 홀리를 처음 접할 때, 그는 이웃과 대화를 나누고 있었다.

> 계단 밑에서 울려오는 목소리는 철없고 도취적이었다. "오 자기, 미안해요. 빌어먹을 열쇠를 잃어버렸거든요."
> "그렇다고 우리집 벨을 누르시면 안 되죠. 제발, 제발 열쇠를 하나 더 만드세요."
> "하지만 열쇠를 전부 잃어버렸는걸요."
> "저는 직장이 있어요. 잠을 자야 한단 말이에요." 유니오시 씨가 소리쳤다. "그런데 당신이 만날 벨을 누른단 말이죠. …"
> "오, 화내지 마세요. 귀엽고 사랑스러운 아저씨. 앞으로는 안 그럴게요. 그치만 화내지 않겠다고 약속하셔야 해요." 그의 목소리가 점점 가까워졌다. 계단을 오르고 있었기 때문이다. "일전에 얘기했던 사진을 찍게 해드릴지도 몰라요."

'철없고 도취적인'이라는 구절이 홀리의 말투를 설명해주긴 하지만, 그가 사용하는 단어만 봐도 충분히 짐작이 가능하다. 본인의 말대로 정말 미안하다면, 왜 그것을 '빌어먹을 열쇠'라고 부르는가? 그의 세계관에 따르면 분명히 잘못은 열쇠에게 있지 그에게는 없는 듯하다. 게다가 그는 이웃을 구워삶기 위해 '귀엽고' '사랑스럽'다고 말하며, 몇 줄 밑에서는 자신의 사정을 봐주면 대가로 '일전에 얘기했던 사진을 찍'게 해줄 수도 있다고 약속한다.

우리는 홀리가 자기가 하고 싶은 대로 하기 위해 매력과 미모로 사람들을 곧잘 조종하지는 않는지 의심하게 된다. 장면이 시작되고 몇 단락만에 홀리 골라이틀리는 뚜렷한 인상을 심어주며 자신의 성격을 보여준다.

인물을 보여주기 위해 대화를 사용할 때, 그 대화는 그 인물에 딱 맞게 양식화되어야 한다. 학력이 높은 사람은 문법을 배워본 적이 없는 사람과는 다르게 말해야 한다. 무례한 사람은 입으로도 무례한 말을 하며 사람들을 모욕한다.

## 플롯 정보 드러내기

대화의 가장 중요한 — 그리고 플롯 중심 서사에서 가장 필요한 — 용도 중 하나는 갈등을 만들고 주인공을 변화시키거나 통찰로 이끌어 갈 플롯 관련 정보를 제시하는 일이다. 나는 이것을 '루크, 내가 네 아버지다.' 테크닉이라 부르곤 한다. 다스 베이더는 루크에게 자신이 루크의 최종 적수일 뿐 아니라 그의 아버지이기도 하다고 말하며 영화의 플롯 및 루크라는 인물의 발전에 너무나 잘 알려진 전환점을 만든다. 이 순간에 루크는 선과 악 중 하나를 선택해야만 하며, 그가 과연 자신의 파멸에 저항할 수 있을지 능력을 시험받게 된다.

폭로가 전부 이렇게까지 거대하지는 않겠지만, 이렇게 대화는 감정적 폭탄을 떨어뜨리고 플롯을 밀고나갈 수 있는 가장 좋은 방법 중 하나이다.

대화를 활용하여 플롯 정보를 드러낼 때에는 다음의 항목을 고려하라.

- **정보는 정당한 노력을 통해 얻어야 한다.** '데우스 엑스 마키나'를 사용하는 형국이 되지 않게 주의하라. (데우스 엑스 마키나는 '기계의 신'이라는 뜻으로 그리스 연극에서 말 그대로 공중에서 신이 무대로 내려오는 기법이다. 이 신은 대체로 개입한다는 예고도 없이 갑자기 나타나, 복잡하게 꼬인 문제를 해결한다. 허구 장르에서 이것은 주요 인물들은 그다지 노력하지도 않았는데, 어려운 문제를 너무 간단히 혹은 편리하게 해결해주는 행동이나 인물을 지칭한다.)
- **새로운 정보에 대한 주인공의 감정적 반응을 보여줘야 한다.** 독자는 인물이 감탄하고 탄식하고 소리 지르고 놀라서 말하는 모습을 봐야 한다.
- **감정적 효과를 극대화하기 위해 정보는 장면의 중간이나 마지막에 제시되어야 한다.** 이를 통해 독자가 위급함을 느낄 수 있다.

인물의 성격을 드러내고 플롯을 진행시키는 거대한 폭로의 예로 메리앤 슈탈의 소설 『달을 용서해 Forgive the Moon』을 살펴보자. 어맨다 킨케이드는 해마다 있는 가족 휴가차 롱아일랜드 해변의 리조트에 온다. 어맨다의 첫째 딸은 대학에 입학하여 떠났고, 남편은 다른 여자를 만나고 있어 20년의 결혼 생활이 무너지고 있었다. 그리고 정신분열병을 앓고 있는 엄마는 최근에 사고로 세상을 떠났다.

이 장면은 어맨다의 아버지가 자신의 별장에 와 있는 중에 새 연인이 찾아오는 모습으로 시작된다. 아버지는 이 남자가 누군지 몰랐음에도 장면이 시작되면서부터 불화가 싹트고 위기의 기운이 감돈다. 끝내 위기가 나타나지만, 단번에 그렇게 되지는 않는다. 장면은 천천히 그리고 그럴듯하게 폭로를 향해 나아간다.

아래에 제시된 대화는 장면의 중간쯤 어맨다와 ― 가깝게 지내본 적이라곤 없는 ― 아버지가 어맨다가 어릴 때 번개를 무서워했다는 등 평범한 이야기를 나누기 시작하다 어느새 어머니의 병 등 과거에 대한 심각한 이야기로 넘어가고, 결국 어맨다가 아버지는 아픈 어머니뿐 아니라 자기 자식으로부터도 도망친 사람이라고 힐난하기에 이르는 부분이다. 처음에 아버지는 충격을 받지만, 결국은 어맨다의 피아노 선생에 대한 폭로를 시작하는 질문을 던진다.

"어맨다, 너는 나와 글로리아의 관계에 대해서도 화가 났니?"

"뭐요?" 글로리아 프라이스는 내게 피아노를 가르쳐주며 사춘기의 고통을 잊을 수 있게 도와주고 음악에 대한 앳된 열정에 불을 지펴주던 선생이었다. 결국 그는 멀리 떠났지만, 그전에 내게서 앞으로도 계속 재능을 살리겠다는 약속을 단단히 받아두었다.

어머니가 내게 처음으로 환청이 들린다고 했을 때 그것이 바로 글로리아의 목소리였다.

"글로리아." 나는 그 이름을 되뇌었다.

갑자기, 어딜 얻어맞기라도 한 듯, 나는 아버지의 말이 무슨 의미인지 깨달았다. "그게 무슨 말이에요?"

그는 안경을 들어올리고는 콧잔등을 손가락으로 문질렀다. 떨어질 것만 같았지만 용케 버티고 있었다. 그는 무릎 위로 손을 떨어뜨렸다.

"글로리아와 나는" 그는 조용히 입을 뗐다.

뱃속이 꿈틀거렸다. 마치 밖에서 낮게 울리는 천둥이 장막을 뚫고 스며들어와 공기의 입자가 되어버린 것처럼 말이다. 입 안에 침이 돌았다. 곧 구토를 하게 된다는 신호였다. 나는 싱크대 쪽으로 걸어가 몸을 구부렸다. 그러자 찢어진 설탕 봉지에서 설탕이 새나와 아버지의 신발로 쏟아졌다. …

"어맨다." 그가 손을 뻗어 내 이마에 대며 다시 입을 열었다. 나는 슬쩍 떨어졌다.

"차를 마셔서 그래요." 나는 그를 쳐다보지 않은 채 말했다. "산성이잖아요."

아버지는 테이블로 돌아가 다시 의자에 앉았다. 그는 다시 말을 이었다. "네 엄마와 나는 글로리아에 대해 이야기를 한 적이 없단다." 그는 스푼을 들어 빈 머그잔 안에 넣었다. "이성적인 방식으로는 한 번도 없어."

나는 어머니가 화를 내던 모습을 떠올렸다. 글로리아는 어머니를 해치려 하고 아이를 훔쳐가려 하는 그의 적이었다. 그것은 전부 환영으로, 정신병의 증거로 취급되며 무시되었다. 그러나 이제 보니 그의 말이 전부 옳았던 것이다. 그는 분명 아팠지만, 그러면서도 동시에 옳았다.

아무도 그를 믿어주지 않았다.

어머니의 병 때문에 그의 말을 그저 망상으로 치부했었다는 사실을 어맨다가 깨달으면서, 아버지의 외도에 대한 폭로는 두 배로 통렬해진다. 이 폭로 장면에는 작가로서 배울 만한 요소가 매우 많다. 먼저, 슈탈은 불안정한 상황에 놓인 주인공으로부터 장면을 시작한다. 연인이 찾아왔을 때, 어맨다는 마지못해 아버지와 시간을 보낸다. 슈탈은 전조를 넣기 위해 서브텍스트를 활용한다. 연인의 모습은 이 장면에서 밝혀질 또 다른 외도 ― 아버지의 외도 ― 를 암시한다. 그런 뒤 그는 관련된 주제를 조금씩 변주하여 이어가면서 대화가 진행되고 있다는 느낌과 함께 사실적으로 조절된 속도를 만들어낸다. 이 대화는 실제 사람들이 얘기하는 모습처럼 자연스럽게 느껴진다. 또한 그는 배경도 매우 잘 활용한다. 두 명의 가족을 작은 공간에 몰아넣어서 뭔가 곧 터질지도 모른다는 긴장감을 조성한다. 게다가 날씨도 한 몫을 한다. 이 장면이 시작될 때부터 어맨다의 연인이 '폭풍이 올 것 같다'고 말한데다, 작가도 중간중간에 날씨에 대한 디테일을 계속 심어둔다. (물론 실제로 다가오고 있는 것은 감정의 폭풍이다.) 여기에는 대립의 요소도 있다. 아버지는 이야기를 나누고 싶어 하는 눈치지만 어맨다는 그러고 싶지 않았기에 아버지를 침실로 보내려는 수작을 몇 번

부려보다 실패하는데, 이것이 긴장을 한층 고조시킨다. 그리고 마지막으로 — 그렇다, 더 있었다 — 작가는 이 정보가 주인공에게 어떤 영향을 끼치는지 보여준다. 어맨다는 속이 뒤집힐 뿐 아니라, 아빠에게 욕을 한 뒤 분노를 못 이기고 복도를 가로질러 그의 신발을 걷어차기까지 한다.

폭로란, 그저 두 사람이 방 한가운데 서서 서로에게 소리를 지르는 것이 아니라 천천히 복잡하게 구축될 때 가장 이상적으로 이루어진다. 핵심적 장면 요소를 가능한 한 많이 사용하라. 한번 폭로가 이뤄지면, 주인공은 그저 감정 상태가 바뀌든 플롯 전체가 완전히 바뀌든 어떤 식으로든 변하게 된다. 폭로는 반드시 모종의 변화를 만들어내야 한다.

## 대화 장면에 긴장과 서브텍스트 녹여넣기

지금까지 중요한 인물 정보 및 플롯 정보를 드러내기 위해 대화 장면을 활용하는 법을 살펴보았으니, 이제는 열띤 대화를 통해 대립과 긴장을 조성하면서 10장에서 얘기했던 것처럼 의미 없는 소리 지르기나 비현실적 신파극이 되지 않게 하기 위해 서브텍스트를 활용하는 법을 알아보자. 대화를 통해 밝히려는 바가 무엇이든, 거기에 추가 요소를 녹여내면 보다 풍부하고 다층적인 장면을 만들어낼 수 있다.

### 줄다리기형 대화를 통해 긴장감 조성하기

탄탄한 허구 서사라면 인물들이 서로에게 원하는 바 — 정보, 애정, 부탁, 물질적인 것 등 — 가 있어야 한다. 무언가를 바라는 행동은 갈등과 극적 상황 모두에 힘을 불어넣는다. 뭔가 욕망하는 바가 있으면, 그것을 얻을 수도 있고 잃을 수도 있다는 잠재성이 만들어진다. 이것이 바로 훌륭한 극적 상황의 핵심이다. 대화는 어느 수준에서든, 장면이 진행되는 내내 긴장을 유지시키는 교환의 행동이어야 한다. 나는 이 기술을 '줄다리기'라고 부른다. 이는 갈등의 양극단에 서있는 인물들에게만 적용되는 것이 아니다. 심지어 동료나 연인이라 해도, 끊임없이 뜨거운 감자를 서로 주고받는 것처럼 이야기를 나눠야 한다. 이러한 접근법을 대화에서 사용하려면, 각 인물이 무언가를 요구하는 동시에 무언가를 숨기고 있다고 생각하라. 이질적인 관점을 드러내거나 관계의 역학을 묘사할 때, 줄다리기형 대화를 활용하라. 이러한 접근은 인물이 다음과 같은 일을 할 때에도 효과가 있다.

- 모욕을 주고받거나 무언가에 대해 언쟁할 때
- 다른 인물을 교묘히 조종하려 할 때
- 다른 인물을 유혹하려 하거나 유혹을 거부하려 할 때
- 다른 인물에게 고통스러운 진실을 납득시키려 할 때
- 사실이 아니거나 옳지 않은 비난을 물리칠 때

그럼 이제 앨리스 호프만의 소설 『얼음 여왕The Ice Queen』의 예를 살펴보자. 여기서 이름 없는 서술자는 자신이 찾아낸 그의 아내에 대한 충격적 비밀을 오빠 네드에게 말해야 할지 말아야 할지 고민하고 있다. 대화가 진행되면서 네드에게도 비밀이 있다는 사실이 드러나지만, 상대의 비밀을 듣기 위해서는 자신의 정보를 먼저 내놓아야 한다. 그러나 아직은 아무도 그럴 듯이 없다.

"정말로 비밀이 뭔지 알고 싶지 않다고?"
"너는?"
"오빠가 비밀이 있어?" 나는 놀랐다. …
"알려지지 않은 진실이 있지." 오빠는 농담을 했다. "적어도 너에게는. 물론 나는 알고 있지. 최소한 이론상으로는. 내가 뭘 알고 뭘 모르는지, 내가 판단할 수 있는 일인지 잘 모르겠네."
"아, 됐어." 나는 짜증이 났다.

줄다리기형 대화로 인해 독자가 네드의 비밀(동시에 플롯 정보이기도 함)에 다가가는 일이 지연되고, 거기서 긴장감이 형성된다. 이 긴장은 서술자가 자신의 비밀을 좀 더 지키면서 더욱 높아진다. 이 장면은 두 인물 모두가 비밀을 지키기 위해 노력하는 모습을 독자에게 보여준다. 따라서 그 비밀이 어떻게 한 점에서 만날지 그리고 마침내 그 비밀이 밝혀지고 나면 어떤 일이 일어날지 알아내려면 독자는 소설을 계속 읽어나갈 수밖에 없다.

J. M. 쿳시의 노벨상 수상작 『추락』에서 줄다리기의 예를 하나 더 찾아보자. 아파르트헤이트가 만연한 남아프리카에서, 백인 교수인 데이비드 루리는

학생과 부적절한 관계를 맺었다는 소문이 퍼지자, 조사를 피하기 위해 사이가 소원해진 딸 루시를 찾아가 함께 지낸다. 그러나 여우 피하려다 호랑이를 만나는 격으로, 그와 딸은 집에서 지역 남자들에게 테러 습격을 당하게 된다. 데이비드는 심한 화상을 입고 루시는 강간을 당하지만, 당시에 그는 그 자리에 없었던 데다 딸이 좀처럼 경위를 밝히지 않으려 하는 터에 딸의 사건을 확실히 알지는 못한다. 그래도 그는 서둘러 그 남자애를 신고해야 한다고 주장하고, 루시는 자신의 정치적, 개인적 이유로 인해 신고를 거부한다. 또 여기에는 직접 언급하진 않았지만 사실 그가 나쁜 일을 저지르지 않았다면 결코 딸의 편에 서지 않았을 것임을 암시하는 서브텍스트가 있다. 그들 사이에서 벌어지는 줄다리기의 느낌 — 그들 모두가 무언가를 원하는 동시에 무언가를 거부하는 방식 — 에 주목하라.

테이블 맞은편에 앉아, 루시는 숨을 깊이 들이마시고 정신을 추스린 뒤, 다시 숨을 내쉬며 머리를 저었다.
"내가 맞춰볼까?" 그가 말했다. "지금 나한테 뭔가 떠올리게 하려고 하는 거지?"
"내가 뭘 떠올리게 하려고 하는데?"
"남자들 때문에 여자들이 어떤 일을 겪는지?"
"그런 생각 해본 적도 없는데? 이건 당신이랑 아무 상관 없어, 데이비드. 내가 왜 경찰에 따로 신고를 하지 않는지 알고 싶어요? 이 주제를 다시 꺼내지 않겠다고 약속하면 알려줄게. 그 이유는, 어디까지나 내 입장에선, 나한테 벌어진 일은 순전히 개인적인 사안이기 때문이야. 다른 순간 다른 장소에선 공적인 문제일 수도 있겠지. 하지만 지금 여기서는 아니야. 이건 그냥 내 일, 내가 알아서 할 일이야."
"여기가 뭔데?"
"여기는 남아프리카지."
"동의할 수 없어. 나는 지금 네가 하는 일에 동의하지 않아. 네가 당한 일을 얌전히 받아들이면 에팅어 같은 농부와는 다른 사람이 될 수 있다고 생각해? 여기서 벌어진 일이 무슨 시험인 줄 알아? 통과하면 졸업장이랑 통행증을 따거나 흑사병이 지나가도록 문 위에 그릴 표식이라도 얻는 거야? 복수는 그렇게 하는 게 아니야, 루시. 복수는 불과 같아. 먹을수록 더 배고파지는 거라고."

"그만해, 데이비드! 불이니 흑사병이니 하는 얘기 듣기 싫어. 나는 내 한 몸 지키려고 이러는 게 아니에요. 제가 그러고 있다고 생각하면 완전히 잘못 짚은 거야."

앞의 두 예시에서 작가가 실제로 독자에게 보여준 물리적 움직임이 없는데도 어떻게 행동과 움직임의 느낌이 전달되는지에 주목하라. 이는 분명 대화의 속도와 관련이 있다. 줄다리기 접근법은 대화에 감정적 에너지를 녹여내면서 움직임의 성격을 부여한다. 그러면 각각의 대화가 인물 사이를 리듬감 있게 오가며 변화의 감각을 만들게 된다.

## 서브텍스트 강조하기

줄다리기 테크닉이 대화 장면에서 긴장감을 높이기에 매우 탁월하다 해도, 대화가 그저 의미없는 말이 속사포처럼 쏟아지는 형국이 되어선 안 된다. 그런 사태를 막기 위한 열쇠는 무엇일까? 바로 서브텍스트이다. 사람들이 항상 하고 싶은 말을 곧이 곧대로 하지는 않는다. 사람들은 정보나 감정을 감추기도 하고, 남을 조종하거나 뭔가를 얻어내거나 넌지시 암시하기 위해 말을 사용하기도 한다. 따라서 당신도 서브텍스트를 활용할 기회를 얼마든지 활용할 수 있다.

데이비드 구터슨의 소설 『삼나무에 내리는 눈*Snow Falling in Cedars*』의 대화 속에서 강력한 서브텍스트가 작동하는 사례를 살펴보자. 이시마엘 체임버스는 워싱턴 주의 산피에드로 섬에서 자라면서 십대 초반에 하츠에라는 일본인 소녀와 가볍게 교제를 했었다. 그러나 진주만 공격 이후로 하츠에와 그의 가족 및 그 섬에 살고 있는 일본인들이 전부 맨자나 포로수용소로 끌려가게 되면서 그들의 관계도 짧게 끝나고 만다.

수년이 지나고, 이시마엘은 하츠에의 남편이 마을 어부를 살해한 혐의로 재판을 받게 된 사건에 대해 쓰기 위해 고향에 돌아온다. 하츠에와 이시마엘은 여태 한 번도 연락을 하지 않았고, 여전히 원망과 욕망이 남아 있었다. 우리가 살펴볼 대목에서는 소설 전체에 걸쳐 플래시백 장면으로 등장하는 그들의 과거를 통해 서브텍스트가 만들어진다. 그 과거가 현재에 진행되는 모든 장면에 스며있다.

"너무 불공평해." 그가 비통하게 말했다. "카부오는 사람을 죽이지 않았어. 절대 누구를 죽일 사람이 아니야. 저 경사는 처음부터 그이가 살인을 했다고 말하기 위해 불려온 거야. 하지만 그건 그저 선입견일 뿐이라구. 저 남자가 하는 말 들었어? 어떻게 카부오가 사람을 죽일 생각을 했겠어? 살인자라니 얼마나 끔찍한 말이냐구? 저 남자의 증언이 전부 얼마나 불공평했는지 네 글에 꼭 좀 넣어줘. 이 재판 전체가 얼마나 불공평한지 말이야."

"무슨 말인지 알겠어." 이시마엘이 답했다. "하지만 난 법 전문가가 아니야. 나는 판사가 메이플 경사의 증언을 저지해야 했는지에 대해선 잘 몰라. 하지만 배심원들이 올바른 평결을 내리길 바라. 그에 대한 칼럼을 쓸 수도 있겠지. 우리 모두가 사법 시스템이 제대로 작동하기를 얼마나 바라고 있는지, 우리가 공정한 결과를 얼마나 기다리고 있는지에 대해서 말이야."

"애초에 재판이 있어선 안 되는 거였어." 하츠에가 말했다. "이 모든 게 잘못됐어. 잘못됐다구."

"나도 불공평하게 돌아가는 일 보면 불편해." 이시마엘이 그에게 말했다. "하지만 불공평이 사태의 일부가… 아니진 않은지 의아할 때도 있어. 우리가 공평함을 기대해야 하는지조차 모르겠어. 우리가 그에 대한 모종의 권리를 갖고 있다고 가정해야 하는지도 모르겠고. 아니면…"

"나는 이 세상 전체에 대해 말하는 게 아니야." 하츠에가 말을 끊었다. "나는 그 보안관, 그 검사, 그 판사 그리고 너에 대해 말하는 거야. 자신이 신문을 만들고 사람들을 체포하고 기소하고 그들의 인생을 결정하는 장본인이기 때문에 어떤 일을 할 수 있는 사람들 말이야."

불공평함에 대해 말할 때, 백인인 이시마엘이 순전히 일본인이라는 이유만으로 잡혀가야 했던 하츠에보다 훨씬 순조로운 삶을 살았다는 사실을 고려하지 않을 수는 없다. 그러나 이시마엘 역시 실연의 상처로 고통을 겪었고, 그래서 두 인물은 모두 자신이 부당한 대우를 받아왔다고 느낀다. 이 서브텍스트로 인해 그들의 대화는 다른 경우에 비해 훨씬 더 풍부하고 흥미로워진다.

대화 장면에서 서브텍스트를 강조하고자 할 때, 방금 살펴본 예시처럼 역사적 사건을 끌어들일 수도 있지만 다음의 테크닉 중 하나를 시도해 볼 수도 있다.

- 말로 드러나지 않은 바를 전하기 위해 바디 랭귀지 사용하기
- 과거 사건과 연결시키기 위해 배경의 디테일과 사물을 활용하기
- 배경에 있는 상징적이거나 암시적인 사물에 집중하기
- 대화가 드러나지 않은 주제의 주변을 맴돌게 하기

마지막으로, 어니스트 헤밍웨이의 단편 『흰 코끼리 같은 언덕』의 예를 살펴보자. 이 이야기에는 어떤 술집에서 절대 자리를 뜨지 않는 두 인물이 등장한다. 대화가 진행되면서 독자는 그 두 사람이 무엇에 대해 논하고 있는지 느리고 고통스럽게 깨닫게 된다. 이 소설에는 대화 외에는 거의 아무 행동도 없다.

헤밍웨이는 강 유역의 언덕을 묘사하여 빠르게 배경을 제시하면서 술집에 앉아있는 미국인과 여성을 등장시킨다. 그런 뒤, 몇 줄 지나지 않아 대화가 시작된다. 두 사람이 경쾌하게 말을 주고받으며 형성되는 속도감으로 인해, 대화가 얼마나 행동처럼 느껴지는지에 주목하라.

> "내가 그렇게 하면 네가 행복해지고 모든 것이 예전처럼 돌아가서 너도 나를 사랑하게 된다는 거야?"
> "난 지금도 널 사랑해. 너도 알잖아."
> "알지. 하지만 내가 하면, 내가 모든 것이 흰 코끼리 같다고 말하면, 상황이 다시 좋아지고 너도 만족할 거라고?"
> "정말 좋겠지. 지금도 정말 좋지만, 아직은 그 일까지 생각할 수가 없어. 내가 걱정하면 어떻게 되는지 너도 알잖아."
> "내가 하면 넌 앞으로 걱정할 일이 없고?"
> "그것에 대해서는 걱정하지 않겠지. 완벽하게 단순한 일이니까."

이 단편 소설의 99퍼센트가 대화라 해도 그것은 서브텍스트가 담긴 줄다리기형 대화라서 시종일관 움직임의 감각 및 행동의 감각이 형성되고, 이를 통해 독자는 서사 속의 사건을 직접 경험하고 있다고 느낀다. 이렇게 날렵한 대화는 낙태라는 무거운 주제로부터 감정적 거리를 확보해 주는 한편, 인물들이 소리 높여 언쟁하거나 감정적으로 과열되지 않는데도 긴장감을 매우 뚜렷하게 전달한다. 두 사람이 속내를 직접적으로 털어놓지는 않지만, 하고자 하는 말 주위를 긴장감 있게 맴돌게 함으로써 역동적인 에너지를 선사하고 있는 것이다.

## 대화 장면 끝내기

강력한 대화 장면에는 독자의 인물 이해를 심화시키거나 플롯 요소를 설명해 주는 정보(따라서 앞에서 얘기한 대로 중대한 폭로가 이루어짐)가 포함되어 있다. 대화 장면에서는 어떤 식으로든 인물이 사태를 드러낼 기회를 가져야 하지만, 반드시 아주 적절한 타이밍이어야 한다. 장면이 시작할 때 정보를 터뜨리면 ― 가령 한 인물이 유부남 애인에게 임신했다는 말을 전한다 ― 나머지 장면에서 대화는 그들의 즉각적 감정, 동기, 두려움, 그리고 그 정보에 대한 반응을 끌어내기 위해 활용될 것이다.

그러나 특히 효과적인 테크닉은 맨 마지막에 폭로를 배치하는 방식이다. 이러면 독자가 다음 장을 읽지 않고는 못 배기게 되거나 계속해서 곱씹을 수밖에 없는 강력한 경험을 얻게 된다.

리처드 루소의 소설 『제국의 몰락*Empire Falls*』에서 대화 장면의 마지막에 폭로가 등장하는 예를 살펴보자. 주인공 마일스와 유별나게 망가진 아버지 맥스가 주고 받는 대화 속에서, 인물에 대해 설명해 줄 뿐 아니라 플롯에도 영향을 미치는 정보가 밝혀진다.

마일스는 아버지가 왜 지역의 부유한 사업가 찰리 휘팅과 외도를 한 어머니에게 항의하지 않았는지 전혀 이해하지 못한다. 그로 인해 마일스는 여전히 휘팅 가 밑에서 일하고 있었다. 어느 날 맥스는 얼마간의 교회 기금을 챙겨 정신적으로 불안한 목사와 함께 마을에서 자취를 감추고, 플로리다에서 아들에게 전화를 걸어 안부를 알린다. 맥스와 마일스는 늘 하던 언쟁으로 금세 들어가지만, 이번 말다툼에선 중요한 사실이 밝혀진다.

> 그는 왜 조금 즐기면 안 돼? 맥스는 그들이 질문을 던질 때부터 늘 그 점이 의아했다. "늙은 사람도 즐기는 거 좋아한다고. 이 동네 사람들은 늙은 사람을 좋아해."
>
> "왜요?"
>
> "말은 안 하지." 맥스가 인정했다. "매일 오후 술집 구석에서 탐이 고해를 받았어. 너도 봤어야 하는데."
>
> "그건 끔찍해요, 아빠."
>
> "왜? 생각해봐."

"신성모독이잖아요."

"너희 엄마가 너를 제대로 망쳐놨구나, 너도 아니?"

그것으로 충분했다. 딱 한 번, 그레이스가 언급되자 질문을 꺼낼 방법을 마일스가 지혜롭게 짚어보기도 전에 갑자기 질문이 튀어나왔다.

"어떻게 한 번도 엄마와 찰리 휘팅에 대해 얘기해주지 않을 수가 있어요, 아빠?"

맥스는 몇 년이고 이 질문을 예상하고 있었던 양 반응했다. "어떻게 너는 내게 한 번도 말하지 않을 수가 있니, 아들?"

여기서 말로 드러난 폭로는 맥스가 아내의 외도에 대해 알고 있었을 뿐 아니라, 마일스가 눈치채고 있다는 것까지도 알고 있었다는 점이다. 그러나 이것이 암시하는 바는 그저 단순히 드러난 정보보다 훨씬 더 크다. 마일스는 곁에 있어주지 않고 멀찍이 떨어져 있었던 아빠를 줄곧 탓하면서 그에게 원한을 품어왔다. 그러나 이 대목에서 독자들은 마일스가 어머니의 외도를 알면서도 지금까지 계속 아버지를 제치고 어머니의 편을 들어왔다는 사실을 알게 된다. 이 대화를 통해 마일스가 자신이 엉뚱한 부모를 탓해왔으며 그러면서 운명에 굴복하여 휘팅 여사의 철권 정치 밑에서 '엠파이어 그릴'을 계속 운영해 왔다는 사실을 깨달을 수 있게 이끈다.

이 대목을 장면의 마지막에 배치하면서 루소는 독자를 방심하게 하는 동시에, 아주 강력한 휴식처를 만들어낸다. 다음 장면에서는 다른 인물의 관점(이 소설은 다수의 주인공에 의해 서술된다)을 취하면서, 독자는 이 정보가 마일스에게 어떤 영향을 끼칠지, 그렇다면 이를 계기로 그가 태도를 바꾸어 어머니로부터 시작된 죄책감의 고리를 끊을 수 있을지 계속 생각하게 된다.

장면의 마지막에 말을 던지면서 그냥 폭탄을 떨어뜨리고 끝나는 대화 장면도 있다. 그러나 폭로가 앞부분에 제시되었다 하더라도 그 장면에서 벌어진 일들은 결말에 제대로 반영되어야 한다. 폭로가 인물에게 가시적이고도 극적인 영향을 미쳐야 하기 때문이다.

『추락』의 줄다리기형 대화에서 루시는 강간을 당했음에도 불구하고 자신을 피해자라고 생각하지 않는다는 점이 드러난다. 그러나 데이비드 ─ 자기 학생과 부적절한 관계를 맺었다고 지목된 ─ 는 자신을 피해자로 본다. 쿳시는 데이비드의 생각을 담은 사색적 문장으로 장면을 마무리한다.

그들이 이렇게 멀리, 이토록 비통할 정도로 멀리 떨어진 적이 없었다. 그는 동요했다.

이로써 데이비드는 불편하고 불안정한 상태로 남겨진다. 자기가 한 일에 대해서는 심각하게 동요한 적이 한 번도 없기에, 여기서 독자들은 처음으로 그가 조금이라도 바뀔지 모른다는 신호를 감지한다.

대화 장면을 끝낼 때에는 주인공이 다음과 같은 상태 중 하나가 되어야 한다.

- 폭로가 담긴 대화 중에서도 결정적인 말을 듣는다.
- 감정적, 정신적, 영적 차원에서 어떤 식으로든 불안정해진다.
- 드러난 바에 기반하여 행동을 취할 태세를 갖춘다.
- 드러난 바를 곱씹을 성찰적 공간에 묶인다.

일상적이거나 진부한 주제를 논하는 데 대화가 사용되어선 결코 안 된다는 점을 기억하라. 그러면서 플롯과 인물에 대한 새로운 정보를 반드시 드러내야 한다. 대화는 인물의 성격에 맞게 양식화될 수 있지만 그러면서도 매우 현실적으로 들려야 한다.

마지막으로, 말이 쉴 새 없이 오가는 대화 장면을 너무 많이 사용하지 않도록 주의하라. 대화도 독자에게 행동처럼 느껴져야 한다는 점을 잊어선 안 된다. 그러려면 대화가 많은 장면 다음에는 서스펜스 장면, 숙고 장면, 혹은 통찰 장면을 연결하여 행동을 쪼개야 한다. 심지어 하나의 장면 안에서도 대화가 많으면 얼마 지나지 않아 쫓기는 느낌이 들기 시작할 수 있기에, 이는 물리적 제스처, 배경 디테일, 혹은 다른 간단한 해설로 자리를 잡아줘야 한다.

---

**대화 장면의 중요 포인트**

- 대화 속에서 반드시 인물이나 플롯에 대한 새로운 정보를 밝혀라.
- 대화는 독자에게 행동처럼 느껴지므로, 속도가 늘어질 위험이 있는 장면에서는 대화를 활용하여 에너지를 더하라.

- 대화 장면에서는 배경 디테일로 암시나 서브텍스트를 구축하고 속도를 고르게 유지하며 균형을 잡아라.
- 대화를 활용하여 현실적인 방식으로 플롯 정보를 드러내라.
- 인물의 발언을 통해 그의 의도를 드러내라.
- 긴장감을 살리기 위해 대화 속에서 힘의 대립이나 줄다리기 형식을 활용하라.

# 18

# 플래시백 장면

모든 서사의 밑에는 인물의 삶, 동기, 감정을 비롯한 많은 사연을 알려주는 역사의 깊은 솔기가 자리하고 있다. 이 풍부한 솔기가 바로 뒷이야기이다. 이는 일차적으로 독자의 관심이 집중되는 플롯 전면의 이전이나 뒤편에 자리하고 있기에 이렇게 부른다. 플롯의 전면, 혹은 앞이야기는 계기적 사건의 순간에서부터 시작된다. 주인공이 2001년 어떤 수요일 오후에 살해당한 자신의 아내를 발견하면서 플롯이 시작된다면, 그 순간 이전에 있었던 일은 전부 뒷이야기가 된다(소설을 시작할 때 서사 구축을 위한 장면을 몇 개 정도 넣을 수 있다 하더라도 말이다).

뒷이야기는 플래시백 장면의 형태로 드러날 때 가장 효과적인 경우가 많다. 플래시백 장면은 매우 선명한 데다 독자가 그 속에 참여할 수도 있기 때문이다. 그렇지 않고 해설의 방식으로 설명하면 속도를 현격히 떨어뜨릴 수 있다. 플래시백 장면도 장면의 모든 요소 — 배경, 행동, 인물, 플롯 정보, 극적 긴장 — 를 똑같이 포함하고 있지만, 다른 유형의 장면과 다른 점이 딱 하나 있다면, 전부 과거에 일어난 일이라는 점이다.

플래시백 장면은 다음의 일을 해야 한다.

- 앞이야기에 등장하는 플롯이나 인물 요소를 묘사하거나 설명한다.
- 동작, 정보, 인물간의 상호관계에 초점을 맞춘다.
- 속도를 떨어뜨릴 수 있는 배경 및 감각의 디테일은 절제한다.
- 독자가 주인공을 보다 풍부하게 이해할 수 있게 한다.

플래시백 장면을 쓸 수 있다고 해서 꼭 써야한다는 의미는 아니다. 아무리 장면을 잘 구성한다 해도 플래시백은 여전히 독자를 앞이야기에서 멀리 떨어뜨리며, 주의를 산만하게 만들 위험이 있다. 플래시백은 현명하게, 그리고 아껴서 사용하라. 이를 서사 초반에 사용한다면, 길이는 짧고 속도는 빠르게 조절해야 한다. 숙고 장면에 플래시백을 삽입하거나 서스펜스 장면에서 긴장감을 높이기 위해 플래시백을 활용하고 싶을 수도 있다. 하지만 극적 장면 — 눈앞에서 벌어지는 인물간의 상호작용에 모든 관심이 집중되어 있는 순간 — 에서 플래시백은 방해가 되기 쉽다. 따라서 플래시백을 활용할 때에는 이 점을 염두에 두어야 한다.

## 과거로의 이동

플래시백은 장면 유형의 하나일 뿐이지만, 독자가 현재 시점의 서사에서 과거로 매끄럽게 이동하기 위해서는 들어가고 나오는 방법을 특히 세심히 고려해야 한다. 과거로 우회하다 독자의 관심이 분산되거나 서사적으로 치밀해지지 못할 위험이 있기 때문에, 이는 반드시 신중하게 계획되어야 한다. 다음은 쉽고 빠르게 과거로 이동할 수 있는 몇 가지 기법이다.

- **과거 시제를 사용하라.** 플래시백은 어떤 단어를 계기로 과거의 생각을 떠올리거나 동사의 시제를 바꾸면서 과거를 지시하는 경우가 많다. 지금부터 과거가 시작된다고 독자들에게 알려주는 전환의 문장을 몇 가지 살펴보자.
  실비아 플라스의 단편 『어머니들Mothers』에는 이런 문장이 등장한다.

  그들이 그 집으로 이사한 지 며칠 후, 탐은 손님이 왔다며 그를 아래층으로 불렀다.

  여기서부터 플라스는 에스터라는 인물이 자신의 종교적 결정에 영향을 준 케냐인 교수를 만나는 장면을 재빠르게 집어넣는다.
  그리고 닐 게이먼의 소설 『아난시의 사내아이들Anansi Boys』에도 적절한 사례가 있다.

> 그는 몇 년 전 자신의 어머니가 죽어가고 있을 때, 히글러 여사와 이야기를 나눴었다.

이 기억은 주인공인 풍보 찰리가 약혼자에게 아버지를 결혼식에 초대하고 싶지 않은 이유를 설명하려는 장면 중간에 등장한다.

- 과거를 언급하기 위해 특정한 날짜나 사건을 활용하라. 독자가 과거임을 이미 알고 있는 시간이나 날짜를 언급하는 일보다 더 직접적으로 시간을 거슬러가는 방법은 없을 것이다. 날짜를 사용하면 정확하고 깔끔하게 과거로 이동할 수 있다. 특히 리처드 바우시의 단편 『경찰의 꿈 Police Dreams』에서처럼 그날이 주인공에게 중요한 의미를 지닐 때에는 더욱 그렇다.

  > 아내가 떠난 날 아침, 깨어나 보니 아내는 화장대에 앉아 스스로를 빤히 바라보고 있었다.

  독자는 앞이야기를 통해 서술자가 이혼한 상태라는 사실을 이미 알고 있다. 독자를 직접 '아내가 떠난 날 아침'으로 데려가면서, 작가는 지금부터 그가 과거로 이동한다는 신호를 분명히 전한다.

- **반복을 사용하라.** 질 맥코클의 소설 『캐롤라이나 달 Carolina Moon』의 다음 예시처럼, 인물이 독자에게 과거로 이동한다고 직접 말할 때도 있다.

  > "어쨌든, 늙은이 베리는 한시도 입을 다물지 않고 계속 떠들었어. 그가 정확히 어떤 말을 했는지 되살리기 위해 최선을 다해볼게. …"

  대화는 이미 일어났고, 화자가 그 말을 '되살려야'한다고 언급했기 때문에 독자는 그가 과거로 돌아가려 한다는 점을 알 수 있다.

- **기억을 사용하라.** "나는 …하던 때가 떠올랐다." 혹은 "그는 그 날을 떠올렸다."와 같은 특정한 문구를 사용하여 곧 과거로의 우회가 이루어진다는 사실을 분명히 전하는 작가도 있다. 이 기법은 의문의 여지없이 인물을 그 시간대로 보내주지만, 그런 만큼 위에서 제시한 기법에 비해 다소 거칠 수도 있다.

  현재 장면에서 플래시백으로 넘어갈 때, 전환 문장만 딱 한 줄 제시하고 과거 시제를 사용하는 방식은, 현재 진행 중인 서사에서 독자를 너무 멀리 떨어뜨리지 않고도 과거로 들어갈 수 있는 가장 효과적인 방법 중 하나이다.

## 플래시백 장면 사용법

플래시백 장면도 장면의 한 종류이기에 실용적 목적을 모두 갖추고 있지만, 이미 벌어진 일이기 때문에 다른 장면이 해야 할 일을 전부 해야 할 필요는 없으며 그래서 훨씬 짧아질 수도 있다. 예컨대, 배경에 관련해서는 그렇게까지 많은 일을 할 필요가 없다. 배경 디테일은 속도를 늦출 뿐 아니라 독자가 플래시백의 목적에 집중하지 못하고 산만해질 수 있기 때문이다. 플래시백에서는 동작, 정보, 그리고 인물의 상호작용에 집중해야 한다. 그러나 근본적인 차원에서는 플래시백도 다른 장면과 동일하게 구성된다.

과거가 현재의 플롯에 직접적으로 연관되어 있을 때 플래시백이 사용될 수 있다. 플롯의 계기적 사건이 과거 사건에서 직접 파생되는 서사에서는, 독자가 무슨 일이 있었는지 이해하려면 그 사건을 다시 살펴봐야 한다. 이때, 필요한 정보를 전달할 수 있는 가장 직접적인 방법이 바로 플래시백 장면이다.

엘리자베스 코스토바의 장대한 고딕 소설 『히스토리언』에서 좋은 사례를 찾아볼 수 있다. 이 소설은 아버지에게서 딸로 내려오는 유산이 실제 드라큘라의 존재로 이어지는 이야기이다. 어느 날 딸이 아버지의 서재에서 수상한 책과 메모를 찾아내면서 계기적 사건이 발생한다. 딸이 아버지에게 그 책에 대해 묻자, 그는 그것을 처음 발견했던 밤에 대해 말해준다.

> 아버지가 입을 열었다. 너도 알지만, 네가 태어나기 전에 나는 미국 대학에서 교수로 있었단다. 그 전에는 교수가 되기 위해 오랫동안 공부를 했었지. 처음에 나는 문학을 연구하고 싶다고 생각했었어. 그런데 내가 상상의 이야기보다 실제 이야기를 훨씬 더 사랑한다는 사실을 깨달았단다.

코스토바가 시점을 과거로 이동하는 방식이 탁월한 이유는 이동이 너무나 우아하고 섬세하여 자신이 시간을 이동하고 있는지 독자들이 미처 깨닫지 못할 정도이기 때문이다. 위의 장면은 앞이야기 속에서 서술자의 부친이 딸에게 말을 건네며 시작된다. 그런 뒤 다음 예시에서 보게 될 것과 같이, 그는 천천히 앞이야기에서 빠져나온다. 그 장면은 '어느 봄 밤'이라는 구절을 사용하면서 자연스레 과거로 흘러간다. 그런 뒤 아주 빠르게 그는 '나는 대학 도서관의 내 자리에서'라는 말과 함께 플래시백 장면을 마련한다. 이 움직임은 너무 조용해서 독자들은 지금 시간을 건너고 있는지 의식조차 하지 못한다. 그저 즉시 그곳으로 빨려 들어갈 뿐이다. 실로 멋진 테크닉이 아닐 수 없다.

> 내가 아직 대학원을 다니던 시절의 어느 봄 밤. 나는 대학 도서관의 내 자리에서 무수한 책에 둘러싸여 아주 늦게까지 혼자 있었어. 공부를 하다 문득 고개를 들었는데, 누군가가 두고 간 책을 한 권 발견했지. 책상 위에 있는 책장에 내 교재들과 함께 놓여있었는데, 한 번도 본 적 없는 책등이었어. 그 낯선 책의 책등에는 녹색 용이 밝은 가죽 표지에 작고 우아하게 그려져 있었지.
>     그 책을 여기, 혹은 어디 다른 곳에서라도 본 적이 있었는지 통 기억이 나지 않아서, 나는 책을 집어들고 별 생각 없이 훑어보기 시작했어. 표지는 빛이 바래고 부드러워진 가죽이었고, 그 안의 책장도 꽤 오래돼 보였지. 그리고 유독 한가운데가 쉽게 벌어졌어. 거기엔 양 페이지에 걸쳐 날개를 활짝 펴고 긴 꼬리를 휘감고 있는 용, 발톱을 한껏 세우고 맹렬히 뻗쳐오르는 짐승의 장대한 목판화가 있었어. 용의 발톱에 묶여있는 긴 천엔 고딕 글씨체로 딱 한 단어가 새겨져 있었지. 드라큘라.

아무리 플래시백 장면이 계기적 사건 및 서술자의 스토리라인이 시작되기 전에 일어난 일이라 해도, 온전한 장면으로서의 기준을 여전히 충족하고 있다. 배경, 행동, 주인공, 극적 긴장, 서스펜스는 물론, 가장 중요한 서술자의 플롯라인에 대한 관련성까지 모두 갖추고 있기 때문이다.
  『히스토리언』은 과거와 현재가 촘촘히 엮여가다 마침내 두 개의 스토리라인이 합쳐지는 방식으로 구축된다. 과거는 서술자의 아버지를 따라잡아 딸의 현재에 이른다. 아버지가 사라지자, 이제는 딸이 드라큘라인 아버지와 한 번도 만나본 적 없는 어머니를 찾는 데 관여하게 된다. 플래시백 장면을 통해 독자는 장차 이런 방향으로 진행될 플롯에 대비할 수 있다.
  이러한 유형의 구조는 현재의 사건을 과거와 병합하려 할 때, 즉 과거의 사건이 현재 스토리라인에서 진행되고 있는 주인공의 삶에 영향을 미치려 할 때 매우 효과가 좋다. 『히스토리언』에서 플래시백이 서사 초반부터 시작되는 것도 이 때문이다. 이 플래시백은 점점 최근에 가까워지면서 마침내 과거와 현재가 만날 때까지 계속된다.

인물을 묘사하거나 인물에 대한 이해를 심화하는 데 플래시백만을 사용한다면, 플래시백을 삽입하기 전에 행동을 좀 더 펼치면서 플롯 안으로 깊이 들어가야 한다. 서사의 초반에 플래시백이 들어가면 속도가 떨어지면서 독자의 관심을 놓칠 위험이 있기 때문이다.

좀 더 서스펜스가 강한 플롯을 만드는 경우에도 플래시백을 사용할 수 있다. 과거를 활용하여 플롯에 서스펜스를 구축하고자 한다면, 제한된 분량으로 독자에게 과거의 사건을 보여주기 위해서는 절대적으로 플래시백 장면을 사용해야 한다.

예를 들어, 메리 도리아 러셀의 과감한 과학 소설 『스패로』에서 예수회 신부 에밀리오 산도즈는, 최초로 발견된 감각을 가진 외계 생명체와의 만남을 기대하며 17여 년 전 라카트 행성에 파견된 사람들 중 유일한 생존자가 되어 2059년에 돌아온다. 서사 초반부터 이미 독자들은 한때 존경받는 신부였던 에밀리오 산도즈가 라카트 시절에 했던 일로 인해 지금은 '창녀'와 '아동살해범'으로 손가락질 당하고 있다는 사실을 알고 있다. 에밀리오의 손은 도저히 사용할 수 없을 정도로 훼손되었고, 처음에 그는 어떤 것도 논할 수 없을 정도로 심한 트라우마를 입고 있었다.

앞이야기는 그를 어떻게 처리하고 어떻게 처벌해야 할지 결정해야 하는 상관들이 에밀리오를 수사하는 과정을 중심으로 전개된다. 미디어의 관심이 그의 이야기에 집중되어 있는 데다 예수회의 신부라는 명망까지 더해져 큰 부담을 느낀 상관들은 좀처럼 쉽게 결정을 내리지 못했다.

신중한 에밀리오의 관점으로 실제 탐사과정을 드러내는 플래시백 장면을 통해, 러셀은 결코 '아동살해범'이 될 법하지 않은 한 남자를 보여주면서 천천히 과거로 빠져들어가 서스펜스를 구축한다. 다음은 독자가 과거의 에밀리오를 직접 보게 되는 장면의 일부분이다.

> 먼저 이야기를 나눴던 사람들보다 훨씬 작은 청소년 한 명이 다른 어른 하나와 함께 앞으로 나왔다. 그 아이에게 혼자 에밀리오에게 다가가 보라고 온건히 권했을 뿐 아니라, 미리부터 마음을 놓을 수 있게 격려해주었던 어른이었다.
> 
> 그는 키가 껑충하고 호리호리하며 어딘가 미덥지 못해 보이는 여자아이였다. 그가 두려워하면서도 단호하게 다가오는 모습을 보면서 에밀리오

는 위압적으로 보이지 않도록 천천히 무릎을 굽히고 앉았다. 그 순간, 거기엔 오직 둘 뿐이었다. 그들의 모든 관심이 서로에게 집중되어 자기 쪽의 다른 사람들은 전부 잊혔다. 작은 아이가 가까이 다가오자, 에밀리오는 한 손을 손바닥 쪽을 위로 하여 내밀고는 말했다. "안녕."

이 에밀리오는 사려깊은 사람처럼 보인다. 그리고 앞이야기에서 상관들이 생각하는 그의 행적과 플래시백 장면에서 독자가 실제로 보는 그의 모습의 불균형 속에서 서스펜스가 형성된다.

    서스펜스를 만들기 위해 플래시백 장면을 사용하려면, 플롯 정보를 차근차근 분배해서 각 플래시백마다 새로운 정보를 제시해야 한다. 에밀리오의 경우, 독자는 에밀리오가 '아동살해범'과는 정반대로 참을성 있고 친절하게 아이를 대하는 모습을 본다. 그러나 그의 이야기는 이렇게 끝나지 않는다. 소설은 아직 절반밖에 지나지 않았다. 따라서 에밀리오가 어떤 사람이며 앞으로의 사건들이 그를 어떻게 바꿔놓을지는 여전히 불확실하다는 언급이 존재한다. 독자는 계속 책을 읽어야 한다! 결정적 플롯 디테일을 감추면 독자들이 계속 관심을 가지며 책을 읽어갈 수 있다.

    플래시백은 인물의 깊이와 죽음을 전할 수도 있다. 허구 장르에서는 주인공에게 영향을 미치고 있는 어떤 인물이 지금은 죽었거나 앞이야기에 등장하지 않는 사례가 매우 많다. 그렇지만 부재하는 이 인물이 주인공에게 끼치는 영향은 여전히 보여줘야 한다. 내러티브 요약으로는 인물의 깊이와 동기를 이해할 수 없다. 그 영향을 독자에게 시각적으로 제시하기 위해서는 플래시백 장면을 사용해야 한다.

    게이먼의 판타지 소설 『아난시의 사내아이들』에서 주인공인 뚱보 찰리는 약혼자 로지와의 결혼을 계획 중이다. 지난 장면에서는 로지가 찰리의 절연한 아버지를 초대했으면 좋겠다고 권하자 찰리가 전혀 그럴 생각이 없다고 거절하는 대화가 있었다. 그는 로지에게 자기 아버지는 매번 가장 부적절한 타이밍에 자신을 부끄럽게 하는 사람이었다고 설명한다. 독자가 뚱보 찰리의 말을 의심할 여지는 없지만, 그렇다고 그의 감정에 깊이 공감을 하기도 어렵다. 그의 부친이 실제로 얼마나 부끄러운 사람이었는지에 대해 아직 이렇다 할 증거가 없기 때문이다. 그래서 게이먼은 독자를 그 시절로 데려가 뚱보 찰리의 부친을 경험하게 해준다. 다음은 찰리의 어머니가 암 투병차 병원에 입원해 있을 때,

그의 아버지가 갑자기 나타나더니 정말 이상한 방식으로 아내의 병실을 찾아가는 장면이다.

> 간호사들의 제지와 잠옷 차림 환자 및 가족들의 따가운 눈총을 무시하고 병원 복도를 내려온 무리는 다름 아닌 뉴올리언스 재즈 밴드였다. 색스폰, 수자폰, 트럼펫이 있었고, 더블베이스 같은 것을 목에 건 거대한 남자가 있었다. 베이스 드럼을 든 남자도 있었는데, 심지어 그는 그 드럼을 두드리기까지 했다. 그리고 무리의 맨 앞에는 말끔한 체크 양복에 페도라와 레몬색 장갑까지 갖춘 뚱보 찰리의 아버지가 있었다. 그는 악기를 연주하지는 않았지만 병원의 반들거리는 리놀륨 바닥 위에서 가볍게 춤을 추며, 병원 직원들 하나하나에게는 모자를 들어 인사를 건네는 한편 항의를 하려고 다가오는 사람들과는 악수를 했다.
>     뚱보 찰리는 입술을 깨물며 자신의 기원을 들어줄 누군가를 향해 제발 발 밑이 갈라져 자신이 땅속으로 꺼질 수 있게 해달라고, 혹시 그게 힘들면 짧고 자비로운 심장마비로 곧장 죽게 해달라고 기도했다. 하지만 그런 행운은 일어나지 않았다. 그는 계속 살아있었고, 밴드는 계속 다가왔으며, 그의 아버지는 계속 춤을 추고 악수를 하고 미소를 던지고 있었다. …
>     "뚱보 찰리." 아버지는 그 병동, 그 층, 그 병원에 있는 모든 사람이 자신과 뚱보 찰리가 아는 사이임을 눈치 챌 수 있을 만큼 큰 소리로 이름을 불렀다. "뚱보 찰리, 길을 비켜줘야지. 네 아버지가 여기 왔잖니."
>     뚱보 찰리는 길을 비켰다.
>     뚱보 찰리의 아버지가 이끄는 그 밴드는 병동을 가로질러 뚱보 찰리의 어머니가 있는 병실로 향했다. 그들이 다가가자 어머니가 고개를 들어 그들을 바라보다니 미소를 지었다.

이 플래시백은 찰리의 아버지가 실시간으로 진행되고 있는 장면에는 존재하지 않는 사람이며 최근에 세상을 떠났다 — 후에 그를 찾아나선 찰리도 그 사실을 알게 된다 — 는 점을 짐작할 수 있게 해준다. 이 깨달음이 없다면, 아버지를 결혼식에 초대하지 않으려는 찰리의 저항은 아무 효과가 없으며, 독자도 그를 믿지 않을 것이다.

    이 플래시백에서 결정적인 특징은 길이가 매우 경제적이라는 점이다. 플래시백을 쓸 때에는 최대한 간결히 쓰기 위해 노력해야 한다. 게이먼은 한 페이지가 채 되지 않는 분량으로 기억에 집중한 뒤 다시 현재로 돌아온다. 플래시백은 짧게, 그것이 여의치 않으면 속도를 빠르게 하여 독자의 관심을 계속 잡아두어야 한다는 점을 잊어선 안 된다.

마찬가지로, 인물의 성격이 수줍음이 강하거나 아주 엄격하거나 잔인하거나 말을 너무 못하는 등 매우 유난하고 강렬할 때, 플래시백을 통해 과거로 돌아가 그 인물에 대한 약간의 설명을 더하면서 너무 일차원적 인물이 되지 않도록 조정할 수도 있다. 가령, 다스 베이더가 어쩌다 그렇게 무자비한 악당이 되었는지 이해하기 위해, 조지 루카스는 시리즈 후편에서 과거로 돌아가 다스 베이더가 되기 전 젊은 아나킨 스카이워커를 보여주었다. 그의 상실과 고통을 목격하며 관객들은 그를 좀 더 이해하고, 나아가 그 인물에 대해 공감과 연민을 느끼게 된다.

이런 이유로 플래시백은 길이가 짧아야 한다. 플래시백의 목적은 보조이기 때문에, 앞이야기에서 너무 멀리 떨어진 곳까지 찾아다녀선 안 된다.

## 평행적 이야기

플래시백의 보편적 용법 중 또 하나는 내가 '평행적 이야기'라고 부르곤 하는 것이다. 이는 두 이야기가 나란히 진행되다 현재에 이르러 합쳐지는 이야기를 말한다. 주인공이 앞이야기에서 살아가고 있는 동안 다른 인물 — 그의 선조일 수도 있고 적수나 앞이야기 전에 존재하던 다른 중요한 인물일 수도 있다 — 은 플래시백 장면에 존재한다. 에리카 스와일러의 소설 『루살카 저주의 기록』이 여기에 해당한다. 어린 시절부터 지냈지만 이제는 거의 쓰러져가는 롱아일랜드 해변의 집을 지키며 살고 있는 젊은 도서관 사서 사이먼 왓슨은 매우 희귀하고 비범한 책을 받는다. 그 책은 자기 가문의 모든 여성들이 같은 날짜에 익사하는 이유에 얽힌 미스터리와 연결되어 있다. 소설은 사이먼의 장과 유랑극단의 일원이었던 선조들의 이야기를 전해주는 그 비범한 책의 장으로 나뉘어 있다.

일인칭으로 진행되는 사이먼의 장면은 다음과 같다.

전화를 걸기에는 터무니없는 시간이지만 집으로 찾아갈 시간은 더더욱 아니다. 해가 바다 위로 막 떠오를 즈음이었음에도, 마틴 처치워리는 벌써 몇 시간 전부터 일어나 있던 사람처럼 전화를 받는다.

"처치워리 씨? 연락이 되어서 정말 기쁘군요. 저는 사이먼 왓슨입니다. 제게 책을 보내주셨죠."

"오, 왓슨 씨." 그가 답했다. "책이 탈없이 도착했다니 다행이네요." 그는 거의 숨이 거칠어질 정도로 흥분한 듯했다. "정말 멋지지 않나요? 제가 그 책을 곁에 둘 수 없는 게 아쉬울 정도였어요. 하지만 제가 거처 없는 책을 한 권이라도 더 집에 들이면 아내가 절 죽일지도 몰라서요."

그런 뒤 플래시백 장면에서 우리는 비범한 책 속으로 들어간다. 여기는 전지적 작가 시점으로 서술되고 있기에 헤르메리우스 피바디의 유랑극단에 있는 모든 인물을 오갈 수 있다.

러시아 노파가 팔뚝을 들더니 놀라우리만치 센 힘으로 헤르메리우스 피바디의 목을 거의 부숴뜨리다시피 하면서 벽에 붙은 선반으로 등을 밀어붙였다. 처음에 그는 마담 리즈코바의 요구에 부정적이었지만, 이제는 황급히 그 제안을 받아들였다.

"제자라고요?" 그는 캑캑거렸다. "마담, 에이모스는 지금까지 본 야생 소년 중 가장 돈을 잘 벌어들입니다. 말을 못한다는 점은 말할 것도 없고요. 그런데도 그 값비싼 아이와 일하고 싶다는 겁니까?"

리즈코바가 으르렁거리듯 고함을 질렀다. "우리는 잘 해낼 거야. 카드가 그렇게 예언하고 있다고."

이 소설에서는 과거와 현재의 장이 번갈아 등장하기에, 우리가 어떤 시간대에 있는지 혼동되지 않는다. 그리고 과거 이야기는 결국 현재를 따라잡아 사이먼이 애타게 기다리던 해답을 제공해준다. 당신의 서사에 이 테크닉을 도입한다면, 앞이야기에서 반드시 밝혀져야 하고 대답되어야 하며 깨닫게 되어야 할 진실로 나아가기 위해 플래시백을 동원하지만, 본질적으로는 두 이야기를 나란히 해나가는 것임을 정확히 파악해야 한다.

## 플래시백 장면 마무리하기

플래시백 장면을 마칠 때에는 다시 현재로 돌아와서 플래시백이 시작되었던 제자리로 독자가 돌아오게 하거나, 플래시백에 어떤 징후를 남겨두어 독자가 계속 읽어갈 수밖에 없도록 만들 수 있다.

『히스토리언』에서 첫 번째 플래시백은 플롯을 앞으로 밀고 나가는 것이 목표였다. 그 이야기로 인해 호기심에 사로잡힌 서술자는 결국 블라드 드라큘라의 비밀 및 아버지의 과거를 직접 캐내고자 나서게 된다. 또한 플래시백을 통해 늘 무언가를 살짝 감추고 있는 아버지의 성격을 좀 더 이해하고, 지금은 곁에 없는 어머니에 대한 힌트를 조금이나마 얻기도 한다.

이 플래시백은 현재로 돌아오면서 마무리된다.

> "세상에" 시계를 보더니 아버지가 갑자기 말했다. "왜 아무 말도 안 해준 거니? 벌써 일곱 시가 다 되었는데."
> 나는 언 손을 남색 재킷 속에 넣으며 말했다. "저도 몰라요. 하지만 이 이야기는 계속 해주세요. 거기서 멈추시면 안 돼요."

서술자와 마찬가지로 독자도 그가 이야기를 그만두길 원치 않는다. 그들은 다음에 어떤 일이 일어났는지 알고 싶어 한다. 이런 경우에는, 뒷이야기가 앞이야기에 직접 영향을 끼치기 때문에 독자와 서술자가 모두 어떤 면에 대해 새로운 이해를 얻게 되며, 이를 통해 독자가 계속 이야기를 따라가게 된다.

플래시백 장면에서 다시 현재로 돌아오면 독자는 자신이 말 그대로 과거를 여행하고 돌아와 이제 앞으로 향할 곳을 더욱 폭넓게 이해하게 되었다고 느낀다.

게이먼의 『아난시의 사내아이들』에서 플래시백은 찰리가 처음 과거로 빠져들어갈 때 그와 의견을 나누고 있던 약혼자 로지가 다시 그의 관심을 현재로 끌어오면서 끝이 난다.

> "그럼," 로지가 샤도네이 잔을 비우며 말했다. "당신이 히글러 여사에게 전화를 해서 내 핸드폰 번호를 드려. 그분께 결혼 소식이랑 날짜도 말씀드리고, …"

이 플래시백에는 두 가지 결정적 기능이 있다. 첫째, 풍보 찰리가 어떤 행동을 창피하고 부적절하다고 생각하는지 독자에게 보여준다. 그는 아버지가 정작 힘들 때에는 결코 도움이 되지 않는 사람이라고 생각하며, 그가 그저 마지막 순간에 끼어들어 어머니를 행복하게 만들어줬다는 점을 억울하게 여겼다. (이 플래시백에서는 엄마의 행복보다 자기 자신만을 중요하게 생각하는 찰리가 이기적으로 보일 뿐이라고 주장하는 사람도 있을 것이다.) 둘째, 플래시백이 어머니의 장례식 날로 옮겨가, 거기서 찰리가 앞으로의 플롯에서 매우 중요한 역할을 하게 될 어떤 낯선 사람을 발견하면서 플롯 정보가 드러난다. 그러나 그 인물은 거기에서는 오직 하나의 힌트, 즉 앞 일에 대한 전조로만 등장할 뿐이다.

구조의 차원에서 이런 유형의 플래시백은 마치 최근 휴가에서 찍은 사진을 모아 둔 앨범에 어쩌다 끼어든 옛날 사진처럼 현재 장면을 우회하는 역할을 한다. 이는 당신도 고려해볼 법한 매우 훌륭한 용법이다. 간단하면서도, 인물에 대한 독자의 이해를 높여주고 앞으로 벌어질 플롯 사건에 대한 힌트를 제공하기 때문이다.

플래시백은 정확한 목표를 가지고 있어야 한다. 그렇지 않으면 독자들이 이야기가 샛길로 빠졌다고 느낄 수 있다. 가능한 한 전략적으로 플래시백을 활용하라. 또 이러한 장면은 매우 생생하면서도 속도감 있게 진행되어야 한다. 그래야 독자에게 지금 꼭 알아야 할 중요한 내용을 읽고 있다는 느낌을 줄 수 있다.

### 플래시백 장면의 중요 포인트

- 플래시백에서는 행동, 정보, 인물의 상호작용에 집중하라.
- 플래시백에 담긴 정보는 반드시 앞이야기와 관련이 있어야 한다.
- 독자들이 앞이야기에서 벗어나 길을 잃지 않도록 플래시백을 항상 신중하게 활용하라.
- 과거가 직접적으로 중심 플롯에 영향을 끼칠 때 플래시백을 활용하라.
- 현재 시점에서 과거의 요소를 활용하여 서스펜스를 조성하고 싶을 때 플래시백을 활용하라.
- 인물에 대한 독자의 이해를 심화할 때 플래시백을 활용하라.

# 19

# 절정 장면

허구 장르에서 클라이맥스 —『깊이 있는 장면 만들기』에서 올더슨과 나는 '승리'라고 부른 바 있다 — 란 당신의 서사에서 모든 행동과 극적 상황이 최절정에 이르는 순간이다. 이는 계기적 사건에서 출발한 사건들이 요란하고 강렬한 정점, 주인공과 적수의 힘이 충돌에 이르는 곳이다. 이러한 클라이맥스 사건의 결과는 인물에게 가장 극적인 영향을 미치며 서사의 결말(흔히 대단원이라고 불린다)을 향해 가게 된다. 절정의 장면은 당신의 서사에서 가장 강렬하고 극적이며 강력한 장면 중 하나(독보적인 최고는 아닐 수도 있다)가 될 것이다.

서술자가 여럿이어서 각자 달성해야 할 승리가 있는 경우가 아닌 한, 서사 속에서 주인공이 적수를 꺾고 마침내 승리를 거두는 주된 절정 장면은 오직 하나만 만들어야 한다. 설령 주인공이 여럿이라 해도, 그들은 하나의 절정 사건을 경험해야 하며, 이를 보여줄 때에는 한 사람의 관점을 선택하여 단순화해야 한다. 한편, 극적인 일이 벌어지는 소설의 다른 주요 장면에서도 절정 장면의 요소를 이용할 수 있다.

성공적인 절정 장면은 다음과 같은 특징을 지닌다.

- **대립하던 힘의 전면 충돌**. 대부분의 경우에는 주인공과 적수(사람은 물론 자연재해 등 다른 것일 수도 있다)의 충돌이지만, 주인공이 적수의 부하나 주인공을 배신한 보조 인물, 심지어 좋은 뜻으로 출발했으나 어리석거나 나쁜 선택을 한 인물과 대면할 수도 있다.
- **강렬한 최고조를 향한 에너지 증폭**. 장면이 극도로 강렬해지는 지점에 이

를 때까지 장면의 에너지와 인물들의 감정이 상승하고 또 상승한다.
- **장면 한가운데에서의 대립.** 주인공은 무언가 혹은 누군가와 대립하여(문학적 소설에서는 내적 대립이 있을 수도 있다) 변화를 경험해야 한다.
- **거대한 위험부담.** 생과 사를 가르는 밧줄이 막 끊어지려 하고 왕국이 넘어갈 위기에 처하는 등, 위험부담이 무엇이든 인물이 잃을 것이 막대해야 한다.
- **빠르면서도 여전히 감정적인 내용을 담을 여지가 있는 속도.**
- **깨달음의 순간.** 지금까지 감추어져 있던 힘이나 자원을 주인공이 마침내 깨달아야 한다.

'승리'는 이야기가 시작할 때 등장했던 '불귀의 지점'의 거울이라는 점을 명심하라. 일단 주인공이 여기에 이르면 다시는 돌아갈 수 없다. 인물과 플롯은 영원히 바뀌게 — 기왕이면 좋은 쪽으로 — 된다. 그리고 에너지의 놀라운 산물도 없어선 안 된다. 클라이맥스가 지난 후에는 (작가나 주인공이나)할 일이 한결 줄어든다. 따라서 절정 장면은 서사가 마무리되기 시작한다는 신호가 되기도 한다. 문학적 소설에서는 통찰 장면이 절정 장면의 역할을 할 수도 있다. 당신이 남은 타래를 마무리하는 동안 서사에서 급박하거나 강렬한 느낌은 덜하겠지만, 인물이 얻어낸 통찰이 이야기의 절정을 이룰 정도로 중대할 수 있기 때문이다. 그 외 다른 대부분의 이야기 유형에서는 절정 장면에 행동이 좀 더 많이 등장한다.

## 절정 장면 설정하기

절정 장면이 독자들에게 완전히 놀랄 만한 일이 되어선 안 된다. 지금까지의 장면에서 긴장이 계속 고조된 데다 주인공이 끔찍한 충돌(말 그대로든 비유적이든)을 앞두고 정서적으로 더욱 극적인 상태가 되었기 때문에, 오히려 절정 장면은 안도감을 주는 곳이 되어야 한다. 서사가 진행되는 동안 당신이 주인공에게 행동의 결과를 충분히 안겨 주었다면, 절정 장면에 도달할 때쯤 그는 분명 강도 높은 스트레스를 극심히 받고, 갈등 속에 깊이 빠져 있을 것이다.

절정 장면은 이제 곧 펼쳐지려는 행동과 극적 상황이 뚜렷이 느껴지도록 시작되어야 한다. 그렇게 할 수 있는 강력한 방법 중 하나는 앞 장면에 임박한 갈등을 암시하는 서스펜스의 조짐을 남겨두는 것이다.

로버트 하인라인의 놀라운 과학 소설 『낯선 땅 이방인』에서는 인간이지만 화성에서 태어나 화성인으로 자란 밸런타인 마이클 스미스의 이야기가 나온다. 지구에 돌아왔을 때 그에겐 기적을 행할 수 있는 능력이 있었고, 결국 신흥 종교의 지도자가 된다. 이 종교는 모든 사람이 자신을 신으로 여기며, 질투, 경쟁심, 야망을 거부한다. 그들은 매우 행복한 공동체 생활환경을 구축하고, 이는 자연스레 '문명' 사회를 위협한다. 마이클의 목표는 인류 전체에게 이러한 존재 방식을 소개하는 것이었지만, 인류의 힘은 그에게 저항한다. 역설적이게도, 평화를 지향하는 그의 생활 방식은 결국 폭력으로 이어진다.

절정 장면 앞에 있던 숙고 장면의 말미에서, 인간 집단은 자신이 설파하고자 하는 이상을 별로 달가워하지 않으며 오히려 자신을 죽이고 싶어 한다는 사실에 대처할 방법을 찾고자 오랫동안 명상을 하던 마이클은 결단의 순간을 맞이한다.

> 그런 뒤 마이크가 눈을 뜨고 기쁜 미소를 지었다. "아버지, 당신은 내가 모든 것을 정리하게 해주셨습니다. 이제 저는 그들에게 보여줄 준비가 되었습니다. 나는 온전함을 공감합니다." 화성에서 온 자가 일어났다. "기다림은 끝났다."
>
> "신성 모독자!" 돌멩이 하나가 그의 왼쪽 눈 위를 때려 피가 철철 흘렀다.
>
> 마이크는 차분히 말했다. "나와 싸우는 것은 결국 당신 자신과 싸우는 것입니다. 왜냐하면 그대는 신이고… 나도 신이고… 공감하는 모두가 신이기 때문입니다. 다른 사람은 존재하지 않습니다."

해당 장에서 이 장면이 어떻게 전개되는지에 대해서는 나중에 좀 더 살펴볼 것이다. 그러나 지금은 내가 지금까지 읽어본 소설 중 가장 이상하면서도 멋지고, 어두우면서도 인간적인 작품 중 하나인 캐서린 던의 『어느 유랑극단 이야기』에서 절정 장면으로 이어지는 두 장면의 결말부를 보려고 한다. 이는 당신이 몇 장면 앞에서부터 절정 장면을 설정하는 방식을 모색할 때 도움이 될 것이다.

『어느 유랑극단 이야기』에서 비뉴스키는 극단 가족이다. 생계를 유지하기 위해서는 자녀들도 극단에서 제 몫을 해야 하기에, 부모인 알과 릴리는 임신을 할 때마다 화학 약품과 약물로 실험을 한다. 그리하여 마침내 그들은 샴쌍둥이인 엘리와 이피, 손발이 지느러미인 '아쿠아 보이' 아르투로, '색소 결핍 곱사등이'에 난쟁이인 올림피아 혹은 '올리', 그리고 염력을 가지고 있으며 인간의 생각을 조종할 수 있는 칙을 얻게 된다. 이 소설은 올리의 회고록 형식으로 쓰여 있지만, 대부분의 장면이 너무 생생하여 독자들은 자신이 읽고 있는 일들이 본질적으로 이미 일어난 일이라는 사실을 잊어버린다.

기본 전제가 근본적으로 끔찍하고 터무니없음에도 불구하고, 『어느 유랑극단 이야기』는 인물에게 심각한 일들이 벌어지는 심각한 작품이다. 괴물 가족이 성장하면서, 오랫동안 공연에서 최고 인기였던 아르투로는 관심과 힘을 과대망상적으로 갈망하게 된다. 자신이 없으면 공연을 할 수 없다는 점이 명백해지면서 그는 가족들을 점점 더 통제했고, 또 자신을 숭앙하는 사람들을 모은 뒤 칙의 힘을 이용해 그들을 마음대로 부렸다.

절정 장면으로 이어지는 이 장의 마지막에서 주인공 올리는 아직 젖먹이인 자신의 딸 미란다를 뺏기게 된다. 아르투로가 그는 가족의 공연에 기여할 수 없는 '정상'이라고 생각했기 때문이다. 아르투로를 두려워한 데다 딸을 걱정한 올리는 그가 시키는 대로 따랐지만, 그렇다고 원망이 없었던 것은 아니었다. 다음은 독자가 두 장면 후에 다가올 클라이맥스에 대비할 수 있게 설정을 마련하는 장면의 마지막 부분이다.

> 내 임무는 짙은 안경 너머로 아무 낌새도 보이지 않게 곧장 돌아와서, 내내 명랑하게 고개를 끄덕이며 오직 그의 사나이다운 위대함을 세심히 돌보는 태도로 아르투로에게 마사지를 해준 뒤 다음 공연을 위해 분장을 해주는 것이었다. 왜냐면 그는 너를 죽일 수도 있었으니까. 그는 너를 먹이고 가르칠 돈을 끊어버릴 수도 있었으니까. 너를 완벽히 지워버려서 내가 이렇게 네 편지며 성적표, 사진, 네가 크레용으로 그린 그림을 받거나, 멀리서 너를 몰래 지켜볼 기회도 없고, 모든 것을 잃었을 때조차 마음속으로 너를 사랑할 수도 없었을 테니까.

독자에게는 '모든 것을 잃었을 때조차'라는 구절이, 다음 장면, 그렇게 느껴지진 않지만 시간적으로는 일 년 후부터 나쁜 일이 일어난다는 첫 번째 실마리가 된다. 다음 장면은 매우 짧지만, 올리는 여전히 두려움에 질려 그를 돌보고, 아르투로의 자아도취는 극에 달한 모습을 보여준다.

준비가 되었을 때, 마지막 기름칠은 자기만의 윤기를 띠고 있었고, 마지막 시간에 아르투로가 물속에서 더없이 거칠게 꿈틀거렸음에도 불구하고 여전히 흰 빛을 유지하고 있었다. 흰색으로 끝을 칠하고 줄무늬를 넣는 것은 새로운 시도였다. 아르투로는 거울로 자기 모습을 점검했고, 그의 커다란 입이 끝에서부터 끝까지 한껏 꿈틀거렸다.

이 대목이 독자가 보게 될 아르투로의 마지막 클로즈업이라는 점이 느껴질 것이다. 아르투로는 지금 자신의 전성기에 도취되어 곧 어떤 일이 벌어질지 짐작조차 못하고 있다. '아르투로가 물 속에서 더없이 거칠게 꿈틀거렸'다는 구절에서는 어쩐지 죽음의 고통이 암시되어 있다는 짐작마저 든다. 게다가 자아도취적 인물이 거울에 비친 자기 모습에 감탄하며 장면을 마칠 때에는 대부분 머지않아 그를 왕좌에서 끌어내리겠다는 암시를 독자에게 전하려 하는 것이다. 이 장면은 같은 장에서 곧 이어질 클라이맥스를 위한 무대를 멋지게 마련한다.

클라이맥스를 준비할 때에는 이전 한두 장면의 결말에 절박한 운명 및 불안정함의 감각을 심어둬야 한다. 즉 간단한 내적 독백이나 몇 가지 배경 디테일과 행동의 조합을 활용하는 등의 방식으로 중대한 변화가 다가오고 있음을 독자에게 매우 분명히 전해야 한다.

## 절정의 사건

절정 장면을 실제로 시작하는 방식은 꽤 다양하다. 대부분의 절정 장면은 신속히 행동에 돌입한다. 그도 그럴 것이, 당신은 독자들을 이미 오랫동안 기다리게 했지 않은가. 오프닝을 설정하는 데 시간을 너무 많이 낭비하지 말고 상황을 신속히 구축하라. 절정 장면은 빠르게 설정을 마친 뒤 행동 중심 장면의 속도로 클라이맥스를 향해 꾸준히 나아가는 것이 기본이다. 절정의 사건은 걷잡을 수 없을 정도로 빨리 일어나야 하기 때문에 여기서는 긴 해설을 늘어놓아선 안 된다.

최상의 절정 장면에서는 모든 요소들이 등장하여 맞물려 돌아간다.

- 구체적인 행동

- 내적 독백보다는 무슨 일이 벌어지고 있는지 전해주는 대화
- 행동과 균형을 이루며 절정의 사건을 위한 분위기를 조성하는 배경 디테일. 절정 장면에서는 너무나 많은 사안이 위험에 봉착해 있기 때문에 독자들이 뭔가를 놓쳤다고 느끼지 않게 챙겨주기 위해서는 세부사항이 중요하다.
- 감정적 내용. 두려움에서 안도로 향하는 주인공의 감정이 어떤 식으로든 전해져야 한다.

『낯선 땅 이방인』에서 이러한 세부사항이 펼쳐지는 방식을 살펴보자. 먼저 이 장면이 마이클이 자신을 적대하는 무리와 대면하기 위해 걸어나가 공격을 받는 순간에서부터 시작했다는 점을 떠올려보자. 장면이 진행되면서, 군중은 더욱 난폭해지지만 마이클은 전혀 굴하지 않고 계속해서 사랑의 메시지를 전한다.

> "저 망할 자식이 제멋대로 신의 이름을 들먹이지 못하게 입을 막아!" – "자, 여러분! 이제 저자를 끝장냅시다!" (극적 긴장) 곤봉을 든 과감한 자가 앞장서서 폭도들을 선동했다. 사람들은 앞으로 몰려가 마이크에게 돌멩이를 던지고 주먹질을 해대고, 결국 그가 쓰러지자 발길질까지 했다. (행동) 그는 갈비뼈가 걷어차이고, 그토록 눈부셨던 몸이 망가지고, 뼈가 부러지고, 귀가 떨어져나가는 와중에도 말을 멈추지 않았다. (매우 구체적인 디테일) 마침내 누군가가 소리쳤다. "다들 물러서. 저 자에게 휘발유를 부을 테니!" (대화)
> 그 말을 들은 폭도들이 길을 터주자 카메라가 그의 얼굴과 어깨를 클로즈업 했다. 화성에서 온 자는 형제들에게 미소를 지어보이며, 다시 한번 부드럽고도 분명하게 말했다. "당신을 사랑합니다." (감정적 내용) 눈치 없는 메뚜기 한 마리가 윙하며 날아와 그의 얼굴에서 얼마 떨어지지 않은 풀밭에 앉았다. (피날레에 이르기 전에 잠시 숨을 고르게 해주는 사랑스러운 디테일) 마이크는 머리를 돌려 마치 그것과 눈이라도 맞추듯 바라보았다. "당신은 신입니다." 그는 행복하게 말한 뒤 이탈했다.

(책을 읽지 않은 분들을 위해 설명하자면, 이탈은 영혼이 육체를 떠났다는 뜻이다.)

행동과 대화로 인해 장면이 매우 빠르게 진행되면서도, 마치 카메라가 마이클과 작은 메뚜기를 클로즈업이라도 하듯 매우 집중된 디테일을 사용하면서

지금 벌어지고 있는 일의 효과가 과격한 행동들에 압도되지 않을 만큼만 속도를 늦추는 테크닉에 주목하라. "당신을 사랑합니다"와 "당신은 신입니다"라는 구절은 정서적 어조를 전달하고 있으며, 그를 처참히 죽이고 있는 폭도들과 대비하여 밸런타인 마이클 스미스는, 비록 그것이 죽음이긴 하지만, 매우 평온한 모습이다. 그리하여 이 절정 사건은 보다 감정적인 면모를 띤다.

서사가 인간 관계나 내적 갈등, 혹은 다양한 유형의 강렬한 감정을 다루고 있을 때에도 감정적인 절정 사건을 선택할 수 있다.

『어느 유랑극단 이야기』의 절정 사건에서 캐서린 던 역시 복잡하고 감정적이며 디테일이 살아있는 강력한 클라이맥스를 위해 장면 요소를 전부 활용한다. 하인라인과 달리 던은 마지막 순간까지 일련의 작고 끔찍한 사건을 한데 엮어, 더 많은 행동을 만들어내면서 강렬함을 연출한다. 독자들은 점점 심해지는 공포감 외에는 어떤 것도 느낄 여유가 없다. 먼저, 이피는 자신의 샴쌍둥이인 엘리가 자기 아이 멈포를 질식시켜 죽였다는 이유로 엘리를 살해한다(그들은 장기를 공유하기에 이는 살인이자 자살이다). 이로써 세 개의 비극이 한 번에 일어난 셈이다. 곧바로 칙과 올리가 뒤를 잇는다. 두 쌍둥이를 알뜰히 보살펴오던 칙은 자신의 염력을 이용해 그들을 되살려보려 하지만, 끝내 실패하자 좌절에 빠져 이 모든 일이 아르투로의 잘못이라고 단정한다. 이렇게 평소에 늘 차분하고 상냥하며 헌신적인 청년이 절정 사건에 이르러 마침내 폭발하는 모습은, 인물을 매우 명민하게 변화시킨 사례이다. 그는 염력으로 서커스 천막 전체와 거기 있던 사람들을 말 그대로 폭발시켜 버렸다.

> 그것이 우리 쪽으로 타는 듯이 뜨겁게 밀려 왔다. 그리고 고통 속에서 칙은 가만히 있을 수 없어 손을 뻗었다. 그가 마치 교차점을 향해 달려가는 내 사랑의 흐름처럼 나를 향해 질주했다 다시 물러서는 것이 느껴졌다. 나는 양 손이 들린 채 나를 향해 눈을 뜨는 그를 느꼈고, 나를 알아보고 깜빡이는 푸른 눈을 느꼈다. 그런 뒤 그는 물러섰다. … 그는 빛처럼 창백했고 화염이 그의 배에서부터 터져 나와 사방으로 뿜어졌다. 그는 소리도 미동도 없이 그저 흩어졌고, 나의 세상은 그와 함께 폭발했다. 그리고 나는 바라보며, 이를 악물고 — 그걸 알면서도 악물고 — 막대한 안도감으로 이를 악물고, 가루가 되도록 이를 갈았다. 그리고 그들 — 내 장미들, 아르투로, 알과 칙, 그리고 쌍둥이 — 이 마치 석탄이 스스로를 없애 그 끔찍한 화염으로부터 벗어나듯 죽어서 먼지가 되는 동안, 나는 선 채로 그을리며 기둥

에서부터 갈려나갔다.

여기서 절정 사건은 자기에게 벌어지는 일을 전혀 통제할 수 없다고 느껴왔던 올리에게는 어떤 면에서 안도가 되는 일이다. 그로 인해 그가 과거에는 그저 무력했을 뿐이라는 사실이 드러나지만, 결국 자신이 멈추기 전에 그들이 끝나 버렸다.

절정 사건의 목표는 계기적 사건과 그에 따른 플롯 결과를 절정으로 끌고 가 주인공의 삶이나 도전에 모종의 변화를 이뤄내는 것이다. 클라이맥스란 주인공이 시험을 받고 도전하다 그 결과로 인해 영구적으로 변모하는 순간이다.

극적 사건은 미묘해야 할 필요가 없다. 클라이맥스는 명확하고 분명한 방식으로 시작해야 한다. 여기서 진정한 목표는 오직 행동 중심의 사건을 통해 계기적 사건을 논리적 절정으로 가져가서 주인공에게 승리나 앞으로 나아갈 수 있는 더 나은 길을 안겨주는 것뿐이다.

가령 새러 그루엔의 소설 『코끼리에게 물을 Water for Elephants』을 살펴보자. 이 소설에는 미국 금주법 시대를 배경으로 아버지의 수의사 사업을 이어받으려 했으나 교통사고로 부모님이 돌아가시자 빈털터리가 되고 만 청년 제이콥 야노프스키가 등장한다. 어느 날 밤 슬픔에서 벗어나기 위해 아무 기차나 잡아탄 그는 눈을 떠보니 어느새 벤지니 형제 서커스의 일원이 되어 있었다.

제이콥은 곧 서커스의 곡예사이자 성격이 흉폭한 어거스트의 아내인 말레나와 사랑에 빠진다. 어거스트는 자신의 분노를 동물들에게 퍼붓는 습성이 있었는데, 특히 새로 들어온 코끼리 로지를 괴롭히자 로지는 금세 학대에 지쳐버렸다.

오랜 기간 동안 어거스트와 제이콥 사이의 긴장이 높아지는 한편, 불만이 쌓인 서커스 단원들과 멋대로 임금을 체불하는 단장 '알 삼촌' 간의 긴장도 첨예해진다. 이렇게 여러 긴장이 소설 내내 쌓여가다, '빨간불 당한'(밤 사이에 기차 밖으로 내던져진) 사람들 여럿이 복수를 위해 공연을 망쳐놓고자 중간에 난입하면서 절정에 달한다. 그루엔은 불협화음과 같은 방식으로 절정 사건의 신호를 보낸다.

> 나는 손을 뻗었지만, 그것을 집기도 전에 음악이 요란한 소리를 내며 멈췄다. 관악기가 지독하게 충돌했고, 결국 심벌즈의 텅 빈 챙그랑 소리와 함

게 끝났다. 그것은 천막 꼭대기에서 빠져나가 공터를 가로질렀고, 지나간 자리에 아무것도 남기지 않았다.

그레이디가 그 자리에 얼어붙었다가 자신의 햄버거 위로 몸을 웅크렸다.

나는 왼쪽부터 오른쪽까지 둘러봤다. 아무도 눈 하나 깜빡이지 않았다. 모두가 천막 꼭대기를 주시하고 있었다. 두꺼운 먼지를 가르고 지푸라기 몇 줌이 게으르게 원을 그리며 날아갔다.

"이게 뭐야? 무슨 일이야?" 내가 물었다.

"쉿" 그레이디가 날카롭게 말했다.

밴드가 다시 연주를 시작했다. 이번엔 행진곡 '성조기여 영원하라'를 연주했다.

"오 이런. 오 젠장." 그레이디가 벤치를 넘어뜨리며 앞뒤로 날뛰었다.

"왜? 뭐야?"

"재난의 행진이야!" 그는 홱 돌아 도망치며 소리질렀다.

여기서 절정 사건은 말 그대로 찢어질 듯한 심벌즈 소리로 시작되어, 그 뒤로 대혼돈과 혼란이 이어진다. 동물과 서커스 관람객은 괴성을 지르며 도망가고, 그러다 공격을 받거나 바닥에 깔리며, 이 모든 사태가 결국 마지막 직전의 순간으로 이어진다. (내용을 전부 알려주지는 않겠지만, 무슨 일이 벌어질지는 짐작할 수 있을 것이다.)

눈으로 천막을 훑었다. 절박하다 못해 공포에 질릴 정도였다. '당신 어디 있어? 당신 어디야? 도대체 어디 있냐고?'

분홍빛 반짝이 옷을 찾을 때마다 머릿속은 혼란으로 가득 찼다. 로지 옆에 서있는 말레나를 봤을 때야 비로소 나는 안도감에 소리를 질렀다.

어거스트가 그들 앞에 서 있었다. 당연히 그렇겠지, 거기 말고 갈 데가 어디 또 있겠는가? 말레나는 손으로 입을 막고 있었다. 그는 아직 나를 보지 못했지만, 로지는 봤다. 로지는 나를 오랫동안 빤히 쳐다봤고, 그가 어떤 신호를 보냈다는 느낌에 나는 옴쭉달싹도 하지 못했다. 어거스트는 아무것도 눈치채지 못한다. 그저 뻘건 얼굴로 고함을 치며 팔을 휘젓고 지팡이를 휘두를 뿐이다. 그의 중산모는 바로 옆 짚더미 위에 놓여 있었는데, 마치 발로 밟기라도 한 듯 찌그러져 있었다.

로지가 뭔가를 집으려기라도 하듯, 다리를 뻗었다.

이 클라이맥스에서는 대립되는 힘 — 죄 없는 코끼리와 무자비한 동물 조련사 — 이 충돌하여, 그 결과가 제이콥과 말레나는 물론 로지까지 영원히 변화시킨다.

절정 장면은 반드시 주인공을 직접적으로 시험해야 한다. 그는 자기 앞에 던져진 싸움에 임하여 자신이 지닌 가치를 증명해야 한다. 그는 절대 반지를 모르도르의 불에 넣을 것이다. 그는 악을 처단할 것이다. 그는 반란군이 성공할 수 있게 도울 것이다 등이 이에 해당한다. 그것이 어떤 싸움이든 절정 장면은 통찰 장면과 마찬가지로 변화하기 직전의 순간이지만, 절정 장면에서 일어나는 변화는 보다 영구적이다. 서사의 궁극적 사건에 도달하기 전에도 주인공이 무언가를 깨달을 수는 있지만, 일단 절정 사건에 도달하면 모든 것이 달라져버린다.

## 절정 사건 이후

절정 장면이 끝나면 당신의 작업도 변한다. 이제는 의무적으로 새로운 플롯 정보를 제시하거나 서스펜스를 조성하지 않아도 된다. 절정 이후의 장면에서는 사건의 여파를 정리하고 앞으로는 어떻게 할지를 결정하며 변모한 주인공의 모습을 보여주는 등 사건의 해결을 다룬다. 단 모든 플롯과 인물이 던진 질문에는 빠뜨리지 않고 확실히 답을 해야 한다.

『낯선 땅 이방인』에서 마이클의 죽음은 신도들에게 그의 활동 — 세상을 더 나은 곳으로 만들어야 한다는 — 을 계속 이어가야 할 동기를 부여한다. 『어느 유랑극단 이야기』에서 올림피아는 가족과 생계를 모두 잃어버리자 홀로 설 수밖에 없게 되고, 그로써 마침내 딸 미란다에게 그의 출생의 비밀을 알려줄 수 있었다. 클라이맥스가 거대한 상실을 초래했지만 동시에 미란다에게 더 나은 미래를 가져다주기도 한 것이다. 『코끼리에게 물을』에서 제이콥과 말레나는 이제 스스로의 힘으로 다른 모습의 삶을 꾸릴 수 있게 되었고, 오랜 폭압에 시달리던 사람들도 마침내 거기서 벗어나 자유를 누릴 수 있게 되었다.

절정 장면은 매우 중요하다. 본질적으로 전체 서사가 내내 이곳을 향해 달려왔으며, 주인공이 그 서사를 거치며 겪어온 모든 일에 대한 깨달음이 이곳에 담겨 있기 때문이다. 그렇기에 이 부분은 매우 신중히 집필해야 한다.

## 절정 장면의 중요 포인트

- 행동, 대화, 배경 디테일, 정서적 내용, 극적 긴장 등 가능한 한 많은 장면 요소를 활용하여 균형 있으면서도 복잡한 절정 사건을 구축하라.
- 주인공과 동료들이 모두 하나의 거대한 클라이맥스를 맞이해야 한다.
- 절정 사건은 계기적 사건과 직접적인 관련이 있어야 한다.
- 주인공이 어떤 식으로든 영구적인 변화를 겪어야 한다.
- 위험 부담이 매우 커야 한다.
- 절정 장면은 행동과 극적 상황의 최절정이 되도록 집필하라. 그 다음에 이어지는 장면들은 상대적으로 더 느리고 행동이 적은 대신 보다 성찰적일 것이다.

# 20

# 통찰 장면

통찰은 인물 발전의 측면에서는 변화와 동의어이다. 통찰이란 주인공이 자신을 여기까지 끌고 온 사건 및 상호작용의 결과로 갑자기 무언가를 알게 되거나 날카롭게 깨닫는 순간을 말한다. 대개 통찰은 어떤 대가를 치른 후에야 얻게 된다. 인물은 사람과 세계에 대한 자신의 인식에 깊은 애착을 가지기 때문에, 마침내 새로운 시각을 얻게 되었을 때에는 아픔을 느끼는 경우가 많다. 그러나 통찰은 주인공이 굳게 믿었던 희망이나 신념을 상실했을 때 다시 일어설 수 있는 힘을 주기도 한다. 통찰을 보여주면서 당신은 주인공에게 성장하고 배우고 또 변모할 기회를 마련해 줄 수 있다.

    인물은 다양한 유형의 장면에서 통찰을 얻을 수 있기 때문에, 통찰 장면은 다른 장면에 비해 쓰임새가 다양하다. 예컨대, 서스펜스와 극적 상황이 통찰을 위해 구축될 수도 있고, 숙고 장면의 마지막에서 통찰을 얻게 될 수도 있다. 어떤 유형의 장면이 통찰로 이어지든, 깨달음의 순간은 장면의 최종적 효과를 바꿔놓는다. 통찰 장면에서는 다음과 같은 일이 벌어진다.

- 주인공이 놀라운 깨달음을 새로 얻거나 지금까지 부정해오던 바를 인정하게 된다.
- 통찰은 모종의 대가를 치르고 얻게 된다. 혹은 새로운 희망이나 신념을 가질 수 있게 해준다.
- 통찰은 플롯 사건이나 플롯 정보로부터 나온다. 맥락도 없이 돌연히 나타나지 않는다.

- 통찰의 결과로, 주인공은 반드시 어떤 선택이나 변화를 하게 된다.

통찰을 얻으면 그로 인해 인물이 방향 전환을 하게 되기에, 통찰이 장면마다 전부 있어야 하는 것은 아니다. 사실 중요한 통찰은 3단 구성의 각 단계, 즉 처음, 중간, 끝에 한 번씩 있으면 충분하다. 통찰이 만들어지기 위해서는 사건, 환경, 감정적 정보가 필요하기에 서사 속에서 너무 일찍 일어나서도 안 된다. 중요한 깨달음을 거저 얻는 사람은 없다. 이는 경험을 통해 얻어진다.

## 통찰의 종류

통찰 장면을 집필할 때에는 당신의 인물이 깨달음을 얻기 전에는 어떤 사람이었는지, 그에게 필요한 변화는 무엇인지, 그 변화를 어떻게 이끌어낼 생각인지에 대해 면밀히 따져봐야 한다. 한 인물이 겪을 수 있는 통찰에는 어떤 종류가 있는지 살펴보자.

- **눈가리개를 벗음.** 오랫동안 인물이 부정해왔으나 의지적 행동을 통해 진실을 보기로 함.
- **억눌렸던 욕망을 깨달음.** 매우 제한된 삶을 살아왔던 인물이 진실로 자신이 원하는 바 혹은 되고 싶은 바를 깨닫게 됨. 실제로는 아이들과 함께하는 일을 하고 싶었던 변호사, 실패를 거듭하다 자신은 그저 부모님의 강요에서 벗어나고 싶었을 뿐이었음을 깨달은 예술가 등이 여기에 해당한다. 이는 매우 강렬한 깨달음으로, 대개 그 인물이 기존의 삶의 방식에서 벗어나 새로운 시도를 하게 될 것을 암시한다.
- **자신 혹은 타인의 한계를 받아들임.** 인물이 앞으로 나아가기 위해서는 반드시 무언가를 깨달아야만 하는 경우가 많다. 가령 학대하는 배우자는 결코 바뀌지 않는다는 점, 이미 가망이 없는 일이 앞으로 좋아질 가능성은 없다는 점, 아무리 간절히 변화를 바란다 해도 그것은 다른 누가 도와줄 수 없고 오직 자기 스스로 해내야 한다는 점 등이 대표적이다.
- **정체성에 대한 통찰을 경험함.** 이러한 통찰은 인물이 자신 존재의 본질에 해당하는 무언가를 깨닫는 경우로, 상당히 특정하고 제한된 상황에만 해당된다. 예컨대, 자신이 레즈비언임을 깨달았다든지, 인물이 어머니의 백

인 문화보다는 아버지의 아프리카계 미국인 문화를 받아들이고 싶어 한다든지, 유대교로 개종하고 싶어 한다든지 하는 경우가 있을 수 있다. 어떤 통찰을 얻은 결과로 자신이 저항하거나 부정해왔던 정체성을 받아들이는 인물의 결단이 나타날 수 있다.
- **때로는 어쩔 수 없는 환경으로 인해 인물이 변화할 수밖에 없는 상황이 필요할 때도 있다.** 알코올 중독 증세가 있는 인물을 위해 친구들이 몰래 상담을 준비할 수도 있고, 아내가 남편에게 사실은 당신을 사랑하지 않는다고 고백할 수도 있다.

## 통찰 장면 시작하기

지금쯤은 통찰이 어떤 카테고리에 해당하는지 감이 잡혔을 테니, 이제는 통찰 장면을 어떻게 시작할지에 대해 이야기해 보자. 통찰 장면을 시작할 때에는 인물이 지금 모종의 갈등이나 압박을 겪고 있거나 불안정한 상태임을 보여주는 일이 가장 중요하다. 이 장면이야말로 인물이 오랜 시간 지켜온 겉모습이 무너지는 (혹은 무너지기 직전의) 장소이기 때문에, 변화가 다가오고 있음을 독자에게 반드시 알려야 한다. 통찰은 다음과 같은 설정을 제대로 갖춰두고 시작할 때 가장 효과가 좋다.

- 주인공이 미래에 대해 걱정하거나 불안을 느낀다.
- 주인공이 심한 압박이나 스트레스를 받는다.
- 주인공이 평소와 다른 행동을 하거나 이상하게 처신한다.
- 주인공이 주어진 플롯 사건이나 관계에 대해 상반된 감정을 보인다.
- 배경 디테일이나 이미지가 앞으로 다가올 통찰에 대한 상징이나 힌트를 제시한다.

그렇다면 첫 부분에서 균형을 잃은 주인공이나 통찰로 향하는 길을 보여주는 통찰 장면의 사례를 몇 가지 살펴보자.

마이클 커닝햄의 퓰리처 상 수상작인 『디 아워스』에서 로라 브라운은 1949년에 '완벽한' 삶을 살고 있는 가정주부이다. 갖고 싶은 물건은 모두 갖춘 멋진 집에서 좋은 직업을 가진 남편, 건강한 아들과 함께 지내고 있으며, 두 번째 아이를 임신하고 있다. 하지만 그의 진정한 자아는 숨이 막혀 죽을 지경이다. 그는 아내와 엄마 이상이 되길 바라지만, 지금의 삶에서는 그러한 뜻을 드러낼 방도가 없기 때문이다.

이전 장면에서 독자는 로라가 욕망과 원망, 그리고 자신만의 창의적인 불꽃을 모두 억누르는 모습을 봤지만, 그것이 앞으로 어떻게 될지는 아직 모른다(로라도 아직 모르고 있는 듯하다). 이때 두 가지의 중대한 요소가 로라를 통찰로 밀어붙인다. 하나는 여성에게도 감정을 느낄 권리가 있다고 과감히 주장하는 버지니아 울프의 책 『댈러웨이 부인』을 읽은 일이고, 다른 하나는 이웃에 사는 키티가 로라와는 다르게 적어도 옆에서 보기에는 아무 고뇌도 없이 모든 요구의 균형을 잡으며 살아가는 모습을 접한 일이었다. 어느 날, 그와 키티가 키스를 하게 되는데, 전혀 생각지도 못했던 이 키스로 인해 로라는 사무치던 자신의 결핍과 욕망을 더욱 깊이 깨닫는다. 시간이 갈수록 자신의 삶을 예전 그대로 유지하기 버거워진 그는 아들과 남편의 요구가 끔찍할 정도로 억압적이라고 느끼게 된다.

그 통찰 장면은 한창 변화 중인 그의 현실과 함께 시작된다.

> 작년 산불에 여전히 검게 그을려 있는 언덕들 사이로 뻗어있는 패서디나 고속도로를 자신의 쉐보레 자동차로 운전할 때, 그는 마치 꿈을 꾸고 있는 듯했다. 더 정확히 말하면 이렇게 달리던 꿈을 오래전에 꾸었던 일이 어렴풋이 떠오르는 듯했다. 눈에 들어오는 모든 것이 마치 보존 처리되어 액자에 핀으로 꽂혀있는 나비처럼 그날에 핀으로 꽂혀있는 듯 느껴졌다.

여기에는 뭔가가 달라졌다는 신호가 다양하게 담겨 있다. 그가 '마치 꿈을 꾸고 있는 듯하다'고 느끼는 방식과 '보존 처리된 나비처럼' 모든 것이 그날에 '핀으로 꽂혀있는 듯'하다는 으스스한 디테일은 로라가 흔히 하는 회상이 아니다. 독자는 변화의 물결이 밀려오고 있음을 느끼며, 로라가 순간적인 충격에 휩쓸려 이웃과 함께 아들을 떠났고 지금은 모텔에 투숙하려는 참이라는 사실이 드러나는 순간에 대비하게 된다. 로라는 자살을 할까, 애인을 만들까, 그것도 아니라면 자신의 감정과 장래에 대해 어떤 결정을 내릴까?

인물이 평소와 달리 이상한 행동을 하거나 심한 압박이나 스트레스를 겪고 있는 상황으로 통찰 장면을 시작하는 테크닉도 매우 효과적이다. 위의 예에서는 마치 조금만 잘못되어도 바로 폭발할 수 있는 위태로운 화학 실험처럼, 주인공의 감정이 심히 불안정하다는 사실을 독자가 차츰 알아차릴 수 있게 장면이 구성되어 있다. 만일 주인공이 스트레스를 받고 있는 상태로 장면을 시작하지 않았다면, 되도록 빨리 주인공에게 압박을 가하기 시작해야 한다.

인물의 모습으로 통찰 장면을 시작하는 것이 매우 유용한 방법이긴 하지만, 전략적으로 선택한 배경 디테일이나 이미지를 통해 곧 통찰이 시작된다는 암시를 던지거나 분위기를 조성하며 시작할 수도 있다. 이제 우리가 살펴볼 재닛 피치의 소설『화이트 올랜더White Oleander』가 여기에 해당한다.

시인인 엄마 잉그리드가 연인을 살해하고 6년 형을 받아 교도소에 수감된 후로 열일곱 살인 아스트리드는 문제 있는 양부모의 집을 여기저기 전전하며 끔찍한 트라우마를 갖게 된다. 아스트리드는 오직 엄마의 헌신적이고 무조건적인 사랑만을 간절히 원했지만, 잉그리드는 딸의 성격을 형성해줘야 한다는 명목하에(독자는 그저 야멸차다고 느낄 뿐이다) 그런 사랑을 해주지 않는다. 다음 장면에서 아스트리드는 오랜 헤어짐 끝에 드디어 엄마를 만나러 간다. 마침내 엄마가 재판을 받게 되었고, 아스트리드가 엄마를 풀어줄 증언을 할 수 있는 유일한 목격자였기 때문이다. 이 장면은 무언가를 암시하듯 캘리포니아 남부의 화재 시즌에 대한 배경 디테일을 제시하면서 시작된다.

> 9월은 불길의 가장자리로부터 찾아왔다. 불은 엔젤레스 크레스트에서부터 시작되었다. 앨터디나의 말리부에도 불이 났고, 샌 게이브리얼스 전역과 샌 고르고니오의 황야에서도 화재가 일어났다. 화재는 10월의 우울에 도달하기 위해서는 반드시 뛰어넘어야 하는 불타는 후프였다.
> 마침내 수전에게 연락이 왔을 때는 올랜더가 한창일 때였다. "재판이 있었어." 그가 설명했다. "하지만 다시 정해진 일정으로 복귀했지. 모레로 네 면회도 잡아놨어."
> 훼방을 놓고 싶었다. 그날은 시간이 안 된다고 하면서 일을 복잡하게 만들어볼까. 하지만 결국엔 가겠다고 했다. 나는 더할 나위 없이 만반의 준비가 되어 있었다.

여기서 불이라는 상징적 이미지는 매우 강력하다. 앞으로 이어질 장면에서 누군가가 (감정적으로) 화상을 입을 수도 있다는 생각을 심어주기 때문이다. 또한 아스트리드가 난생 처음으로 엄마를 보러 가지 않으면 어떨까 고려해 보면서 — 이는 그의 자율성이 꾸준히 성장하고 있음을 슬쩍 보여준다 — 만들어내는 긴장도 있다. 그는 '훼방을 놓고 싶었'지만, 종국에는 이렇게 말하며 협조한다. "나는 더할 나위 없이 만반의 준비가 되어 있었다." (사실 이 말은 그가 아직 더할 나위 없이 준비가 되어있지는 않음을 암시한다. 하지만 이것이야말로 다음 단계로 도약하기 위해서는 반드시 뛰어넘어야 할 '불타는 후프'이다.) 독자는 이 장면에서 아스트리드가 엄청난 위험 부담을 지게 된다는 사실을 알 수 있고, 나머지 장면에서 실제로 이를 보여준다.(나중에 함께 살펴볼 것이다.)

## 인물을 통찰로 이끌어가기

일단 장면에서 인물이 균형을 잃고 미래에 대한 걱정에 빠지도록 설정했으면, 이제는 그가 감당해야 할 상황을 키우며 인물을 그 통찰로 이끌어가야 한다. 각각의 인물은 통찰에 이르기까지 차곡차곡 쌓여가는 자신만의 고유한 상황을 가져야 한다.

변화하거나 가감 없는 진실을 보겠다는 의도가 이 설정에 이미 포함되어 있는 경우는 거의 없다는 점을 명심하라. 지저분한 방을 정돈하거나 담배를 끊는 등의 버릇을 고치는 것도 어려운데, 더군다나 훨씬 깊고 더욱 내적인 행동이나 믿음을 바꾸기가 얼마나 힘들겠는가. 그러나 이전 장면에서 위험 부담을 높이고 주인공의 인생과 플롯을 복잡하게 만들면서 이미 통찰로 향하는 작업을 어느 정도 해두었기 때문에, 이 장면에 이르러 마침내 그 댐이 무너질 수 있다.

통찰은 좀처럼 쉽게 생기지 않기 때문에, 이를 위해서는 주인공에게 스트레스나 압박, 긴장을 가해야만 한다. 다음은 압박의 몇 가지 형식이다.

- **상실의 위협.** 주인공이 소중히 여기는 사람이나 사물을 잃을지도 모른다는 가능성은 새로운 깨달음으로 향하는 강력한 동기가 된다.
- **논쟁의 여지가 없는 증거.** 인물이 현실을 부정하고 있다가 마침내 외면할 수 없는 진실의 증거 — 가령 남편이 정말 바람을 피운다는 사실을 분명히 보여주는 사진 — 를 맞닥뜨리면, 부정의 기반에 금이 가면서 통찰의 빛이 새어 나오게 된다.

- **사랑하는 사람의 고통.** 자신의 행동으로 의도치 않게 다른 사람에게 피해를 입혔다는 사실에 직면할 때 주인공이 마주하게 될 통찰의 모습에 당신도 놀랄 것이다.
- **위험. 위험은 변화를 초래하는 강력한 매개이다.** 인간은 죽음이나 신체적 위협에 맞닥뜨렸을 때에야 비로소 가장 원초적이고 솔직한 감정을 확인하기도 한다. 예컨대 주인공이 갑자기 자신의 방식이 잘못되었음을 깨달을 수도 있고, 딱 한 번만 더 기회가 주어지길 바랄 수도 있다. 아니면 죽기 직전에 자신이 진심으로 만나고 싶은 사람은 오직 한 사람이었다는 사실을 깨닫고 놀랄 수도 있다.

그러나 주인공을 통찰로 밀고 나가기로 했을 때에도 그 과정은 어디까지나 현실적이어야 하며, 동시에 극적 긴장을 이용해야 한다. 또한 주인공이 깨달음이나 변화에 얼마간은 저항해야 한다는 점과, 통찰을 얻기 위해서는 감정적, 육체적, 혹은 영적 대가를 치러야 한다는 점도 잊지 말자. 통찰의 목표는 인물이 변화할 수밖에 없도록 만드는 것이지만, 그 변화는 좀처럼 쉽게 일어날 수 없는 일이어야 한다.

## 통찰의 순간

당신이 장면 전체에 걸쳐 주인공에게 스트레스와 압박을 주었다 하더라도, 되도록 실질적 통찰의 순간은 장면의 거의 마지막까지 아껴두기를 권한다. 이 갑작스러운 깨달음의 새벽 후로 독자와 주인공을 너무 오래 남겨두지 않는 편이 바람직하다. 사람들이 통찰을 얻고난 뒤 갑작스럽고 우발적인 행동을 하는 경우는 드물다. 그들은 그것을 차분히 소화시키는 시간을 가진다. 그러니 당신도 그렇게 해야 한다. 잠시 휴지기를 두면, 통찰로 인해 생겨난 긴장이나 감정적 무게를 당신이 설명으로 해소해줘야 한다는 생각에서도 벗어날 수 있다.

『디 아워스』에서 통찰의 순간은 로라가 혼자 방에서 오직 버지니아 울프의 강력한 목소리만을 듣게 되었을 때 찾아온다. 그의 억눌린 욕망이 비로소 그의 생각으로 표출될 수 있는 공간을 갖게 되었기에, 로라는 이제 통찰을 얻을 수 있다.

죽을 수도 있어. 불현듯 로라는 자신이 — 누구라도 — 어떻게 그런 선택을 할 수 있을지 생각했다. 무모하고 아찔할 뿐 아니라, 약간 현실성이 없는 생각이다. 하지만 그 생각은 마치 머나먼 라디오 방송국에서 지지직거리며 들리는 목소리처럼 로라의 머릿속에서 희미하지만 분명하게 자신을 알렸다. 그는 죽을 수도 있었다. 그것은 추상적이면서도 희미하게 빛나는 개념으로, 특별히 병적이지는 않았다. 호텔 방이 애초에 그런 사람들이 가는 곳 아니었나? 바로 이 방, 이 침대에서도 누군가가 자신의 삶을 끝냈을지 모른다. 아니 아마도 그랬을 것이다. 누군가는 이제 더는 못 견디겠어라고 말했을 테고, 누군가는 마지막으로 이 흰 벽과 매끈한 천장을 바라봤겠지. 호텔에 가면, 우리는 자기 삶의 고유함을 떠나 중립적 영역, 깨끗하고 하얀 방으로 들어갈 수 있는 듯했다. 그곳에서는 죽음도 그다지 이상해 보이지 않는다.

로라의 통찰은 억압된 욕망을 깨닫는 항목에 해당한다. 제한된 방식으로만 살아오던 로라가 갑자기 죽음을 통해 불행으로부터 자신을 해방시킬 수 있다는 통찰을 얻으며 새로운 사고방식이 열렸다. 이 통찰은 내적 독백을 통해 전달되기에, 독자가 그의 생각 속으로 들어가 통찰의 내용을 직접 파악할 수 있다. 통찰을 눈으로 확인할 수 있게 행동으로 보여주기는 어렵기 때문에, 내적 독백을 통해 통찰을 드러내는 일이 꼭 필요한 경우가 많다. 통찰은 대체로 조용하고 내밀한 사건이라서 대화조차 어울리지 않을 때도 있다. 실제로 로라의 통찰은 중요한 변화를 일으킨다.

『화이트 올랜더』에서 아스트리드의 통찰은 보다 직접적으로 일어난다. 엄마와의 면회에서 아스트리드는 용감한 도약을 통해 자신을 너무 거세게 다그치기만 하지 말고 가끔씩은 따뜻하게 대해달라고 엄마에게 부탁한다.

> 그는 햇볕에 그을린 자신의 맨발을 빤히 내려다보며 머리를 저었다. "이 모든 일을 되돌릴 수만 있다면 그러고 싶단다, 아스트리드." 그는 고개를 들어 내 눈을 바라봤다. "내 말을 믿어주렴." 햇빛을 받아 반짝이는 엄마의 눈은 그가 체포되던 여름에 우리가 함께 갔던 수영장의 색과 꼭 닮아있었다. 나는 거기서 다시 한번 수영도 하고 잠수도 하고 싶었다.
> "그럼 나한테 증언하지 말라고 하세요." 내가 말했다. "내가 이렇게 지내지 않았으면 좋겠다고 하세요. 예전의 저로 돌려놓을 수만 있다면 엄마의 인생을 전부 바치겠다고 하세요."

독자는 엄마가 뭐라고 답할지 기다리는 아스트리드를 보며 마음 아파하면서도 동시에 장면 초입에서 암시했던 대로 그가 화상을 입게 될까봐 두려워한다. 엄마는 곧바로 대답하지 않았고 – 이미 이것부터가 아스트리드에겐 모종의 의사표현이다 – 엄마가 자기 앞에 나타나길 기다리는 동안, 아스트리드는 통찰을 얻는다.

> 갑자기 두려움이 엄습했다. 내가 실수를 했구나. 마치 레이와 체스를 두다 내가 말을 옮겨놓는 찰나 그것이 나쁜 수였다는 사실을 알아차리는 것처럼 말이다. 답을 들어봤자 감당할 수 없는 질문을 던져버렸다. 그 돌을 들추면 안 되는 거였는데. 그 밑에 뭐가 있는지 알고 있었는데. 그 밑에 눈도 없고 창백한 징그러운 생물이 살고 있다는 사실을 굳이 확인할 필요는 없었다.
> "저기, 신경쓰지 마요. 약속은 약속이지. 이 정도로 해둘게요."

그 순간 아스트리드는 비로소 눈가리개를 벗는 방식으로 통찰을 얻으며, 지금껏 자신은 엄마가 자식을 무조건적으로 사랑하며 본인보다 아이를 우선시하지 않는다는 사실을 알게 될 수도 있다는 두려움 속에 살아왔다는 점을 깨닫는다. 그는 이 두려움을 안고 평생을 살아오다 지금에 이르렀다. 이제 그는 그런 엄마가 하루아침에 바뀔 리 없다는 것을 안다. 이런 종류의 통찰은 대개 그 인물에 대한 일종의 체념을 동반한다. 어떤 면에서 그는 자기 엄마가 어떤 사람인지 늘 알고 있었지만 어떻게든 보지 않으려 하고 있었다.

그러나 장면은 거기서 끝나지 않는다. 약속을 지키겠다는 말로 엄마로부터 책임을 되찾아오면서, 아스트리드는 자신이 원하던 결과, 즉 엄마로부터 자신이 증언을 하지 않아도 되며 딸을 '조금이라도 되찾기' 위해서라면 무슨 일이든 하겠다는 말을 듣는다. 물론 이것은 무조건적인 제안이 아니라, 어디까지나 아스트리드가 대가를 치른 덕이다. 또한 아스트리드가 그 말을 듣고 행복했다 해도, 독자는 여전히 잉그리드를 믿지 못하며, 그가 진심으로 한 말일지 의심한다. 통찰의 결말에서 아스트리드의 눈가리개는 완전히 벗겨진다. 그는 자기 엄마를 있는 그대로 볼 수 있게 되었고 더 이상 엄마의 기분을 맞춰주려고 애쓰지 않을 수 있게 되었다.

통찰의 순간에 도달했을 때에는, 주인공이 처한 상황을 호전시키거나 그에게 어려운 감정적 선택지를 제시하면서 거대한 감정적 결과를 동반해야 한다. 통찰은 주인공을 해방시켜줄 수도 있지만, 끔찍한 결정을 하게 만들 수도 있다. 따라서 당신은 간단한 내적 독백을 통해서든 그 깨달음으로 인해 유발된 행동을 통해서든 통찰의 대가를 보여줘야 한다.

통찰 이후에 그 통찰의 효과를 해결하고 마무리하는 작업은 다음 장면에서 이루어진다. 하지만 그 통찰로 인한 변화를 다룰 때 내러티브 요약이나 내적 독백을 너무 길게 활용하지 않기를 권한다. 인물의 변화를 통해 보여주는 방식이 최선이다. 인물이 정체성에 관한 통찰을 얻어 이제 더 이상은 동네북으로 지낼 수 없음을 깨달았다면, 당신은 그가 자기 존중감을 개선하고 자신을 함부로 대하는 사람에게 과감히 맞서는 모습을 행동으로 보여줘야 한다. 통찰은 주인공에게 방향 및 경로의 변화를 제시하기에, 통찰이 일어난 순간부터 당신은 그 깨달음이 주인공을 어떻게 바꿔놓았는지를 보여줘야 한다. 인물의 감정적 여정을 따라가는 작업에 관해 더 알고 싶다면 8장을 다시 참고해보는 것도 좋다.

### 통찰 장면의 중요 포인트

- 주인공의 변화를 초래하는 데 통찰을 활용하라.
- 이런 유형의 장면은 인물이 미래에 대해 불안해하거나 모종의 스트레스를 받고 있는 상황으로 시작하라.
- 주인공을 통찰에 이르게 하기 위해 그에게 압박을 가한 뒤, 부담을 점점 높여가라.
- 통찰을 얻은 직후에 장면을 종결하여 독자와 주인공에게 소화할 시간을 마련해줘라.
- 이후 장면에서 주인공의 견해 및 방향의 변화를 행동으로 보여주면서, 그 변화를 진심으로 받아들여라.

# 21

# 마지막 장면

아무리 즐거운 일도 언젠가는 끝나게 마련이다. 그러나 하나가 끝나면 또 다른 게 시작된다는 격언도 있다. 즉, 마지막 장면은 주인공의 삶에서 한 챕터가 끝나는 곳이다. 서사 마지막에서 주인공이 죽는 경우는 사실 그렇게 흔하지 않고, 일반적으로 마지막 장면에서는 계기적 사건으로 인해 일어난 일련의 사건들이 결론을 맺는다. 그러나 마지막 장면이라고 해서 완전히 결론이 난다는 느낌을 줄 필요는 없다. 사실, 마지막 장면이 마치 새로운 시작처럼 보이는 경우도 많다. 마지막 장면은 다음의 일을 해야 한다.

- 플롯이 결론에 이른 후 주인공이 지내는 모습을 간단히 제공한다.
- 어조는 성찰적이어야 한다.
- 계기적 사건을 회상하며 상황이 큰 원을 그리게 하라.
- 상대적으로 느리게 진행하라.
- 마지막으로 놀라운 일, 의문에 대한 해답, 혹은 깨달음을 하나 포함시켜라. (선택사항)

마지막 장면이 서사의 끝을 맺어준다 해도, 당신이 창조한 인물과 배경은 독자의 머릿속에 계속 머물길 바랄 수 있다. 따라서 당신은 독자의 마음을 사로잡는 도입을 만들 때만큼이나 기억에 남는 결말을 만들기 위해 최선을 다해야 한다.

# 마지막 장면까지 이끌어가기

마지막 장면의 내용과 구조를 살펴보기 전에, 서사의 제일 마지막 장면 앞에 등장하는 마지막 장면들(복수임에 주목하라)에 대해 논해보자. 클라이맥스와 맨 마지막 장면 사이에 있는 세 개에서 다섯 개의 장면은 당신의 플롯이 제기해온 중요한 질문들(8장을 보라)에 대한 답을 보여줄 임무를 띠고 있다. 바로 이곳이 범죄가 해결되고 유괴된 아이가 돌아오고 연인이 재회하면서 플롯을 마무리 짓고 긴장을 해소하며 서사가 해결되었다는 감각을 전해주는 부분이다. 진짜 마지막 장면의 임무는 계기적 사건의 결과로 인해 지금은 주인공이 어디에 있는지, 그는 어떻게 변했는지, 어떤 생각과 감정을 가지고 있는지 독자에게 보여주는 일이다.

## 인물의 변모를 보여주기

마지막 장면은 곧 주인공이 독자에게 남기는 마지막 인상이다. 주인공이 변화하지 않을 정말 실로 중요한 이유가 있지 않는 한(가령, 당신 소설의 플롯이 사람들이 세뇌나 사이비 종교, 그 외 다른 강압으로 주인공을 억지로 변하게 하려는 내용이라서, 인물이 변화에 저항하는 것이 여정의 성공을 의미한다든가), 주인공이 이야기가 시작될 때와 똑같은 사람이어선 안 된다. 인물의 변화가 주로 반영되는 핵심 영역은 그의 태도와 직업, 관계, 위치이다. 그가 새로운 시각을 갖게 되든, 새로운 삶의 태도, 새로운 사랑, 새로운 자아감을 갖게 되든, 인물의 변화는 마지막 장면을 구성하는 결정적 요소이다.

## 계기적 사건을 결론짓기

서사에서 계기적 사건이 벌어지면, 그에 따른 결과의 세계가 주인공을 중심으로 펼쳐지면서 그를 복잡하면서도 흥미로운 여정으로 인도한다. 그 여정은 결국 스토리라인을 마무리하는 방식으로 결론을 맺어야 한다. 살인 사건을 수사하는 이야기였다면 독자는 마지막에 범인을 알아야 하며, 사랑 이야기였다면, 연인이 행복하게 지내는 모습을 봐야 한다. 무슨 말인지 파악이 되었을 것이다. 서사의 마지막 장면은 계기적 사건에 대한 결론을 보여줘야 한다. 이는 이후에 새 책을 이어갈 가능성의 여지를 남긴다고 할지라도 마찬가지이다.

마지막 장면은 주인공이 계기적 사건에 따른 결과를 반추하거나 처리하거나 받아들이는 장소이다.

마지막 장면은 사색적 분위기를 띠는 경우가 많으며(늘 그런 것은 아니다), 새로운 행동이나 플롯 상황을 정교하게 소개할 필요가 없기에 다른 장면보다 짧은 편이다. 마지막 장면에서는 힘겨운 여정을 마친 주인공이 결국 어떤 모습이 되었는지를 짤막하게 보여줘야 한다. 그리고 이때까지 대부분의 긴장과 극적 상황이 결론을 맺거나 마무리되어야 한다. (반드시 속편이 나오기로 되어 있는 시리즈를 제외하고 서사에 서스펜스가 담긴 암시를 남기는 경우는 매우 드물다.) 결말은 반추의 공간인 만큼 마지막 장면이 시작되는 순간부터 속도를 늦추고 반추나 내적 독백의 자리를 마련하면서 이 목적을 분명히 이행해야 한다.

## 마지막 장면 vs. 에필로그

첫 장면과 프롤로그가 다르듯 마지막 장면도 에필로그와 다르다. 이 책에 에필로그를 다룬 장이 따로 없는 이유는 내가 그것을 썩 좋아하지 않기 때문이다. (에필로그를 의식할 때 대개는 마지막 장면에서 인물의 여정과 변모를 완전히 마무리하기 위해 최선을 다하지 않을 뿐이다. 에필로그가 없으면 오히려 해야 할 일을 착실히 수행하면서 만족스러운 종착점에 도달한다.) 그러나 실로 많은 작가들이 에필로그를 쓰기로 하며, 그것도 상당히 멋지게 쓴다. 나도 매우 훌륭한 에필로그를 심심찮게 읽었다. 심지어 에필로그가 꼭 필요했다고 수긍할 수밖에 없는 책도 있었다. 당신 역시 에필로그가 쓰고 싶다면 얼마든지 써도 좋지만, 에필로그도 서사가 결론에 도달한 이후 미래의 어떤 순간에 일어나는 하나의 장면, 혹은 하나의 반추라는 점만을 명심하라. 즉 에필로그는 마지막 장면이 결코 아니며, 마지막 장면 이후에 오는 장면이라는 뜻이다. 다음은 에필로그로 인해 이야기가 더욱 깊어진 몇 가지 경우이다.

- 얀 마텔의 『파이 이야기』에서 에필로그는 중요한 의미를 가진다. 작은 배에 벵갈 호랑이와 함께 조난당해 망망대해에서 277일간이

> 나 살아남은 파이의 이야기는 너무 야성적이고 환상적이어서, 지금껏 독자들이 파이로부터 얻을 수 없었던 깨달음을 파이의 시점 밖에서 서술되는 에필로그에서야 접할 수 있기 때문이다.
> - 블라디미르 나보코프가 쓴 『롤리타』의 에필로그에서는 롤리타에게 한 행동을 밝힐 의사가 전혀 없었던 험버트가 어쩌다 자백을 하게 되었는지가 밝혀진다. 이는 변호사의 제안으로, 그가 법정에서 좀 더 동정을 얻어보기 위한 술책이었던 것이다.
> - 조안 해리스의 소설 『잠든 어린 소녀 Sleep, Pale Sister』에서 에필로그는 이야기 내내 자기 아내에게 형편없는 짓을 하고도 무사했던 인물인 헨리 체스터가 어떻게 되었는지 독자에게 보여주었다는 점에서 중요한 역할을 한다. 해리스는 그가 어떤 대가를 치르게 되었는지를 언뜻 보여주며 독자에게 만족을 안겨준다.

## 마지막 장면 시작하기

대조와 반추적 해설은 마지막 장면을 시작할 때 가장 각광받는 두 가지 테크닉이다. 두 방법 모두 이야기 속에서 벌어진 사건들이 인물을 얼마나 바꾸어 놓았는지 독자에게 온전히 보여줄 기회를 마련해주기 때문이다.

### 대조

계기적 사건의 결과로 인해 인물이 변했다는 신호를 독자에게 직접적이고 구체적으로 제시할 수 있는 환상적인 방법은 마지막 장면을 첫 장면에 대조하면서 시작하는 것이다. 이는 당신이 마지막 장면을 첫 장면과 비슷하게 설정한 뒤, 인물이 겪은 변화를 반영하여 세부사항을 바꾼다는 의미이다.

예를 들어, 케이트 앳킨슨의 문학적 미스터리 소설 『케임브리지 살인사건』에서, 형사였다 지금은 사립 탐정이 된 잭슨 브로디의 마지막 장면은 '슬픔이여 안녕'이라는 뜻의 프랑스어 구절과 함께 눈에 띄게 쾌활한 어조로 시작된다. 그는 자신이 맡은 사건을 해결했고, 전 부인은 절대 자신을 다시 받아주지 않는다는 사실을 받아들였으며, 여동생의 죽음을 수사하다 알게 된 별난 성격의 줄리아를 향한 호감을 자각했다. 이 장면의 어조와 분위기는 걱정 없고 편안하다. 그는 자신의 오픈카를 타고 라디오로 음악을 들으며, 둔한 언니 아멜리아만 아니면 줄리아에게 좀 더 적극적으로 접근할 수 있을 텐데 하는 바람을 떠올린다.

> 슬픔이여 안녕. 잭슨이 오픈카를 몰 때, 카스테레오에서는 딕시 칙스의 음악이 요란하게 울려퍼졌다. 잭슨은 몽펠리에 공항에서 그들을 태웠다. 그들은 오픈카에 맞게 옷을 입고 있었다. 선글라스를 끼고 쉬폰 스카프로 머리를 감싸자 줄리아는 마치 50년대 영화배우 같아 보였지만, 아멜리아는 아니었다. 줄리아는 전화로 요즘 아멜리아가 부쩍 활발해졌다고 말했었지만, 정말 그랬다 해도 아마 다른 사람에겐 보여주지 않기로 한 것 같았다. 잭슨의 새 차 BMW M3의 뒷자리에 앉아 줄리아가 무슨 말을 할 때마다 투덜거리며 헛기침을 해댔기 때문이다. 잭슨은 문득 2인승인 BMW Z8을 사지 않은 것을 후회했다. 그러면 아멜리아를 트렁크에 태워버릴 수 있었을 텐데 말이다.

이 모습을 독자가 서사의 초입에 만났던 잭슨 브로디와 비교해보자. 그때 그는 담배를 끊기 위해 안간힘을 쓰는 와중에 전 부인과 싸우고 있었으며, 게다가 일은 물론 차까지 말썽을 부리고 있었다.

> 잭슨은 라디오를 켜고 〈여성의 시간〉의 제니 머리의 편안한 목소리를 들었다. 성냥이 떨어진 터라 그는 꽁초의 불을 새 담배로 옮겨 붙이며, 줄담배와 금욕 사이에서 선택의 기로에 섰지만, 그의 삶에 금욕은 이미 충분한 것 같아서 전자를 선택하기로 했다. 대시보드의 시가렛 잭을 고쳤더라면 이렇게 줄담배를 피우지 않아도 되었겠지만, 자동차에서 손 봐야 할 곳이 한두 군데가 아니었기에, 시가렛 잭은 급선무가 아니었다. 잭슨은 4년 전에 만삼천 파운드를 주고 중고로 산 검은색 알파로메오 156을 몰았는데, 이제는 여덟 살 생일 선물로 딸에게 사준 에멀 프리덤 산악자전거만큼도 값이 나가지 않을 것이다(적어도 마흔이 되기 전까지는 큰길에서 타지 않겠다는 조건이었다).

두 장면 모두에서 그가 차를 몰며 라디오를 듣고 있다는 점에 주목하라. 그러나 첫 장면은 날카롭고 짜증스럽지만 마지막 장면은 편안하고 자유롭다. 마지막 장면에서, 그는 성한 데가 없는 알파로메오가 아니라 새 BMW를 몰고 있다. 그는 전 부인이나 딸에 대해 걱정하지도 않고, 첫 장면에서 '금욕은 이미 충분'했던 반면 이제는 새로운 관계를 맺을 가능성이 넘친다.

첫 장면을 마지막 장면과 대조하는 기법은 서사에 결정적인 종결감과 변화 양상을 제공하기에 매우 훌륭한 방법이다. 첫 장면을 찾아보고 배경 및 기타 사소한 세부사항을 사용하여 비슷한 장면을 설정하면서도 주인공이 처음 출발했던 곳과는 명백히 다른 장소에 와있음을 보여줄 수 있도록 어조, 속도, 내적 독백을 변화시킬 수 있는 방법을 생각해 보라.

## 반추적 해설

반추적 해설은 결론 장면을 시작하는 또 하나의 강력한 방법이다. 마지막 장면은 반추의 시간이다. 그도 그럴 것이 방금까지 주인공을 갈등과 위험 속에 몰아넣고 극적 상황과 긴장을 꾸준히 높여가며 행동과 상호작용을 다루는 데 소설 전체를 바친 만큼, 이제는 내적 독백과 해설이 자연스럽게 어울릴 수 있다.

재닛 피치의 『페인트 잇 블랙 *Paint It Black*』에서 주인공 조시 타이렐은 이야기 초입에 스스로 목숨을 끊은 남자친구 마이클의 삶과 정신을 마침내 조금 들여다볼 수 있게 된다. 그는 마이클이 자살을 시도한 호텔로 차를 몰고 가 그가 직전에 작성한 잡지 기사를 읽고, 그가 자라온 가족을 이해하게 된다. 이제 그는 자신의 삶을 정리하고 앞으로 나아가야 한다.

> 조시는 4번 침대에 앉아 담배를 피웠다. 열린 문으로 해가 밝고도 차갑게 비쳤다. 그는 이제 떠나야 할 때임을 알았다. 이제 남은 일이라곤 짐을 싸서 집으로 가는 것뿐이다. 하지만, 마이클이 세상을 떠난 이곳을 어떻게 떠날 수 있겠는가? 그는 덜컹거리는 침대 헤드보드에 기대 앉아서 침대보에 박혀 있는 선인장 가시를 뽑아 재떨이에 던졌다. 뜨개질이라도 해야 되는 것이었을지도 모른다. 뭔가 조용하고 생산적인 일 말이다. 그는 집으로, 마치 마이클이 얼음판의 구멍으로 쑥 빠져 방금 사라진 듯 텅 빈 집으로 돌아가고 싶지 않았다. 그러나 마이클의 생생한 죽음을 이렇게 아직 피가 흐르는 거대한 사슴 머리를 끌고 가듯 자신의 삶으로 끌고 들어갈 수도 없었다.

내적 독백으로 장면을 시작할 때, 당신은 대단원을 맞이하여 독자에게 전하고 싶은 분위기, 감정, 주제적 서술을 그들에게 직접 전할 수 있다. 대개 마지막 장면은 너무 길지 않은 편이 좋다. 그들은 그저 주인공의 여정을 닫아주는 책 뒤표지일 뿐이다. 구원, 용서, 수용 혹은 그 외 문학에서 흔히 등장하는 거대한 주제를 위한 무대를 마련하고 싶다면, 내적 독백과 해설을 통해 간결하게 제시할 수 있을 것이다.

## 마지막 장면의 속도

마지막 장면이 다른 장면들과 똑같이 극적 구조를 갖춰야 할 필요는 없다. 계기적 사건은 이제 해결되었고, 주인공은 변화를 겪었다. 마지막 장면에서 반드시 실행되어야 할 의도를 새롭게 설정해야 할 필요도 없다. 여기는 주인공이 휴식하고 성찰하는 곳이며, 당신이 독자에게 감정이나 이미지, 주제의 감각을 전달하는 곳이다. 그래서 속도가 좀 더 느려지는 경향이 있으며, 인물의 내적 삶과 태도, 희망, 감정을 전달하는 디테일에 집중하며 행동도 줄어들거나 작아진다.

그럼 마지막 장면의 중간부분에 해당하는 인용문을 몇 가지 살펴보자. 특히 속도에 주목하면서 우리가 지금까지 봐왔던 다른 여러 인용문에 비해 이들은 어떻게 더 느리고 조용하며 좀 더 성찰적으로 흘러가는지 알아보자.

루이스 어드리크는 자신의 소설『채색된 드럼 The Painted Drum』의 마지막 장면에서 속도를 늦추기 위해 배경 디테일을 사용한다. 여동생이 어릴 때 세상을 떠난 주인공 페이 트래버스는 딸이 십대 시절에 살해당한 지역 조각가와 강렬한 관계를 경험한다. 소설은 아이를 잃은 비통함을 다루는 문제, 그리고 페이가 자신의 슬픔을 상당 부분 밀어내는 문제에 오랜 시간 초점을 맞춘다. 그러나 마지막에 이르면 지금까지의 경험을 통해 그도 마음이 유해지면서 있는 그대로 상황을 받아들일 준비를 갖춘다. 마지막 장면에서 그는 동생의 무덤을 찾아간다.

> 동생의 묘비는 매우 눈에 띄었다. 엄마가 철거되기 직전의 교회에서 산 천사 모양 조각에 망일과 이름을 새겨넣은 것이었다. 아마 애초에 묘비용으

로 만들어진 천사가 아니었기 때문이겠지만, 그 조각에는 은근히 생기가 있었다. 날개는 접히지 않고 활짝 펼쳐져 있어 쫑긋하니 바깥쪽을 향해 있었고, 손은 공경이나 슬픔의 표시가 아니라, 내가 보기엔, 기쁨에 겨운 나머지 가슴 앞에 모은 것 같았다.

이 장면에는 행동이 거의 없다. 페이가 동생의 묘석에 쌓인 쓰레기를 치운 일이 거의 전부이다. 여기서는 동작이 꼭 필요하지 않기 때문이다. 또한 묘지, 그중에서도 동생의 무덤 앞에 서있는데도, 페이가 낙관적으로 보인다는 점에도 주목하라. 동생의 묘비인 천사 조각이 '은근히 생기가 있'으며 '기쁨에 겨운 나머지' 가슴에 손을 모으고 있다고 묘사하는 방식에서 그의 슬픔이 가벼워졌음을 느낄 수 있다. 이 마지막 장면은 긍정적인 변화를 가리키고 있다. 페이는 자신의 비통함에서 해방되었으며, 그것이 장면의 디테일을 통해 드러난다.

속도를 늦추고 분위기를 전달하고자 할 때에는 배경 디테일이 강력한 힘을 발휘한다. 마지막 장면에서 어떻게 상황에 적절한 방식으로 독자의 초점을 작은 디테일로 돌릴 수 있을지 자문해보라. 예컨대, 당신이 구원을 찾는 범죄자의 이야기를 쓰고 있다면, 마지막 장면에서 그랜드캐니언의 광활한 벌판을 날아가는 새나 다른 인물이 주인공에게 손을 내미는 모습 등 자유와 용서를 전하는 이미지를 사용할 수 있다. 이러한 이미지에 가까이 집중하면 서사의 어조를 반영하기 위해 속도를 늦추는 데 도움이 될 수 있다.

시간을 초월하는 특성을 가진 은유의 영역으로 들어가면서 마지막 장면의 속도를 늦출 수도 있다. 마거릿 애트우드의 소설 『도둑 신부』에서 세 명의 여성, 토니, 로즈, 캐리스는 대학에서 알게 된 지니아라는 여성에게 각기 큰 변을 겪었다. 지니아는 늘 자기밖에 모르는 성격으로, 남을 이용하는 데 달인이며, 심지어 자신의 죽음을 가장하여 장례식을 꾸며 내기까지 했다. 하지만 그는 죽기는커녕 세 친구에게 계속 부당한 일을 저질렀고, 결국 세 친구들은 그를 영원히 저지하기에 이른다.

마지막 장면에서 토니는 일련의 은유적 반추를 통해 지금까지 무슨 일이 있었으며, 지니아는 과연 어떤 사람이었는지 돌아본다. 이때 그 은유는 속도를 늦추면서 장면을 감정적 종착지로 인도한다.

호수의 가장자리에는 꽃 한 송이 자라지 않았다. 아스팔트 공터에도 마찬가지였다. 하지만 토니는 꽃이 필요했다. 흔한 잡초, ─ 자기 인생에서 지니아가 잡초가 아니면 무엇이었겠는가 — 그도 늘 전쟁 중이었다. 설령 비공식적 전쟁, 게릴라전, 자신이 싸우고 있는지조차 몰랐을 전쟁일지라도, 여전히 전쟁이었다.

적은 누구였을까? 어떤 잘못된 과거를 복수하려 했던 걸까? 그의 전쟁터는 어디였을까? 한 군데로 정해져 있지도 않았다. 그것은 모든 곳에 퍼져 있었고, 세계의 본질 자체에 있었다. 그것은 어디서도 보이지 않을지 모른다. 그것은 뉴런, 타올랐다 사그라드는 두뇌 속 미세한 백열 불꽃 속에 있었다. 전기 스파크 꽃이야말로 지니아에게 딱 맞는 것일지 모른다. 합선의 순간처럼 밝고 치명적인 꽃, 스파크의 폭발 속에서 씨를 뿌릴 쇳물로 된 엉겅퀴 꽃 말이다.

여기에는 전쟁과 꽃의 이미지가 있다. 이 두 가지 은유는 매우 강력한 대조를 이루며 소설의 주제를 멋지게 요약한다. 은유는 문학적 소설에 자주 등장하지만, 매우 적은 말로 아주 많은 내용을 전할 수 있는 만큼 다양한 장르에서 폭넓게 활용된다.

## 마지막 문장

마지막 장면에서 마지막 두세 문장(특히 맨 마지막 문장)은 마치 DNA와 같다. 전체 소설 중 한 조각, 심지어 지금까지의 서사를 넘어설 수도 있는 내용이 담겨 있기 때문이다. 그들은 주인공이 밟아 온 전체 여정을 대변하는 감정적 풍미를 남겨야만 한다. 그러면 행동, 반추, 이미지로 끝나는 마지막 문장을 하나씩 살펴보자.

### 마지막 행동

독자는 자신이 사랑하게 된 인물들이 앞으로도 계속 살아간다는 사실을 확인하고 싶어 한다. 행동은 소설이 끝난 후에도 인물의 삶이 계속 살아움직이게 하는 한 가지 방법이다. 따라서 마지막 장면을 주인공이 취하는 상징적 행동이나 제스처로 끝내기로 할 수도 있다. 여기서 상징적이라는 말이 중요하다. 만일 어떤 하나의 행동으로 끝낸다면, 그것은 일상적인 의미 이상의 무언가를 암시해야 한다. 주인공이 자신의 삶 속에서 밟아 온 궤적의 감각을 상기시켜야 한다.

예컨대, 『도둑 신부』에서는 마지막 문장에 이를 때까지 행동이 나타나지 않는다. 마지막 장면 대부분에서 토니는 밖에 나와 지니아가 끼친 피해를 되짚어본다. 토니는 그로 인해 다른 여자들을 의심하게 되었고, 때로는 미워하기까지 했다. 마지막 단락에서 토니는 도자기로 만든 지니아의 입상을 빤히 쳐다보며 생각을 하다. 안에서 친구들이 부르는 소리에 다시 돌아간다. 그 장면은 다음과 같은 성찰적 문장으로 마무리하며 쉽게 끝날 수도 있었다.

> 토니는 그를 집어 들고 앞뒤로 뒤집어보며, 자세히 살펴보고 질문을 던졌지만, 반짝반짝 윤이 나는 도자기 얼굴의 여성은 그저 미소를 지을 뿐이었다.
> 
> 부엌에서 웃음소리며 접시 달그락대는 소리가 들려왔다. 캐리스는 음식을 내오고 로즈는 이야기를 들려주고 있었다. 그들은 앞으로 살아가며 저 일을 점점 더 많이 할 것이다. 이야기를 들려주는 일 말이다. 오늘 밤 그들의 이야기 소재는 지니아일 테다.
> 
> 그가 우리와 비슷한 구석이 조금이라도 있었을까? 토니는 생각했다. 아니면, 다른 방식으로 생각해보자. 우리가 그와 비슷한 구석이 조금이라도 있었을까?

그러나 애트우드는 토니에게 마지막으로 상징적인 행동을 하나 하게 한다.

> 그런 뒤 그는 문을 열고, 안으로 들어가 다른 친구들 속으로 합류했다.

친구들에게로 돌아가는 것은 토니가 다시 우정에 마음을 열고 교류할 준비가 되었음을 암시하는 매우 중요한 행동이다. 이 마지막 행동은 토니의 모든 생각을 압축하여 독자에게 이제 토니가 치유되었음을 전해준다.

마지막 행동은 서사의 무수한 도전 속에서 끝내 살아남은 주인공이 세계 속에서 어떻게 다른 식으로 행동하게 될지를 보여줘야 한다. 상징적으로 생각하라. 어떻게 작은 행동이 훨씬 큰 의미를 전달할 수 있을지 스스로에게 물어보라. 예컨대, 내내 주인공이 결정을 내리지 못하고 망설이던 서사라면, 마지막 장면에서 그는 먼지 날리는 길을 빤히 내려다볼 수도 있다. 그리고 마지막 행동으로 그 낯선 길을 걸어 내려간다. 상징적 행동은 서사의 마지막에서 묵직한 의미를 전달하며, 이를 통해 앞으로도 주인공이 겪어야 할 삶이 더 남았다는 느낌을 마지막 장면에 심어 줄 것이다.

## 마지막 반추와 생각

서사의 마지막에 도달하면 독자는 주인공이 어떻게 변했는지 반드시 알 수 있어야 한다. 하지만 주인공이 자신의 변화에 대해 혹은 서사 속에서 벌어진 일에 대해 어떻게 느끼는지 여전히 불분명할 수 있다. 이런 경우에는 감정을 직접적으로 표현해줘야 한다.

정체성을 탐구하며 가능한 어떤 방법으로든 자기 자신을 받아들이는 법을 배워가는 과정에 대한 소설인 척 팔라닉의 『인비저블 몬스터』에서 전직 패션 모델인 서술자 섀넌은 서사 초반에 얼굴에 충격을 입고 엄청난 재건 수술을 거친 후, 미모를 완전히 잃어버린다. 병원에 있는 동안 그는 성전환 수술을 앞두고 있는 트랜스젠더 여성 브랜디 알렉산더를 만난다. 여성으로서 브랜디의 외모는 사고를 겪기 전의 섀넌과 놀라우리만치 비슷했다. 소설 마지막에서 독자는 섀넌이 미모가 사라져버린 자신을 어떻게 느끼는지 정확히 알지 못한다. 다만 그가 자신의 과거와 모종의 화해를 하고 생각지 못했던 곳에서 우정 ─ 브랜디 ─ 을 얻었음을 알 뿐이다. 이때, 마지막 문장에서 자신의 정체성에 대한 섀넌의 감정을 알 수 있다.

> 완전히 그리고 온전히, 영구적으로 그리고 희망 없이, 영원히 그리고 변함없이 나는 브랜디 알렉산더를 사랑한다.
> 그리고 그걸로 충분하다.

브랜디는 그토록 싫어하던 자신, 즉 겉모습은 아름답지만 속으로는 고통에 시달리던 자신의 모습을 상징한다. 브랜디에 대한 사랑을 인정하면서 그는 사실 자기 자신에 대한 사랑을 인정한 것이다.

지금까지의 서사에 대한 생각이나 반추를 요약적으로 제시하는 방법은 마지막에 서술자가 어떤 느낌을 가지는지 불분명할 때, 혹은 감정에 관해 약간의 회색 지대나 애매한 부분이 있었을 때 가장 유용하다. 마지막 문장에 이러한 생각을 정리하여 전달하면, 독자들도 충분히 이해했다는 감각과 함께 안정을 찾을 수 있다.

## 마지막 이미지

이미지는 행동이나 내적 독백에 비해 독자와 훨씬 더 깊이 공명한다. 이미지는 무의식의 언어를 사용하기 때문이다. 또한 지적 해석을 거치지 않고 감정적 반응을 직접 불러일으킨다.

리처드 루이스의 소설『죽음의 바다 The Killing Sea』에서 인도네시아에 사는 두 명의 십 대는 2004년에 있었던 무시무시한 쓰나미의 피해를 당한다. 가족과 휴가를 보내러 왔다가 쓰나미의 공격으로 어머니가 세상을 떠나고 아버지는 실종되어버린 미국인 소녀 세라의 삶도 철저히 바뀐다. 재해가 지나간 폐허 속에서 자신과 남동생이 도움을 얻을 수 있는 장소로 돌아가기 위해 안간힘을 쓰던 세라는 인도네시아 소년 루슬란을 만난다. 루슬란은 실종된 세라의 아버지를 찾을 수 있도록 돕는다. 서사 내내 엄마를 향한 세라의 슬픔은 유예된다. 그는 그때까지 쭉 어머니는 자신을 낳고 싶지 않았다고 믿어왔으며, 그런 생각은 불쑥불쑥 그를 괴롭혔다. 마지막 장면에서 루슬란은 세라의 어머니를 상상하여 그에게 그려준다.

> 온화한 미소를 띤 얼굴의 간결하고 우아한 선과 자신을 정면으로 바라보는 눈에서 세라는 어머니가 언제나 그에게 가져왔던 사랑을 모두 보았다. 그리고 그 사랑을 지금껏 의심했던 자신이 얼마나 절대적으로, 완전히 틀렸었는지 깨달았다.

위의 감정도 매우 사랑스럽지만, 마지막 문장은 독자의 마음에 눈물을 연상시키는 이미지뿐 아니라 부모님을 데려간 쓰나미 자체의 물 이미지를 심어주기 때문에 더욱 강렬하다.

> 그의 안에서 무언가가 빠져나가더니, 슬픔의 맑은 물이 밀려들어왔다.

나는 주인공이 밟아온 여정을 상징적, 은유적으로 보여주는 이미지를 선호한다. 당신 서사의 주제를 생각해보라. 그것이 상실, 치유, 신의, 혹은 용서에 대한 것인가? 당신의 주제와 관련하여 떠오르는 이미지 목록을 만든 뒤 그중에서 선택하거나, 주인공의 고유한 여정을 고스란히 응축한 마지막 이미지를 창조해내는 방법도 매우 좋다.

### 마지막 장면의 중요 포인트

- 마지막 장면에서는 여정을 마치고 난 주인공의 모습이나 계기적 사건의 맨 마지막 순간을 간결하게 스케치한다.
- 마지막 장면은 주인공이 변화했다는 점을 드러내야 한다.
- 마지막 장면은 상대적으로 속도가 느리며 보다 성찰적이다.
- 마지막 장면에는 행동이 많이 필요하지 않다.

# 4부:

# 그 외 고려할 점

> "소설을 쓰는 일은 이미 존재하는 삶을 취해서 그대로 보고하는 것이 아니라, 그 삶을 대상으로 삼아 그것이 포함되어 있을지도 모르는 최종 결과물을 향해 끝까지 간 뒤 독자에게 보여주는 것이다. 물론 그 본질은 원재료와 같지 않다. 심지어 같은 계열의 무언가도 아니다. 소설은 전에도 있어 본 적이 없고 앞으로도 다시 없을 무언가이다."
>
> — 유도라 웰티

# 22

# 시점

허구 장르에서 시점(point of view)은 독자가 주인공의 세계에 들어가는 카메라에 해당한다. 이를 통해 독자는 주인공이 보는 것을 보고 그가 지각하고 느끼는 바를 공유할 수 있다. 시점은 또한 인물 발전의 입구이기도 하기에 설정하기 전에 신중히 고려할 가치가 충분하다. 시점은 장면의 어조, 분위기, 에너지, 속도(전체 서사는 말할 것도 없이)에도 직접적 영향을 끼친다.

장면이 바뀌어도 시점을 안정적으로 통제하기 위해서는 이를 충실하고 일관적으로 사용해야 한다. 즉, 독자가 모든 장면에서 한결같이 능숙한 안내를 받고 있다고 느껴야 하며, 지금 어떤 시점으로 이야기가 전개되고 있는지 혼란을 겪어선 안 된다는 의미이다. 예컨대, 충격을 받은 미망인의 눈으로 살인 장면을 보여주고 있었다면, 합당한 이유 및 신중한 전환 과정 없이 갑자기 살인자를 쫓던 자경단 수사관의 시점으로 넘어가선 안 된다. 시점이 아무렇게나 바뀌면 당신의 이야기가 아마추어의 습작처럼 보이면서 독자들은 더욱 엄격한 잣대를 들이댈 것이다.

이 장에서 우리는 다양한 종류의 시점과 각각의 효과를 살펴보겠다. 또한 장면 안이나 장면 사이에서 시점을 도약 및 전환할 때, 당신이 선택한 시점으로 장면을 해치는 것이 아니라 최적화하는 방법에 대해서도 논해보고자 한다.

## 카메라 선택하기

시점은 인물이 보는 바를 독자에게 보여주는 카메라일 뿐 아니라, 독자가 인물에게 얼마나 가까이 다가갈 수 있을지를 결정하는 메커니즘이기도 하다. 인물과 독자 간의 거리는 내 책『친밀한 인물 만들기 Writing the Intimate Character』에서 장면이나 이야기의 '친밀성'이라 불렸던 요소를 결정한다. 시점이 보다 친밀하거나 '내적'일수록 독자는 자신이 그 인물이 어떤 사람인지를 개인적으로 경험하고 있다고 느낀다. 시점이 보다 멀거나 외적이면 독자들은 자신이 사태를 객관적으로 관찰하고 있거나 방관자의 입장에서 지켜보고 있다고 생각하게 된다. 당신이 다루고 있는 소재에 따라 적합한 친밀성의 정도가 달라진다. 다음의 절을 참고하여 당신이 이야기를 해나가는 데 필요한 친밀성 및 객관성의 정도를 선택해보자.

### 일인칭

일인칭 시점은 마치 방 안에 서서 "나 좀 봐! 나 좀 봐! 나 좀 봐!"라고 소리치는 어린아이처럼 손을 뻗어 독자를 꼭 붙잡는다. 당신은 그를 바라볼 수밖에 없다. 대명사 '나'는 매우 친밀한 느낌을 주며 독자를 인물의 감정적 경험으로 곧장 끌고 간다.

다음은 케이틀린 그리니지의 소설『사랑해, 찰리 프리먼 We Love You, Charlie Freeman』에서 발췌한 예이다. 이 소설에서는 메사추세츠 교외의 배타적 백인 마을에 실험 연구에 쓰일 어린 침팬지를 돌보기 위해 어떤 흑인 가족이 초대된다. 모든 장이 일인칭으로 서술되고 있지만, 각각이 서로 다른 인물을 다루고 있다. 주인공인 샬럿에 의해 서술되는 1장의 일부를 함께 살펴보자. 여기서 그의 가족은 침팬지 찰리와 처음으로 만난다.

> 다음은 내 차례였다.
> 나는 손을 뻗어 그를 만졌다. 마치 고양이처럼 털이 억세고 날카로운 줄 알았는데, 그의 털은 매우 가늘고 부드러워서 참을 수 없을 지경이었다. 피부에서 나는 열이 그 솜털 같은 털끝까지 따스하게 퍼져오는 것을 느낄 수 있었다. 나는 빨리 손을 치웠다. 위치하젤 병에서 나는 듯 쿰쿰하면서 톡 쏘는 그의 체취가 손가락에 남아 있었다. …

엄마가 마지막으로 그를 안아보았다. 엄마는 이미 울고 있었고 그를 만지기 위해 뻗는 손은 파들파들 떨렸다. 엄마는 여전히 눈물을 흘리는 채로 말했다. "정말 아름답지 않니?"

나는 뭔가 신랄한 말을 하고 싶었다. 나는 엄마가 우리에게 이 미친 실험에 대해 이야기했던 이후로 그에게 계속 퍼부었던 말을 하고 싶었다. 이 일은 미쳤어, 엄마는 미쳤어, 이게 잘 될 리가 없어. 나는 '개소리'라고 쓰고 싶었다.

당신이 인물을 창조하면서 친밀함을 이끌어내기 위해 노력하고 있다면, 일인칭이 가장 이상적이다. 당신이 말 그대로 주인공의 머릿속으로 들어갈 수 있는 만큼, 일인칭은 독자가 곧장 인물의 입장이 되어보기를 바랄 때 매우 유용하다. 우리는 감각적 경험과 물리적 행동을 샬럿의 시점을 통해 직접 경험할 수 있기 때문에 그가 무슨 생각을 하고 무엇을 느끼는지 바로 알 수 있다.

같은 이유로, 일인칭은 인물이 막대한 고난이나 신체적 고통, 위기 등을 겪을 때 그것이 너무 즉각적으로 전달되어 감당하기 어렵다는 문제가 있다. 객관성을 제공하면서 그렇게 격렬한 감정에서 한 발 물러서려면, 다음에 살펴볼 삼인칭 관찰자 시점을 사용할 수 있다.

또한 일인칭은 매우 즉각적이기 때문에 다른 시점에 비해 시제가 큰 영향력을 가지게 된다. 현재 시제가 일인칭과 결합하면 아마도 독자에게 가장 즉각적인 경험을 제공하게 될 것이다. "나는 맥스의 머리에 총구를 갖다 댄다." 세상에! 그 총은 곧 발사되고, 불쌍한 맥스의 목숨은 고작 몇 분밖에 남지 않았다. 과거 시제와 비교해보자. "나는 맥스의 머리에 총구를 갖다 댔다." 과거 시제를 쓰면 거리가 약간 늘어난다는 점이 느껴지는가?

## 이인칭

이인칭은 혼잣말의 서사 버전이다. 대명사 '너'는 인물로부터 나와서 다시 인물 자신에게로 향한다. 그래서 이것은 일인칭보다 친밀성이 더욱 깊어진다. 독자는 인물의 정신과 생각 속에만 있는 것이 아니라, 근본적으로 그 인물이 된다.

에이미 벤더의 단편집 『불타는 스커트의 소녀 The Girl in the Flammable Skirt』에 실린 소설 『그릇』의 예를 살펴보자.

포장을 뜯으면(카드는 없다), 너는 그릇. 속은 흰색이고 겉은 녹색이며 과일을 담거나 반죽을 섞을 때 쓰는 그릇을 발견하게 된다. 너는 잠시 당황하지만, 고분고분하게 바나나 네 개를 담고 그 전까지 하던 일, 십자말풀이로 돌아간다. 너는 궁금해 하면서 이것이 너를 몰래 흠모하는 사람이 보낸 선물이기를 바란다. 하지만 그렇다면, 왜 그릇일까? 녹색에 흰색인 과일 그릇을 보면서 뭘 알거나 얻을 수 있단 말인가?

이인칭 시점을 이런 식 — 인물이 자기 자신에게 말하는 방식 — 으로 활용하면 친밀성이 극대화된다. 이렇게 친밀성이 높은 이인칭 형태는 장면이 어떤 인물의 감정이나 태도를 면밀히 탐구하거나 독자를 최대한 가까이 끌어들이려는 의도일 때 가장 유용하지만, 행동이나 인물 간의 상호작용이 풍부하게 펼쳐지는 장면에서는 효과가 상당히 떨어진다. '너'를 사용하는 이인칭 시점을 활용하면 독자가 인물의 경험 속에 매우 깊숙이 들어가면서 독자와 인물 간의 선이 불분명해지기에 이른다.

이인칭은 심지어 다루고 있는 내용이 그렇지 않은 경우에도 약간 유머러스하게 느껴질 수 있다. 질문을 하거나 길을 가르쳐줄 때를 제외하고는 실제 대화에서 사용하는 형식이 아니기 때문이다. 사실 이인칭을 사용하면 독자가 무엇을 해야 하는지에서부터 그들이 하는 일에 대해 무엇을 생각하고 느껴야 하는지까지 모든 것에 대한 지시를 연달아 받고 있다고 느끼게 만들 수도 있다. 이인칭은 절묘하게 자의식이 강한 시점이기에, 중심 소재나 주인공이 매우 독특하거나 양식이 실험적일 때에는 매혹적이고 흥미로울 수 있다. 그렇지 않으면 이인칭은 인물이 한창 개인적 생각에 깊이 빠져있는 도중에 독자가 갑자기 마음 속 창문을 열어젖히기라도 한 듯 느껴질 수 있다. 따라서 소설 중간 중간에 보편적 경험을 만들어내기 위해 방백처럼 활용되거나, 혹은 오랜 시간 지속될 필요가 없는 단편 소설에 사용되는 경우가 많다.

## 삼인칭

삼인칭 시점은 '그'라는 대명사를 통해 알아볼 수 있다. 삼인칭 시점에는 두 가지 주요 형식이 있다. 좀 더 거리가 있는 전지적 삼인칭 시점과 내가 친밀한 삼인칭 시점이라 부르는 삼인칭 관찰자 시점이다. 작가들은 이 두 가지를 혼란스러운 방식으로 섞어 쓰는 경향이 있다. 따라서 두 시점 사이에 분명한 선을 그어두고 앞으로 무엇을 사용할지 미리 정해두는 편이 가장 좋다.

### 친밀한 삼인칭
친밀한 삼인칭은 모든 시점 중에서 가장 직접적이고 실용적이다. 여기서 당신은 '그'라는 대명사를 사용하여 독자가 인물에게 떠밀려가지 않도록 충분한 거리를 제공하면서, 한 번에 한 인물씩 발전시켜 독자가 결코 혼란을 느끼지 않게 조정할 수 있다. 친밀한 삼인칭 시점에서 독자는 초점 인물이 알고 보고 듣는 것만을 접한다. 이때 작가는 그 인물에서 빠져나가 다른 인물이 알거나 파악한 정보를 제공할 수 없다(다른 인물이 직접 말로 전하지 않는 한). 여러 인물의 생각을 옮겨다니거나 짐작할 수도 없다.

　친밀한 삼인칭을 사용할 때, 초점 인물이 모르는 정보를 제공하는 일만은 반드시 피해야 한다. 가령, 당신이 "존은 검은색 밴이 모퉁이 근처에 숨어있는 줄 몰랐다."라고 썼다고 하자. 존이 몰랐다면, 당신은 전지적 시점으로 옮겨간 것이기에 이 부분은 반드시 수정해야 한다. 존이 밴을 발견하거나 밴에 타고 있던 누군가의 희생양이 되어 그가 상황을 파악했는지 여부가 드러날 때까지 그저 기다려라.

### 전지적 삼인칭
전지적 삼인칭 시점에서는 필요한 곳은 어디든 카메라가 움직일 수 있기 때문에, 인물의 머릿속은 물론이거니와 해당 장면의 어떤 측면이든 들여다볼 수 있다. 이 카메라는 모든 인물의 내면 풍경에 들어갈 수 있으며, 그러고는 재빨리 빠져나와 그 인물을 멀리서 바라볼 수도 있다. 이런 유연성 덕에 극적 상황과 갈등에 더 많은 선택지를 마련할 수 있고, 그래서 중요한 정보가 인물의 관점 밖에서 전달되어야 하는 대하소설 및 역사 소설에 자주 사용된다.

### 지속적 전지적 시점
이야기 전체에 걸쳐 앞뒤로 오가는 방식으로 한 명 이상의 인물의 머릿속을 들여다볼 수 있거나 여러 인물의 생각을 들을 수 있을 때, 나는 이를 지속적 전지적 시점이라 부른다. 카메라가 백설공주에서 얼간이, 심술이, 박사에게로 옮겨갈 때, 그들이 사악한 마녀를 어떻게 물리칠지 의논하는 새로운 장면으로 옮겨가지 않아도 모두의 생각과 의견을 들을 수 있다면, 당신은 분명 지속적 전지적 시점을 사용하고 있다.

지속적 전지적 시점을 사용하면 이 인물에서 저 인물로 자꾸 옮겨가기 때문에, 장면에 움직임의 감각과 동시에, 감정적 거리가 만들어진다. 한 장면에 여러 인물이 있을 때에는 그 인물들의 생각을 이리저리 누비고 다니는 방식이 유용할 수도 있지만, 그렇게 하면 서사가 어느 특정 인물에 단단히 밀착되지 않는다. 따라서 당신이 소설에서 인물들의 복잡한 심리와 그것의 발전 과정을 탐구하고자 할 때 지속적 전지적 시점은 다소 적절하지 않다.

### *순간적 전지적 시점*

한편, 순간적 전지적 시점은 삼인칭 관찰자 시점 장면 도중 인물은 알 수 없지만 독자가 상황을 파악하는 데 도움이 되는 내용을 일러주는 약간의 정보가 삽입되는 방식이다.

다음은 잉그리드 힐의 역사 소설, 즉 갱도에 빠져 구조를 기다리는 아이 어설라의 혈통을 따라 올라가는 일련의 조상들에 관한 이야기인 『사라진 어설라Ursula, Under』의 예이다.

> (르네 조쎄랑의 해골)은 오늘도 발견되지 않은 채 거기에 있었다. 잎사귀, 풀, 진흙이 덮인 비옥한 토양 속 4피트 반 아래, 무덤 파는 사람의 손조차 한 번도 닿지 않은 곳에서. 지역 엽서가 몇 장 있었지만, 어디에도 "파라다이스, 미시건, 도끼를 맞은 르네 조쎄랑 해골의 고장"라고 쓰여 있지는 않았다. 아무도 몰랐기 때문이다.

어설라의 조상 중 하나인 르네 조쎄랑은 죽은 지 오래고 그의 존재를 '아무도 모르'기 때문에, 엄밀히 말해 그는 서사에서 독자에게 이 정보를 전달할 수 있는 인물이 아니다. 하지만 그의 이야기가 주인공 어설라의 삶에 매우 중요한 데다 이 정보가 있어야 그의 스토리라인이 독자에게 잘 전달될 수 있기에, 힐은 이를 우리에게 말해주기로 했다.

전지적으로 뛰어넘는 부분이 너무 많으면 독자가 독서의 연속성에서 벗어나는 일이 발생할 수밖에 없다는 점을 염두에 둬라. 소설을 읽던 독자가 잠시 멈춰 "어, 내가 이걸 알면 안 될 것 같은데."라고 생각하거나 심지어 "이걸 정확히 누가 말해주고 있는 거야?"라고 의아해 할 수도 있다. 당신의 소설에서 이런 일이 자주 일어나선 안 된다.

## 한 장면에서 여러 개의 시점 이용하기

시점은 각 장면에서 인물이 사건을 인식하는 바를 독자에게 보여주는 카메라이다. 관찰자 시점을 택하면서 주인공이 한 명이라면, 그 주인공이 카메라를 담당하게 된다. 전지적 서술자가 있다면, 서술자가 카메라를 담당한다. 이 장에서 제시되는 시점에 대한 설명을 참고하여 당신이 내고자 하는 효과는 무엇이며 그에 따라 어떤 시점이 적절할지 결정해 보자.

주인공이 여럿이면 시점을 택하기가 더욱 까다로워진다. 관찰자 시점을 택하기로 했다면, 한 장면 안에서 이 사람 저 사람의 머릿속을 옮겨다니는 일에 대해서는 생각할 필요가 없다. 언제 어디서 서술자를 바꿀지에만 주의를 기울이면 된다. 하지만 당신이 정말로 어떤 사건 전개에 따라 카메라를 움직이며 인물 A, B, C의 생각을 보여주고 싶다면, 다음 절을 유심히 읽어보자.

### 한 장면 안에서 시점 바꾸기

한 장면 안에서 관련된 시점을 가진 인물이 여럿이라면 — 그들이 다른 인물들도 볼 수 있는 방식으로 말하거나 행동하게 하는 것이 아니라 당신이 그들의 머릿속으로 들어가고 싶다는 의미이다 — 전지적 시점을 사용해야 한다. 당신의 서사가 복잡하거나 종합적인 관점이 필요한 거대한 문제 — 전쟁, 문화, 인종, 정체성 — 를 다루고 있다면, 전지적 시점이 적합할 수 있다. 전지적 시점을 활용하면 개인의 범위를 넘어 — 몇 안 되는 인물의 내밀한 경험을 넘어 — 광범위한 역사나 풍부한 디테일 혹은 다양한 입장을 포괄하면서도 여전히 한 가지 주제에 대한 통합적 관점을 유지할 수 있다.

또한 전지적 시점은 이야기의 한 쪽 측면 이상을 보여줘야 할 때, 그리고 사후에 반추하는 것이 아니라 지금 벌어지고 있는 사건을 교차해서 보여주기 위해 여러 인물을 오가야 할 때도 유용하다.

그러나 당신은 첫 장면의 첫 문단에서부터 곧바로 전지적 시점을 명료하게 드러내야 한다. 독자가 자신은 오직 A 인물의 머릿속만 볼 수 있다고 믿게 되었는데 당신이 갑자기 B 인물의 머릿속으로 건너뛰었다면, 독자는 혼란을 느끼며 심지어 불편해할 수도 있다. 하나 더 경고하자면, 앞뒤로 너무 많이 이동하면 — 혹은 한 장면에서 서너 명 이상을 오가면 — 혼란이 야기될 수밖에 없다.

다음은 앤 라모트의 소설 『로지Rosie』에서 찾은 전지적 시점의 예이다. 『로지』는 남편이 죽은 뒤 혼자 딸을 키우고 있는 엘리자베스의 이야기이다. 책의 첫 장면에서 라모트는 모든 일을 알고 있는 신과 같은 입장에서 정보를 제공하며 이 소설의 시점이 전지적임을 독자에게 보여준다.

> 베이뷰 사람들은 엘리자베스에 대해 싫어하는 점이 수두룩했다. 그들은 엘리자베스가 너무 크고, 너무 마르고 너무 쌀쌀하다고 생각했다. 그는 목이 너무 길었고 가슴은 너무 컸다. 가슴 사이즈가 비슷할 법한 남자들도 그에겐 접근할 마음이 들지 않는다고 하며, 그를 차가운 여자라 말했다. 여자들은 그의 옷맵시를 보며 샘을 냈다.

이는 어떤 한 인물의 렌즈를 통해 전달되는 정보가 아니기 때문에, 독자는 시점이 전지적이며, 이 카메라는 가야할 곳이면 어디든 갈 수 있다는 점을 즉각 이해할 수 있다. 라모트는 주인공인 엘리자베스와 로지의 생각 및 감정을 매끄럽게 누비고 다니며 모든 장면에서 이 시점을 유지한다. 어떤 단락에서는 로지의 시점이 펼쳐진다.

> 아빠가 세상을 떠났을 때 로지 퍼거슨은 네 살이었다. 사람이 가득한 성공회식 장례식에서 엄마 무릎에 앉은 로지는 아빠가 죽었다는 사실을 알면서도 계속 아빠가 신도석 첫 번째 줄로 찾아오기를 기다렸다. 자기에게 뭘 가져다줄지 궁금해하면서.

그런 뒤 같은 장면의 다음 단락에서는 엘리자베스의 시점이 나온다.

> 엘리자베스는 무릎에 로지를 앉혔다. 자신을 돌봐 주려 애쓰는 딸의 마음이 어렴풋이 느껴졌다. 로지가 계속 자신을 토닥거리며 씩씩한 웃음을 지어 보였기 때문이다. 그러나 엘리자베스는 지금 일어나고 있는 일에 좀처럼 집중할 수 없었다. 모든 것이 너무 비현실적이었다. …

한 번 전지적 시점을 선택하면 장면 내에서 바꾸지 않고 끝까지 책임져야 한다. 라모트가 각 인물에게 한 단락씩 온전히 할당해주었다는 점에도 주목하라. 여러 사람의 생각을 옮겨다니려 할 때 나는 각 인물에게 최소한 한 단락은 마련해줘야 한다고 권한다. 카메라를 다시 옮기겠다는 신호를 독자에게 줄 때, 단락을 새로 시작하는 것도 좋은 방법이다. 같은 맥락에서 다음의 내용을 명심하라.

- 응집성을 높이기 위해서는 행동의 중간보다는 끝날 때 시점을 바꿔라.
- 대화가 끝난 후 시점을 바꿔라. 어떤 인물의 생각을 상대방 인물의 말과 섞으려 하지 말라.
- 그 장면의 사건에 대해 다른 인물의 반응을 보여주고자 할 때 시점을 바꿔라.

한 가지 경고: 전지적 시점을 사용하고 있어서 모든 인물의 머릿속에 들어갈 수 있다 해도, 신중히 선별해야 한다. 독자가 모든 주변 인물의 생각이나 의견을 전부 들을 필요는 없다. 플롯 정보에 기여하거나 주인공에 대한 독자의 이해를 높일 수 있는 인물의 시점을 유지하라.

## 장면이 바뀔 때 시점 바꾸기

인물이 차를 타고 이동하거나 산책을 하지 않는 한, 한 장면은 대체로 한 장소에서 이루어져야 한다는 점을 명심하라. 따라서 한 장면이 한 장 분량이라면 — 즉 각 장을 하나의 장면으로 구성하고 있다면 — 자연히 그 장의 물리적 장소도 하나로 제한된다.

한 장 안에 여러 장면이 들어갈 때에는 각 장면을 퀼트 조각 혹은 퍼즐 조각이라고 생각해보자. 각 장면은 반드시 그 장 안에서 모종의 통일성이나 이해를 이루어야 한다. 다음의 항목을 달성하고 싶을 때에는 한 장에 여러 개의 장면을 활용하는 편이 좋다.

- 한 가지 주제나 문제를 여러 각도에서 살펴보기
- 여러 군데의 물리적 장소를 오가거나 현재 시점의 전후로 움직이기
- 현재 장면에서는 얻을 수 없지만 이야기 전개 상 그 시점에 반드시 필요한

새 플롯 정보를 구축하기
• 다른 인물을 소개하기

작가 조디 피코는 자살, 강간, 모성 등 서로 다른 여러 각도에서 볼 수 있는 주제를 다루기 때문에 책을 쓸 때 각 장에 여러 장면을 넣곤 한다. 어떤 장에서든, 특정한 플롯 사건을 제시할 때면 그는 한 가지 주제에 대한 무수한 입장을 골고루 반영할 수 있도록 한 장면에 여러 인물을 등장시키곤 한다.

예를 들어, 그의 소설『두 번째 눈길 Second Glance』은 버몬트 주의 컴토숙 마을에 대한 이야기이다. 이곳에 어떤 개발자가 성스러운 땅을 개발하겠다고 위협하자 초자연적인 사건이 일어나고, '바람직하지 않은 유전자'를 솎아내기 위해 설계된 1920년대 인종 개량 프로그램이 오랫동안 감춰져 있다 밝혀진다. 이 소설은 여러 시점이 활용된다. 각 장은 일련의 짧은 장면으로 나뉘어, 이상한 사건에 영향을 받은 서로 다른 인물 열 명의 시점으로 전해진다. 장마다 여러 개의 장면이 있음에도 각 장면은 딱 한 가지 시점으로 고정되어 있다는 점에 주목하라. 새 장면이 시작된다는 것을 보여주기 위해 피코는 시각적 표시 ― 네 줄 띄우기나 '* * *' 등의 표식 ― 를 사용하며, 처음 몇 줄 안에 시점 인물이 누구인지 보여준다. 이러한 장면들을 통해 바로 그 특정 시점으로 탐색되고 있는 플롯 사건에 다종다기한 깨달음의 조각이 더해진다. 다음은 엔젤 채석장에 정말 귀신이 있는지 아니면 누군가가 친 장난인지를 사람들이 알아보려 하는 2장에서 장면을 시작하는 세 가지 예이다.

로스는 누굴 더 탓해야 할지 알 수가 없었다. 자기 마음에 이런 씨를 심은 이선일까, 굳이 그 얘기를 들은 자신일까. 엔젤 채석장에 귀신이 나온다. 조카가 그렇게 말했고, 다들 그렇게 말한다. …

"그걸로 뭘 만들게?" 끙끙대며 드럼을 몇 피트 왼쪽으로 옮기며 물었다. 그들이 앉아있던 바로 그곳, 그들 발밑의 땅은 얼어붙어 있었다. 그러나 그 위에 있는 이곳에는 민들레가 자라고 있었다. …

"이선?"

암막커튼 아래 서 있다가 이선은 엄마의 목소리에 얼어붙었다. 그는 몸을 뒤로 제껴 따뜻한 창유리에 눌리지 않게 했다. …

각 장면은 자기만의 단위이지만, 이 장 안의 여러 장면이 모두 저마다의 역할을 하며 다시 한 데 모여 독자에게 엔젤 채석장에 대한 이미지를 형성해준다. 이 장의 마지막쯤에 독자는 결국 엔젤 채석장에 귀신이 있다는 확신을 갖게 된다.

한 장에 여러 장면을 넣는 방법은, 작은 부분을 모아 보다 크고 종합적인 전체 모자이크를 완성하는 보편적이면서 효과적인 방법이다. 그러나 여기에도 주의할 점이 있다. 한 장에 장면을 여러 개 넣으면 이미 독자가 여기저기 옮겨 다닐 수밖에 없기 때문에, 각 장면을 오직 하나의 시점 ― 전지적 시점은 제외 ― 으로 전개해야 독자에게 제대로 전달할 수 있다.

## 장이 바뀔 때 시점 바꾸기

한 장이 긴 장면 하나로 이루어진 서사도 많다. 이 구성의 장점은 복잡한 시점 구조를 분명히 드러내기 위해 경계를 만들 필요가 없다는 점이다. 한 장을 한 장면으로 구성하는 방식은 분명 작업하기 가장 단순하고 명확한 구조이며, 특히 초보 작가의 경우에는 장면 만들기에 숙달하여 보다 복잡한 구조로 나아갈 수 있을 때까지 이 방식을 유지하는 편이 좋다. 한 장이 하나의 긴 장면이면, 주인공의 장면 의도에 초점을 맞추고 이것이 어떤 유형의 장면이 될지 결정하며(12~21장 참조) 핵심 요소를 한 장에 하나씩 활용할 수 있다. 이 구조는 할 일이 적을 뿐 아니라, 한 장 안에서는 독자가 같은 장소 및 시간에 머물 수 있게 해준다. 독자는 이 구조가 보다 쉽고 뚜렷하다고 느끼며, 그런 만큼 섬세하고 복잡한 질감과 층위를 갖추진 못했다고 생각할 수도 있지만, 이 방법을 사용하면 당신도 이야기를 단순하고 명확하게 전할 수 있다. 한 장을 한 장면으로 구성하는 방식은 다음의 경우에 이상적이다.

- 인물을 통일된 시간 및 장소에 두고 싶을 때
- 대화가 많은 분량을 차지하는 대화 장면을 쓸 때
- 긴장감을 조성하기 위해 행동을 오래 끌어야 하는 서스펜스 장면을 쓸 때
- 플래시백을 사용하지 않는 선형적 연대기 형식의 서사일 때
- 다른 주인공으로 다른 효과를 내기 위해 시점의 유형을 바꾸려 할 때. 가령 주인공 A는 일인칭으로 서술하지만, 주인공 B는 3인칭 관찰자가 더 적합할 때

한 장이 하나의 긴 장면이면, 당신은 각 주인공에게 충분히 시간을 들일 수 있다. 관찰자 시점을 사용하고 있다 해도, 한 장이라는 분량이 확보되면 한 주인공의 경험을 탐색하고 독자들에게 보여줄 시간을 훨씬 충분히 가질 수 있다.

### 주인공이 여럿인 스토리 아크(STORY ARC)

시점 장면과 장에 주인공을 여러 명 등장시키기로 했다면, 보다 다양한 개성과 세계관을 활용할 수 있는 자유를 얻을 수 있지만, 동시에 도전과제가 더해지기도 한다. 각 인물에게 스토리 아크를 부여해야 한다는 부담이 생기기 때문이다. 각 인물이 모두 변화를 겪어야 하며, 계기적 사건에 연관되어야 한다. 그리고 서사를 진행시키기 위해 종국에는 각각의 플롯라인을 병합해야 한다.

이는 23장에 제시된 안내에 따라 각 인물이 반드시 달성해야 할 요건이 있다는 의미이다.

- 계기적 사건에 대응하기 (그들이 하나의 계기적 사건을 모두 공유하면 당신 작품의 응집력이 훨씬 높아질 것이다)
- 계기적 사건에서 파생되어 나온 결과와 연관 맺기
- 계기적 사건의 결과로서 변화하기
- 서사가 끝날 때까지 각 주인공들의 개별적 스토리라인을 통합하기

궁극적으로는 당신의 서사에 맞는 밀접함이나 거리감을 전달할 수 있는 시점을 택하고, 독자에게 일관성을 제공하여 지금 누구의 시점으로 이야기가 진행되고 있는지 혼란이 없게 해야 한다. 또한 서사에 등장하는 각각의 주인공에게 동등한 분량을 할당해야 한다.

두 명 이상의 주인공의 스토리라인을 성공적으로 통합한 대표적 사례로는, M. R. 캐리의 『멜라니: 구원의 소녀』, 리안 모리아티의 『정말 지독한 오후』, 조디 피코의 『마이 시스터즈 키퍼』, 저스틴 크로닌의 『통로 The Passage』 삼부작 등이 있다.

## 주인공들에게 동등한 분량을 할당하기

시점을 여러 개 사용하는 방식에 대해 살펴보았으니, 이제는 각 페이지에서 서술자가 시간을 분배하는 방법에 대해 논해야 한다. 주인공이 한 명 이상임을 가장 확실히 알려줄 수 있는 방법은 서사에서 각 주인공에게 비슷한 시간을 배분해주는 것이다. 이때 시간은 장면 수에 따라 나눌 수도 있고, 장 수에 따라 나눌 수도 있다.

간단한 공식을 따르는 작가들도 많다. 각 시점 인물이 순서대로 돌아가며 한 장이나 한 장면을 서술하는 방식이다. 인물 A가 맨 먼저 나오고, 그 다음은 B, 그 다음은 C가 된다. 그런 뒤 ABC, ABC, ABC로 이 패턴을 반복한다. 다시 말해, 인물에게 서술의 기회를 한 번씩 준 뒤 첫 인물로 다시 돌아가면 된다. 각 주인공이 최대한 비슷한 분량을 받는다는 전제 하에 패턴을 AAA, BBB, CCC, 혹은 AA, BB, CC의 방식으로 변형할 수도 있다.

# 23

# 보조 인물 및 주변 인물

작품 속에 온갖 교활하고 매혹적인 인물을 만들어내는 창조자로서, 처음에 그들의 중요성에 차등을 부여하기가 어려울 수도 있다. 아무리 악역이라 해도 당신에게 소중하지 않은 인물이 어디 있겠는가. 하지만 각 장면은 물론 서사의 전체 여정에서 각 인물이 기여하는 바에 관해서는 사실 분명한 위계구조가 필요하다. 이곳은 보조 인물의 역할을 설명하기 위한 장이긴 하지만, 우선 주인공의 역할에 대해 간단히 복습해보자.

    모든 서사에서 가장 중요한 인물은 주인공 ― 계기적 사건의 중심에 있으며 서사 속에서 가장 큰 도전과 시험을 받게 되는 인물 ― 이다. 당신의 서사에 따라 주인공이 한 명 이상일 수도 있다. 주인공은 당신 이야기에서 가장 주목받는 사람으로, 그들이 대부분의 일을 하며 대다수의 대사를 맡는다. 독자들은 그들의 감정적, 정신적 갈등에 가장 관심을 쏟는다. 관찰자 시점의 장에서는 각 주인공이 자신의 장면에 대해 서술한다. 당신이 전지적 시점으로 서술하지 않는 한, 보조 인물의 시점을 보여주는 일은 상대적으로 흔치 않다. 심지어 그렇다 해도 덜 중요한 인물에겐 분량도 그만큼 적게 배분해야 한다.

## 조연 인물

조연 인물의 임무는 변화와 갈등을 만들고 지지와 공감을 제공하고 당신의 서사를 풍성하게 만들면서 주인공을 의미 있는 방향으로 이끄는 것이다. 진정한 조연 인물은 주인공이 아니지만, 그렇다고 그저 그런 보조 인물도 아니다. 조연 인물은 주인공의 스토리 아크에 영향을 미치는 중요한 역할을 맡기 때문이다. 그러나 그가 죽거나 사라진다 해도, 이야기는 그가 없이도 계속 진행될 수 있어야 한다(물론 그가 없어지면서 주인공에게 분명 어떤 영향을 남긴다!).

여기서 우리는 조연 인물의 주요 유형 두 가지, 즉 반동 인물 및 조력자의 역할에 대해 살펴볼 것이다. 이 유형의 인물에게 그들만의 시점으로 진행되는 장이 따로 배정되지는 않으며(이 규칙을 멋지게 깨는 작품을 찾게 될 테지만, 그것이 규칙은 아니다.), 전지적 시점이라 해도 그의 머릿속을 보여주는 데 여러 단락이나 페이지가 할애되지 않는다. 독자는 주인공의 곁에는 누가 있는가, 그들의 시점에서 이야기를 하는 데에는 얼마의 시간이 할애되는가를 인식할 것이기에, 조연 인물의 관점을 서술하고 싶다면 꼭 필요한 곳에만 경제적으로 제시해야 한다. 주요 인물이 지면에서 더 많은 분량을 차지해야 하며, 독자 역시 다른 어떤 인물의 관점보다도 주인공의 렌즈를 통해 상황을 봐야 한다.

### 반동 인물

반동 인물은 주인공의 목표를 방해하는 것이 목표인 사람이나 집단이다. 주로 '악역'이라 불리는 반동 인물은 갈등을 일으키고 감정적 압박을 높여야 한다. (대자연의 힘이나 주인공을 방해하는 다른 요소가 반동 인물이 될 수도 있지만, 이 장에서는 인간이 반동 인물인 경우만 다룬다.)

반동 인물이 모든 장면에 등장해야 할 필요는 없지만, 그가 이야기에 존재한다는 사실로 인해 모든 장면에 압박, 위협, 불확실함의 감각이 담겨야 한다. 반동 인물은 그가 어떤 생각과 동기를 가지고 있는지 당신이 이해할 수 있을 정도로 발전시켜야 하지만, 주인공처럼 온전히 캐릭터 아크(character arc)를 부여할 필요는 없다.

반동 인물을 만들 때에는 사실 다음의 사항만 잘 알고 있으면 된다.

- 반동 인물이 주인공을 방해하게 된 최초의 동기는 무엇인가?
- 주인공을 방해해 반동 인물이 얻고자 혹은 이루고자 하는 바는 무엇인가?
- 반동 인물이 자신의 목표를 달성하지 못할 때 잃는 것은 무엇인가?

서사 속에서 반드시 모종의 변화를 겪어야 하는 주인공과 달리, 반동 인물은 너무 온전히 발전하지 않아도 된다. 그들은 악하게 시작하여 악한 채로 머무를 수 있다(그러나 신빙성이 떨어질 정도로 악랄한 악역을 만드는 일은 피해야 한다). 반동 인물을 구축하는 작업의 대부분은 그가 왜, 그리고 어떻게 그런 사람이 되었는지를 보여주고 그의 동기를 드러내어, 독자들이 그가 그토록 주인공을 방해하는 이유를 이해할 수 있게 하는 일이다. 순수한 악함 때문인가? 아니면 탐욕이나 욕망 혹은 두려움 때문인가? 위대한 악역은 모두 동기를 갖추고 있으며, 그중에서도 최고의 동기는 복수인 경우가 많다. 자신이 무시나 모욕을 당하거나, 다치거나, 좌절하여, 그것을 바로잡기 위해 나서는 것이다.

　독자는 반동 인물의 동기를 반드시 파악할 수 있어야 하지만, 서사에서 반동 인물이 중요한 이유가 그의 개별적 이야기 때문은 아니다. 그가 주인공에게 어떤 영향을 끼치며, 변화를 위한 촉매로서 어떻게 작용하는가가 핵심이다. 반동 인물이 주인공을 변화하거나 행동할 수밖에 없도록 만드는 몇 가지 방법은 다음과 같다.

- **무시무시한 위협을 즉각 제공하기.** 반동 인물은 주인공이 막지 않으면 초래될 수밖에 없는 아슬아슬한 결과로 주인공을 위협한다. 이를 통해 서스펜스와 긴박함을 만들어낸다.
- **두려움을 통해 일련의 행동을 촉발하기.** 반동 인물을 두려워한 나머지 주인공이 어떤 행동을 취하거나 특정한 방식으로 반응한다.
- **방어적이거나 용감한 일련의 행동을 촉발하기.** 주인공이 자기 자신이나 사랑하는 사람을 보호하기 위해 어떤 행동을 취하거나, 반동 인물로 인해 촉발된 아주 용감한 행동을 보여준다.

반동 인물에게 패배 외의 다른 변화를 꼭 만들어줘야 할 필요는 없지만, 몰락하거나 궁지에 몰린 이후 그가 주인공을 더 이상 방해하지 않고 도와주기로 결심하면서 서사 마지막에 그를 구제해줄 수도 있다. 이는 제대로 해내기 쉽지 않은 묘기로, 대개 반동 인물이 일찌감치 이중성에 대한 잠재적 가능성을 선보였을 때에만 통한다. 예컨대, 전에도 명령을 따르길 주저했던 나치 군인이 불현듯 양심의 각성을 하면 유태인이 탈출할 수 있게 도와줄 수 있다. 그러나 반동 인물을 죽음으로 몰고간 뒤 아무도 돌아보지 않게 만들어도 얼마든지 괜찮다.

## 조력자

조연 인물에서 또 하나의 주요 유형은 주인공의 친구, 조력자, 혹은 사랑하는 사람이다(논의의 편의를 위해 이 모두를 조력자 항목에 포함시키겠다). 다시 말하지만, 조력자는 이야기 속에서 개인적 변화를 극적으로 겪어야 할 필요가 없기 때문에, 이들에게는 자기만의 시점 장면이나 장이 주어지지 않아도 된다. 조력자는 주인공을 지원하면서 그가 자신의 과제에 도전하고 성공할 수 있게 행동한다. 조력자는 그저 주인공이 신의를 다하는 연인으로, 모든 일이 잘못되고 있는 와중에도 그를 지탱해주는 사람일 수도 있다. 혹은 주인공이 긴장을 늦추지 않게 자극하고 그의 기운을 북돋워 주면서 목표에 도달할 수 있게 도와주는 오랜 여정의 동반자일 수도 있다.

이러한 조력자들이 복잡한 캐릭터 아크를 가질 필요는 없지만, 주인공을 지원하기 위해서는 대부분 모종의 도전에 응할 수밖에 없다. 조력자가 주인공을 대신하여 용기 있는 행동이나 이기적인 행동을 겪어야 할 때도 많다. 그러나 이런 행동은 조력자가 아니라 주인공이 변화하기 위한 것이라는 점을 명심하라. 조력자는 몇 가지 방식을 통해 이 과제를 달성한다.

- **희생.** 주인공이 임무를 수행할 수 있도록 조력자가 자신을 희생하는 일은 매우 보편적이다. 위대한 대하소설에는 모두 이런 종류의 희생이 등장한다. 내가 가장 좋아하는 판타지 시리즈 중 하나인 로빈 홉의 소설은 『암살자의 견습생Assassin's Apprentice』으로 시작하여 전체 아홉 권의 책으로 이어진다. 이 시리즈에는 주인공을 위해 다양한 방식으로 자신을 희생하는 멋지고 깊이 있는 조력자들이 등장한다. 홉은 특히 인물 발전에 매우 뛰어난 작가이기에, 어떤 유형의 인물을 구축하는 데 어려움을 겪고 있다면 그의 책을 추천하고 싶다.
- **경이로운 힘이나 용기를 발견하기.** 조력자를 활용하는 또 하나의 멋진 방

법은 그가 할 수 있다고 아무도 생각지 못했던 힘이나 용기를 주인공이 그것을 가장 필요로 할 때 발휘하게 하는 것이다. 해리 포터가 중대한 싸움을 하고 있을 때, 때마침 자신의 힘을 발견하여 해리를 도와준 네빌 롱바텀을 떠올려보라. 계속 움츠리고 있던 조력자가 위기에 직면한 순간 갑자기 용기, 양심, 힘을 보여줄 때야말로 더없이 극적인 효과가 만들어진다.

- **더 큰 지원 그룹 만들기.** 이런 저런 이유로 주인공이 그저 혼자 나서야 할 때도 있다. 그때 조연 인물은 주인공을 대신하여 도와줄 사람들을 모으고, 가장 결정적인 순간에 주인공이 전혀 예상치 못했던 지원군을 이끌고 나타난다. 이는 역사 소설에서 투표권을 얻어내고자 싸우기 위해 한꺼번에 나타나는 여성 참정권 운동가들(서프라제트)처럼, 최후의 순간에 자신들의 대의를 품고 들이닥치는 운동가 집단의 형식을 취할 수도 있다.

조력자는 생생하고 기억에 남는 인물이어야 하지만, 주인공을 지원, 지지, 보조하는 주요 임무도 수행해야 한다. 조연 인물인데도 이 세 가지 임무를 제대로 하지 않는다면, 그는 솎아내야 할 불필요한 인물이거나 정체를 숨기고 있는 반동 인물일 것이다.

## 단역 인물

마침내 당신의 허구 서사에 등장할 인물들 중 마지막 유형, 단역 인물을 살펴볼 시간이다. 그들은 풍미를 돋우고 현실감을 높이는 역할을 담당한다. 이들은 상점 점원, 행인, 전화 교환원, 비행기 승무원, 웨이트리스, 기차 승객, 영화관 안내원 등으로, 주요 인물에게 상호작용이나 도전에 관한 사소한 기회를 제공한다. 그들은 당신의 필요에 따라 일회성일 수도 있고 필수적일 수도 있다. 단역 인물은 장면에 주인공이나 조연 인물만큼 자주 등장하지 않는다는 점을 보고 판별할 수 있다. 그들은 대개 필요할 때에만 등장하기에, 그것이 전체 서사 중 단 한 번일 수도 있다.

『오즈의 마법사』에 등장하는 난쟁이족을 떠올려보라. 그들은 도로시에게 노란 벽돌 길을 가르쳐줄 때에만 나타난다. 타나 프렌치의 미스터리 소설에 등장하는 살인 전담반의 이름 없는 '노숙자들'처럼 더 비중 없는 단역도 있다. 단역 인물들은 복잡하게 발전시킬 필요가 없다. 단역 인물은 주인공을 돋보이게 하는 받침대이기에 이렇게 밋밋해도 충분히 효과가 있다. 사실 나는 이들을 용액에서 반응을 일으키는 화학물질이라고 생각하곤 한다. 그들은 지나가는 장면에서 주인공에게 아이디어를 제공하고 작은 지혜를 건네주며, 주인공과 가볍게 다투기도 한다. 그들이 주요 인물만큼 여러 장면에 등장하거나, 성격이 복잡해야 할 필요는 없다. 그러나 훌륭한 단역 인물은 모종의 생생한 특성을 갖고 있어 주인공이 자연스레 거기에 반응하게 한다. 마치 요란하게 (그리고 거슬리게) 풍선껌을 불어 터뜨리는 계산대 직원처럼 말이다.

이 인물들도 변화를 겪어야 하는 걸까에 대해서는 결코 신경 쓸 필요가 없다. 또한 그들에게 연인이나 어린 시절을 부여하지 않아도 된다.

다음은 단역 인물을 장면에 멋지게 활용하는 방법이다.

- **플롯 정보를 제공하거나 연결하기.** 이는 주인공이 꼭 알아야 하지만 혼자서는 얻을 수 없는 정보여야 한다.
- **중요한 플롯 사건의 목격자 역할을 하면서 실마리를 연결할 수 있게 돕기.** 살인 사건의 목격자일 수도 있고, 부모의 이혼에서 통렬한 진실을 털어놓는 어린 아이일 수도 있고, 주인공이 꼭 알아야 할 때 남편의 부정을 밝히는 조용한 이웃일 수도 있다.
- **행동을 누그러뜨리기.** 주인공이 매우 불같고 성급한 성격일 때 친구나 지인의 외침이 차분한 자제력으로 작동할 수 있다.
- **현실감 더하기.** 우리는 매일매일 거의 모든 일을 할 때마다 다른 사람들과 더불어 서로 상호작용하며 지낸다. 따라서 소설의 인물들도 친한 친구에서부터 마트 점원까지 다른 여러 사람들과 마주쳐야 한다. 실제로 인물이 서사의 어떤 지점에서 다른 사람을 만나지 않는다면, 그가 감금되어 있거나 광장공포증을 겪고 있는 등 그럴 만한 이유를 제대로 마련해둬야 할 것이다.
- **재미있는 이완을 제공하기.** 강렬한 장면에서 누군가가 재치 있는 농담을 던지면 멋지게 균형을 잡을 수 있다.
- **사고뭉치로 행동하기.** 단역 인물은 오직 주인공의 삶에 문제를 만들고 갈등을 일으키기 위해 존재하기도 한다. 주인공이 정말 좋아하는 상대와 데

이트를 시작할 때마다 나타나는 버릇이 있는 전 애인이나 주인공의 집에서 자꾸 물건을 훔쳐가는 나쁜 친척 등이 그 예이다.
- **주위를 돌리는 기능하기.** 단역 인물은 마지막 장면에 들어갈 플롯 반전으로부터 독자들의 주의를 돌리는 역할을 할 수도 있다. 독자들이 꽤 친절한 남자라고 생각했던 사람이 연쇄 살인범이라면, 상당히 불량해 보이는 ― 마약이나 폭력의 과거가 있는 ― 단역 인물을 배치하여, 충격적 진실이 밝혀질 때까지 독자가 진짜 범인을 눈치채지 못하게 유인할 수 있다.

위의 목록에서 알 수 있듯, 단역 인물은 배경의 일부분에 가깝다. 그들을 깊이 발전시킬 필요는 없다. 그저 필요할 때 유용하게 사용하면 된다.

## 인물을 적재적소에 배치하기

조연 및 단역 인물이 매우 유혹적일 수 있다는 점을 일러두고 싶다. 그리하여 자칫하면 그들이 말을 너무 많이 하거나 실제 필요보다 더 많은 장면에 나타나게 된다. 다시 한번 해리 포터를 살펴 보자. 해리에겐 친구와 동료도 많고 흥미로운 마법사와 강력한 생물체도 잔뜩 만나지만(그들이 없었으면 일곱 권 분량이나 되는 모험을 해낼 수 없었을 것이다), 독자들이 술집 주인인 로즈메르타 부인이나 호그와트 관리인 아구스 필치를 걱정하는 데에는 그다지 시간을 낭비하지 않는다. (해리의 가장 친한 친구인 헤르미온느 그레인저와 론 위즐리는 훌륭히 발전되어 몇 가지 변화를 겪지만, 그들은 여전히 조연 인물이라는 점도 짚어둘 가치가 있다. 궁극적으로 이 책은 해리의 이야기이자 여정이며, 따라서 극적인 변형을 반드시 거쳐야만 하는 인물도 해리이다. 론이나 헤르미온느가 조력자로서 용기와 힘, 희생과 지원을 멋지게 선보이지만, 혹여 그들 중 하나가 목숨을 잃는다 해도(안 돼!) 이야기는 계속되어야 한다.) 주변 인물이 아무리 중요하다 해도, 다음의 주의사항을 준수하며 주변에 머물러야 한다는 점을 명심하라.

- 드문드문 등장시켜라. 주변 인물이 매 장면 등장해선 안 된다.
- 내적 성찰을 적게 보여주거나 전혀 보여주지 말라.

- 감정적으로 복잡하게 만들지 말라.
- 인물을 돕거나 방해하는 행동 양식이나 성격을 선보여라.
- 주인공의 변화나 반응을 자극하는 촉매로서 행동하라.

조연이나 단역 인물을 거의 모든 장면에 등장시키면, 독자들은 그가 더 이상 주변 인물이 아니라고 생각하며 그에게 — 즉 작가인 당신에게 — 더 많은 활약을 기대하기 시작할 것이다. 물론 조연 인물은 주인공과 함께 여러 장면에 등장할 수 있지만, 중심은 어디까지나 주인공에게 맞춰져야 하며, 조연 인물은 주인공을 어떤 식으로든 보조하고 지원하거나 방해하는 역할로서 움직여야 한다.

## 조연 인물 승격시키기

이따금씩 조연으로 삼으려던 인물이 색채와 깊이를 더해가며 플롯에 너무 잘 맞아서 그의 지위를 공동 주인공으로 상승시키고 싶어질 때도 있다. 즉, 이제는 그 인물도 현재 진행되는 서사의 다른 주인공과 마찬가지로 자기 시점을 서술하는 시간을 가져야 한다는 의미이다. 심지어 그가 원래 주인공보다 더 나을 수도 있다. 때로는 초고를 검토하면서 이런 생각이 들기도 한다. 조연 인물을 집필할 때 당신이 어떻게 느끼는지 면밀히 살펴라. 다음과 같은 특징을 보인다면, 그는 당신이 생각했던 것보다 훨씬 더 중요한 인물일 수도 있다.

- 모든 혹은 대부분의 장면에 등장한다.
- 현재 주인공과 별개로 자기만의 감정적 변화를 겪기 시작한다.
- 그가 플롯에 너무 필수적 역할을 담당하게 되어 그가 없으면 이야기가 이어지지 않거나 혼란스러워진다.

그가 이야기를 차지하기 시작했다면, 혹은 생각보다 훨씬 더 강력한 힘을 가졌다면, 서사에서 배치받은 지위가 너무 낮아서 올려줘야 하는 것은 아닌지 고려해볼 수 있다.

조연 인물은 조력자이거나 반동 인물로, 주인공을 방해하거나 지원한다. 그들은 생생한 개성을 가지며 기억에도 오래 남지만, 반드시 극적 변화를 겪어야 할 필요는 없다. 단역 인물은 거의 배경의 일부로서, 주인공이 플롯의 다음 측면으로 옮겨갈 수 있게 도와주는 단순한 촉매로 작용한다. 그리고 그들에겐 뒷이야기나 세부사항을 부여하지 않아도 되고, 변화를 겪어야 할 의무도 전혀 없다.

　이러한 유형의 인물을 잘 활용하면, 주인공이 변화할 수 있는 다양한 도전 과제와 상황을 제공하면서 각 장면에서 당신이 도움을 받을 수 있는 풍성하고 생생한 등장인물을 만들 수 있다.

# 24

# 장면 전환

지금까지 우리는 각 장면의 구성에 대해 이야기했다. 이는 이 책의 가장 중요한 주제이자 당신을 원고를 쓰기 시작하도록 준비시키는 것 이상의 의미이다. 그러나 무수한 장면이 차례대로 쌓인다고 바로 서사가 되지는 않는다. 그러니 이제는 개별 장면을 한 데 엮어 튼튼하고 생생한 스토리라인을 구성하는 방법을 살펴보자.

장면을 몸을 구성하는 세포로 생각해보는 것도 도움이 된다. 각 유형은 개별적이고 독특하여 각기 다른 역할을 하지만, 그들이 모두 맞물려 작동하지 않으면 응집력 있는 서사를 만들기 어렵다. 가장 간단히 장면을 연결하는 방법으로는 전환, 즉 장면의 시작이나 끝 부분에서 당신이 시간, 공간, 시점 및 그 외 여러 디테일을 압축하고 이동시키면서 진행의 감각을 만들어내고 인물의 삶에서 시시하고 단조로운 순간은 생략하는 구절을 통하는 방식이 있다.

마지막 부분이 매우 중요하다. 허구는 실제 삶의 모방이다. 당신의 목표는 오직 가장 의미 있고 관련이 깊으며 극적인 순간만을 제공하고 당신의 서사에 달리 기여하는 바가 없는 부분은 생략하는 것이다. 이 점을 절대 잊지 말자!

전환은 장면의 시작부에 있을 때 가장 눈에 띈다. 여기서 당신은 독자가 정신적 도약을 할 수 있게 이끌어야 한다. "아, 알았어요. 그는 이제 농장을 떠나 비행기를 탔군요!" "아, 이제는 새벽이 아니라 한밤중이네요!" 따라서 우리는 먼저 장면이 새로 시작되는 부분에서 전환을 명료하게 만들어내는 방법에 초점을 맞출 것이다. 이전 장면의 말미에서 다양한 장면 유형을 설정하는 방법에 대해서는 이미 앞에서 다뤘지만, 여기서는 다음 장면을 염두에 두면서 다시 한번 간단히 정리해보겠다.

    독자는 새로운 장면이 시작될 때마다 이야기가 삐걱거리는 것을 좋아하지 않는데다, 서사는 때로는 수백 개에 이르는 여러 장면으로 이루어져 있기 때문에, 연속되는 각 장면이 자연스럽게 이어지는 느낌 혹은 앞 장면에서 인과적으로 도출된 느낌을 제대로 만들어내야 한다. 한 장이 장면 하나로 이루어졌든 열 개로 이루어졌든, 장 역시 이야기의 진행에서 단절점으로 작용한다. 따라서 장의 전환도 원활하게 이루어져야 한다.

    한 장면이나 장의 결말은 인물이나 플롯 디테일에 변화, 환기, 반전을 만들어내기 위해, 앞의 사건들로부터 짧은 휴지를 제공하면서 독자에게 적어도 잠정적으로나마 모종의 결론을 맺겠다고 전하는 신호이다. 물리적 위치 등 사소한 것이 바뀔 수도 있고, 다음 장면은 몇 년이 훌쩍 지난 시점일 수도 있다. 어느 쪽이든 한 장면이 시작할 때, 당신은 그사이에 일어난 변화를 일러주는 일을 가장 우선적으로 또 중요하게 여겨야 한다.

## 장면 변화의 신호 보내기

장면을 새로 시작했을 때, 당신은 우선 독자에게 주인공 및 다른 인물들이 이전 장면과 어떤 관계를 맺고 있는지 짚어줘야 한다. 작가로서 이렇게 물으며 시작해보자. 어떤 점이 변했을까? 내 인물들은 지금 언제 어디에 있을까? 어떻게 하면 독자에게 이를 분명히 전달할 수 있을까?

### 시간, 요일, 달, 혹은 연도

어떤 장면을 시작하려면, 독자에게 시간이 얼마나 지났는지 — 몇 분, 며칠 혹은 몇 년 — 분명히 알려줘야 할 때가 많다. 주인공의 삶과 이야기 중에서 흥미로운 지점만 뽑아내고자 할 때에는 시간을 압축하는 방식이 매우 유용하다. 다음은 시간을 건너뛰는 방식을 활용한 두 가지 사례이다. 첫 번째는 크리스 보잘리언의 『미드와이브스』, 두 번째는 칼렙 카의 『이스트 사이드의 남자』의 일부이다. 각 인용문이 해설을 통해 상황을 간단히 묘사하는 방식을 중심으로 읽어 보자. 편의를 위해 강조표시를 해 두었다.

> 어머니가 말씀을 하시기 *시작한 후 얼마 지나지 않아*, 리처드 틸리 하사가 메모를 하기 시작했다. 그는 부지런히 어머니의 말씀을 받아적었고, 그의 파트너가 간혹 던지는 질문은 대개 이렇게 시작했다. "그 부분 다시 한번 말씀해주시겠어요, 댄포스 부인?"

여기서는 댄포스 부인이 체포된 순간부터 그가 조사를 받기 시작하기까지의 시간이 압축되었다.

> 나는 동쪽 17번가 283번지에 있는 *크라이즐러의 집*에 몇 분 일찍 도착했다. 연미복에 망토는 갖췄지만, 나와 세라가 휘말린 음모에 대해서는 완전히 확신하지 못한 채였다. 좋든 싫든 지금은 실행되기 시작한 음모였다.

여기서 카는 몇 시간을 압축하면서 A지점에서 B지점으로 이동하는 과정도 압축한다. 플롯 상 중요한 내용이 전혀 없기 때문에, 독자는 인물이 자기 사무실에서 동쪽 17번가까지 걸어가는 모습을 지켜보지 않는다. 카는 그저 "크라이즐러의 집에 도착했다"라는 몇 마디 말로 자신의 인물을 다음 장소로 데려다 놓을 뿐이다.

시간을 압축하고 싶을 때에는 다음의 도구를 사용할 수 있다.

- **내러티브 요약.** 몇 달 후, 그들은 처음 만났던 바로 그 현관에 다시 섰다.
- **대화.** "맷의 맥주 파티가 엉망으로 끝났던 날 이후로 처음 보네!"
- **배경.** 그가 떠나기 전에 심었던 어린 묘목은 이제 다 자라 무성한 나무가 되었다.

여기서 한 마디 주의를 주고 싶다. 뛰어 넘어야 할 기간이 짧을 때에만, 그리고 오직 지루하고 관련성 없는 정보를 생략하기 위해서만 시간을 압축해야 한다. 긴 시간 — 십수 년이라든가, 이 플롯 사건에서 저 플롯 사건으로 — 을 뛰어넘을 때에는 각별히 조심해야 한다. 플롯이 흐름을 잃지 않고 설득력을 유지할 수 있게 주의하여 시간을 건너뛰지 않으면, 독자를 곤경에 빠뜨릴 뿐이다. 긴 기간을 자주 압축해야 한다고 느끼거나 이 사건에서 저 사건으로 너무 거침없이 뛰어다니고 있다면, 플롯을 다시 한번 검토하고 사건들을 재조직하여 보다 정돈된 시간 흐름을 만들어야 한다.

### 장소/배경

집필을 하다 보면 장면을 끝내야 하는 이유가 인물들이 그저 길을 따라 걸어가든 아니면 증기선을 타고 미지의 나라로 건너가든 새로운 장소로 옮겨가기 때문인 경우가 많다. 만일 바로 앞 장면에서 배경을 바꿨다면 최대한 빨리 이를 분명히 드러내야 한다. 다음은 치트라 바네르지 디바카루니의 『욕망의 덩굴 The Vine of Desire』에서 발췌한 대목이다. 여기서 그는 새로운 배경을 소개하면서 장면을 시작한다.

> 초프라의 집은 거대하고 분홍색이어서 마치 초를 꽂은 거대한 케이크가 휑하니 널찍한 언덕빼기에 털썩 엎어진 것만 같았다. 정문에는 제복을 입은 백인 경비원이 지키고 있어, 수닐은 그에게 자신의 초대장을 보여줘야 했다. 그 뒤로는 조명이 설치된 분수와 그리스 양식의 조각상이 늘어선 원형의 진입로가 있었다. 조각상은 대부분 다양한 단계로 옷을 벗고 있는 님프나 소변을 보고 있는 포동포동한 아기 천사였다.

이 배경은 분명히 안주와 그의 남편 수닐이 사는 '비좁은 아파트'도 아니고, 안주가 다니고 있는 대학도 아니다. 독자는 이 인물들이 평소에는 좀처럼 접할 일이 없는 곳에 와 있다는 사실을 곧바로 알 수 있다. 다음은 배경을 바꾸는 몇 가지 방법이다.

- 세부사항을 신중하게 선택하여 배경 묘사를 매력적으로 만들어라.
- 가능하다면 주인공이 배경과 상호작용하게 하라.
- 주인공이 배경에 대해 의견을 가지게 만들어라.
- 배경이 주인공의 기분, 감정, 내면세계를 어떤 식으로 반영하게 하라.

### 환경과 분위기(분위기, 어조, 날씨 변화)

모든 장면에서 배경을 바꿔야 할 필요는 없다. 주인공이 이전 장면과 같은 장소에 있다 하더라도 무언가가 달라졌음을 보여주고 싶을 수도 있다. 새로운 반전이 다가오고 있을 수도 있고, 주인공의 태도가 변했을 수도 있다. 이럴 때에는 분위기를 바꾸는 것도 좋다. 다음은 끔찍한 상실을 견디며 분투하고 있는 싱글맘 서리스의 이야기인 진 헤글런드의 『바람에 떨어진 과일Windfalls』의 예이다. 서리스가 등장하는 장면은 주로 그가 십대인 딸 및 어린 아들과 함께 살고 있는 작은 트레일러를 배경으로 하지만, 이 장면에서 이제는 달라질 것이라고 말하듯 말 그대로 트레일러의 분위기가 바뀌는 모습을 보며, 독자는 정신을 똑똑히 다잡게 된다.

> 자는 동안 연기가 스며들어오기 시작하자, 그의 꿈이 알아차렸다. 그것은 뭔가 싸구려 물건이라도 타는 듯 지독한 연기였고, 그것을 그의 꿈이 잠시나마 집어삼켜, 연기가 나는 이유를 꿈 특유의 이상한 방식으로 설명했다. 갑자기 뭔가가 폭발하면서 마침내 그가 잠에서 깼다. 그를 계속 어둠 속에서 표류하게 만드는 폭발이었다. 아드레날린으로 살갗이 간질간질하고, 두려움이 뼈까지 들러붙었다. 악몽일 거야. 그는 중얼거리며 그 손아귀에서 빠져나갈 길을 찾기 위해 안간힘을 썼다..

타는 냄새와 요란한 폭발음은 서리스의 트레일러에서 예사로 일어나는 일이 아니다. 독자는 뭔가가 잘못되었다는 점(그리고 이전 장면과는 다르다는 점)을 즉시 알 수 있다. 이런 세부사항을 통해 독자의 호기심을 자극하고 인물에 대한 걱정을 고조시키는 동시에 지금까지 봐왔던 서리스의 모습에 뭔가 변화가 생겼다는 점을 암시할 수 있다.

G. K. 체스터턴의 철학적 미스터리 소설 『목요일이었던 남자』의 사례에서 보듯, 환경은 분위기와 밀접하게 연관되어 있다. 어느 날 밤, 시인 가브리엘 사임은 정체를 알 수 없는 낯선 그레고리를 만나 예술과 무정부주의에 대한 토론을 하게 되고, 결국 사임은 '아주 흥미로운 저녁'을 만들어주겠다는 그를 따라나서게 된다. 사임은 어느새 비밀 사회와 미스터리에 휘말려 들어 자기 자신을 보는 시각마저 도전받기에 이른다. 사임은 그레고리를 따라 활기찬 에너지가 넘치는 경쾌한 술집에 갔다가, 다시 보트를 타고 영국 해협을 건너 새로운 장소로 옮겨가게 된다. 몇 가지 디테일만으로도 분위기가 즉시 서스펜스와 미스터리로 가득 찬다는 점에 주목하라.

> 사임이 처음 볼 때에는 돌계단이 피라미드처럼 버려진 듯했다. 하지만 꼭

대기에 오르자 템즈 강변 거리 난간에 기대어 강을 건너다보고 있는 사람이 있다는 것을 깨달았다. 겉모습은 꽤 보수적이었다. 실크 모자와 프록코트까지 격식을 갖춰 차려입고, 옷깃 단추구멍에는 붉은 꽃을 꽂고 있었다. 사임이 다가가도 그는 미동도 하지 않았다. …

분위기나 환경의 변화를 암시할 수 있는 방법에는 여러 가지가 있다.

- **날씨를 통해.** 장면을 시작하면서 계절이나 한 해 중의 시기가 바뀌었음을 보여주고 싶을 때 날씨를 활용할 수 있다. 또한 변화한 인물의 내면세계나 새로운 장면의 어조를 반영할 수 있다. 장면에 서스펜스나 섬뜩한 느낌이 필요하다면, 먹구름이나 희미한 빛, 그 외 여러 우울한 상징을 통해 그러한 어조를 독자에게 전달할 수 있다.
- **감각적 디테일을 통해.** 무언가의 냄새, 소리, 느낌이 평소와 달라지면 장면 변화의 증거로 작용할 수 있다. 예컨대 소리가 잘못 해석될 수 있다. 비명처럼 들렸던 것이 알고 보니 웃음일 수도 있다. 혹은 어떤 인물이 어둠 속에서 지난번에 집에 왔을 땐 없던 찐득한 웅덩이를 밟은 뒤 혹시 그것이 피가 아닐지 두려워할 수도 있다.
- **독특한 병치를 통해.** 체스터턴의 예에서 실크 모자와 프록 코트를 입은 남자가 난간에 기대서 강변 거리를 건너다보는 특이한 모습은 새로운 분위기를 보여준다. 지금부터 어조가 바뀐다는 사실을 알리기 위해 충격적이거나 흔치 않은, 혹은 그저 이질적인 이미지를 사용할 수 있다. 새로운 분위기가 꼭 으스스해야 하는 것은 아니다. 웃기거나 로맨틱한, 혹은 행복한 병치 역시 얼마든지 만들 수 있다.

## 시점의 변화

두 명 이상의 주인공이 번갈아가며 자신의 시점으로 각각의 장면이나 장을 이끌어가는 서사도 많다. 새로운 인물의 시점으로 옮겨갔음을 보여주기 위해서는 몇 가지 간단한 전환 방식을 사용할 수 있다.

많은 작가들이 한 번에 한 인물에게 전체 장을 할애한다. 이는 해당 장면이 누구의 시점으로 서술되는지 알려줄 수 있는 매우 단순하고 직접적인 방식이다(22장 참고). 독자의 혼란을 막기 위해 작가는 다음처럼 장 제목 아래 인물의 이름을 표제로 활용할 수도 있다.

1장    2장<br>메리    잭

그러나 인물의 이름을 표제로 쓰고 싶지 않다면, 각 장면 및 장이 시작되는 도입부의 몇 문장 안에 인물의 이름이나 그에 대한 명시적인 디테일을 반드시 제시해야 한다. 마이클 셰이본의 퓰리처 상 수상작 『캐벌리어와 클레이의 놀라운 모험』의 예를 살펴보자.

> 1935년으로 거슬러 올라간 어느 날, 회원제로 운영되는 호프진저 클럽을 폭파하겠다는 요제프 캐벌리어의 결심은 아침으로 살구잼 넣은 오믈렛을 한 입 가득 넣었다 목에 걸린 순간 극에 달했다.

다음 장에서 그는 시점을 바꾼다.

> 그 주 금요일 알람시계가 여섯 시 반을 알리고 새미가 눈을 떴을 때, 세련된 병, 칵테일 셰이커, 머들러가 담긴 크롬제 칵테일 쟁반인 스카이 시티는 엄청난 공격을 받고 있었다.

두 경우 모두 해당 장이 누구의 시점인지 독자들이 혼돈의 여지없이 매우 분명하게 알 수 있다. 지금 누구의 눈으로 서술되고 있는지 알아내기 위해 독자가 한 페이지를 다 읽어야 하는 상황을 만들지 말자!

## 플롯 및 인물의 전환 알리기

새로운 장면을 시작할 때마다 인물과 그의 플롯을 고려하라. 장면이 시작하자마자 새로운 플롯 정보를 제시할 필요는 없지만, 어떤 전환이 일어났음을 밝히는 말(대화나 서면으로)을 주인공이나 다른 인물이 접할 수는 있다. 가령 악당이 슈퍼히어로에게 "이제 넌 별로 강하지 않아."라고 말할 수도 있고, 어떤 인물이 자기 아내가 "잘 있어."라고 남긴 편지를 발견할 수도 있다.

장소나 분위기의 변화만으로도 충분히 나중에 이 장면에서 무슨 일이 있을 것이라는 신호를 줄 수 있다. 그러나 도입부에서 당신이 의도한 설정을 분명히 드러내야 한다. 따라서 다음 사항에 유의하라.

- 플롯이 사건 기반이며, 이전 장면에서 중요한 사건이 일어났는가? 만일 건물이 폭발했다면, 지금 주인공은 그 사건과 어떤 관계를 맺고 있는가? 가령, 전화로 경찰에게 신고를 하고 있는가, 아니면 폭파범을 쫓고 있는가?
- 인물이 클리프행어 상황에 처해있었는가? 당신의 인물이 통찰적 결말 이후에 행동을 시작하고 있을 수도 있다. 잊어선 안 된다. 반드시 그 행동의 결론을 내려야 한다.
- 어떤 사건 이후의 장면에서 인물이 플롯과 연관된 감정(내적 독백)을 표현해야 하는가? 그는 삶에 대해 걱정하고 있는가, 아니면 긴 휴가 후에 충분히 재충전되어 있는가? 다음 장면을 시작할 때 주인공의 감정이 이전 장면과 어떻게 다른지 혹은 어떻게 이어지는지를 독자에게 전해주는 간단한 내적 독백을 활용할 수도 있다.

전환이란 인물이 플롯의 중요한 부분으로 곧장 진입할 수 있도록 시간과 공간을 압축하는 동시에, 지루하고 평범한 부분을 빠르게 지나칠 수 있는 방법이다. 앞선 장면에서 벌어진 일을 실마리로 삼으면 다음 장면을 효율적으로 이어갈 수 있을 것이다.

# 25

# 장면 점검 및 수정

드디어 당신의 피와 땀이 아직도 고스란히 느껴지는 초고(최소 한 장면이라도)를 손에 들었다. 다음 단계는 무엇일까? 초고를 잠시 덮어두자. 얼마간 거리를 둔 후에 — 일주일일 수도 있고 그 이상일 수도 있다 — 작업이 어느 정도 진정되고 당신도 충분히 휴식을 취하면 비로소 검토에 착수할 준비를 마친 것이다. 교정 과정은 매우 다양한 방식으로 접근할 수 있다. 장면 단위로 검토하는 것도 좋은 방법이다. 이는 창고에 쌓인 상자들을 하나하나 풀어 흥미롭지만 제대로 정리되진 않은 물건들을 차근차근 정리하는 모습과 비슷하다.

## 장식품 찾아내기

스텝을 따라하기만 하면 누구나 춤을 배울 수 있지만, 그렇다고 탱고를 배운 사람이 모두 우아하고 극적인 느낌을 자아내며 관객 앞에서 공연을 할 수 있는 것은 아니다. 이는 장면을 집필할 때도 마찬가지이다. 기본적인 장면을 쓰는 방법을 배울 수는 있지만, 그래도 여전히 플롯에 아무 기여를 하지 않는 장면을 쓰기 십상이다. 검토하는 법에 대한 이 장을 읽으면서 모쪼록 매우 능력 있는 장식품 작가 — 플롯에 기여하지 않는 장면을 집필하는 데 매우 능한 작가 — 가 되는 사태를 방지할 수 있길 바란다.

어떤 장면이 서사를 구성하는 역할을 하지 않고 그저 마음대로 떠다니는 장식품이라는 점을 알아차리는 것은 매우 중요하다. 장식품이 무엇인지를 정의내리는 방식은 다양하겠지만, 내가 가장 선호하는 정의는 "짧고 우아한 문학적 스케치"이다.

우리는 여기에 "플롯에 필연적 연관이 없고 따라서 잉여적인"을 더해 보자. 장식품이 전체 서사 중 가장 아름다운 대목일 수도 있다. 하지만 그것이 플롯의 맥락에서 현저히 떨어져 있거나, 중요한 장면 요소가 결여되어 있거나 인물의 새로운 점을 드러내지 못한다면, 이는 실제로 장면이라 할 수 없다. 당신이 쓴 장면이 장식품인지 아닌지 판가름하기 위해서는 다음의 질문을 거쳐야 한다.

- 이 장면이 새로운 플롯 정보를 제시하는가?
- 이 장면이 계기적 사건과 연관되어 있는가?
- 이 장면이 이전 장면에 근거하여 구축되는가?
- 이 장면이 주인공을 포함하거나, 그에 대한 정보를 제공하거나 그에게 영향을 미치는가?
- 이 장면을 통해 독자가 더 많은 정보나 단서를 알게 되었다고 느끼는가?
- 이 장면이 적절한 순간(심지어 단 몇 초만이라도)에 앞으로 진행되는가?
- 이 장면이 다음 장면을 초래하는 새로운 결과를 만들어내는가?

검토하고 있는 장면이 당신의 플롯과 제대로 연관을 맺고 있다면, 위의 모든 질문에 대한 답이 '네'가 될 것이다. 이 중 어떤 질문에라도 '아니오'가 나왔다면 그 장면은 장식품이라는 의미이기 때문에, 제대로 된 장면으로 수정이 되거나 아니면 삭제되어야 한다.

장식품은 핵심 요소나 구조 상 필수적 부분 중 하나(도입, 전개, 결말)가 빠져있는 등, 형식을 제대로 갖추지 못한 장면일 경우가 많다. 그러나 장식품은 작가가 언어 자체에 심취하거나 인물의 내면세계가 매우 인상적이라고 생각해서 만들어지는 경우가 많다. 내게 편집을 의뢰한 작가들은 옆길로 빠지는 방식으로 장식품 장면이 나타나는 경우가 많았다. 작가가 근사한 아이디어나 묘사에 몰두한 나머지 거기에 빠져버리는 것이다. 안타깝게도 장식품 장면은 대부분 독자들보다는 작가에게 만족을 줄 뿐이다.

모든 장면은 보다 큰 장면 조합의 일부를 이루며, 이들이 모여 서사가 만들어진다. 따라서 장식품 장면을 보면 독자는 머리를 긁적이며 이 장면이 왜 있어야 하는지 의아하게 여길 뿐이다. 궁극적으로, 어떤 장면이 장식품인지 따라서 이것을 삭제하거나 수정해야 할지 따져볼 때 가장 중요한 질문은 '이 장면을 잘라 내도 서사가 아무 탈 없이 진행되는가?'이다. 만일 '그렇다'라는 대답이 나온다면, 눈 앞의 장면은 장식품이다.

## 장식품을 수정하거나 삭제하기

해당 장면이 플롯이나 인물 발전과 관련이 없는 장식품 장면이라는 판단이 섰다면, 선택지는 두 가지이다. 잘라 내거나 관련이 있게 만드는 것 말이다. 관련이 있게 만들기로 했다면, 이제는 무엇이 빠졌는지 알아보고 그것을 채워넣어야 한다. 다음은 장식품 장면에서 흔히 빠지곤 하는 장면 요소이다.

- **인물의 동기.** 당신은 인물의 동기 및 플롯의 계기적 사건과의 관계를 잊어 버렸다. 그래서 인물이 비현실적이거나 관련성 없는 방식으로 행동하게 만들었다. **해결책:** 인물 스케치를 다시 살펴보면서(혹은 새로 쓰면서) 인물에 대해 보다 깊이 이해하고 이를 통해 빠진 부분을 채울 수 있을지 알아보라. 하지만 뒷이야기에 대한 해설을 길게 늘어놓아선 안 된다. 인물이 말과 행동을 통해 자신의 뒷이야기를 보여주게 하라.
- **적절한 대화.** 당신은 아무 소득 없거나 너무 일상적이거나 혹은 플롯과 관련이 없는 대화로 장면을 가득 채웠다. **해결책:** 대화를 삭제하거나 편집하라. 그리고 이 책에서 인물을 드러내고 정보를 밝힐 수 있는 다른 방법을 찾아보라.
- **배경.** 인물을 플롯에 맞지 않는 배경에 배치했거나, 배경이 너무 애매해서 독자가 교감을 느끼기 어려울 수도 있다. 이런 상황은 결국 '떠다니는 머리' 증후군으로 귀결된다. **해결책:** 당신의 이야기에 배경이 얼마나 중요한지 자문해보라. 배경이 너무 과도한지 아니면 너무 부족한지 결정하라.
- **정보.** 새로운 사실이 밝혀지지 않아 순간의 의미가 소멸되어 버렸다. **해결책:** 다음에 일어날 일과 이를 인물의 행동과 대화를 통해 드러낼 방법에

대해 생각해보라.
- **행동.** 당신의 장면에 행동이 부족하여, 독자가 지루하다고 느끼거나 관심을 잃어버릴 수 있다. **해결책:** 이야기를 끊임없이 앞으로 밀고 나가며 위험부담을 키워가야 한다는 점을 명심해야 한다. 어떤 행동을 통해야 플롯이나 인물을 가장 복잡한 방식으로 움직일 수 있을지 자문해보라.
- **갈등.** 갈등 속에 밀고 당기는 에너지가 부족하다. 장애물이 너무 쉽게 해결되고, 그로 인해 독자가 흥미를 잃는다. **해결책:** 결과를 고려하라. 중요한 상황을 다시 한번 살펴본 뒤, 그 사건들로 인해 지금까지 초래된 모든 결과를 목록으로 정리하라. 이것으로 충분한지 점검한 뒤, 플롯에 잘 맞아떨어지는 무언가를 더 만들어낼 수 있을지 생각해보라.

장식품 장면을 잘라 낼 때에는 망설임, 때로는 충격으로 인해 잠시 괴로울 것이다. 수정하기 전에는 항상 이전 버전을 저장해 두고 삭제한 부분도 따로 모아 두어, 수정 내용이 적절하지 않아 고치기 이전으로 되돌려야 할 때 다시 불러올 수 있게 하라. 그러나 일반적으로 진짜 장식품 장면은 눈에 띌 수밖에 없다. 사실 장식품 장면의 효과라곤 플롯을 흐트러뜨리는 일뿐이기 때문에, 이를 삭제하고 나면 이야기가 더욱 명료하게 느껴질 것이다.

장면을 삭제하고 나서 뭔가 빠진 듯하거나 플롯의 아귀가 맞지 않는 느낌이 든다면, 그것은 쓸모가 있는 장면이기 때문에, 일단 다시 돌려놓은 뒤 문제가 있던 부분을 수정해야 한다.

장면을 삭제할 때, 추가로 선택해야 할 사항은 다음과 같다.

- 다른 장면을 위해 세부사항을 남겨두라. 아무 역할이 없는 장식품 장면을 발견했을 때, 잘라 내기로 하기 전에 다른 장면에서 활용할 수 있는 결정적인 사항이 포함되어 있지는 않은지 살펴보라.
- 여러 장면을 결합하라. 내 경우에는 플롯 및 인물 문제 하나를 어설프게 해결하느라 장면을 두 개 이상 할애하거나 장식품 장면을 만드는 일이 있었다. 이런 때에는 두 장면을 합쳐서 제대로 된 장면 하나로 만들 수 있다.

## 내러티브 요약 줄이기

내러티브 요약을 얼마나 줄여야 할지 가늠하기 어렵다면, 다음의 질문을 던져보자.

- 지금 검토하고 있는 해설 부분을 삭제하면, 플롯이나 인물에 해가 될까? 아니라면 지워도 된다.
- 내러티브 요약 — 가족사, 뒷이야기, 분량이 긴 설명 — 이 대화나 행동, 혹은 플래시백 장면을 통해 드러낼 수 있는가? 아니라면, 그 내용이 정말 이곳에 필요한지 아니면 삭제해야 할지를 자문해보자.
- 이 정보를 다른 장면에서 반복하진 않았는가? 그렇다면 삭제할 수 있다.

다음은 썩 마음에 들지 않는 장면을 하나씩 검토할 때 활용할 수 있는 체크리스트이다.

## 장면 구조를 검토하기

원고를 검토할 때 던져야 할 가장 중요한 질문은 해당 장면이 구조적으로 짜임새 있는지, 그리고 그 장면이 개별 단위로 의미를 가질 뿐 아니라 다음 장면으로 이어질 수 있는 기반을 마련해주는지 여부이다. 다음 질문을 살펴보자.

- 이 장면은 도입, 전개, 결말을 갖추고 있는가?
- 이 장면은 생생한 도입을 통해 독자를 이야기 속으로 끌어들이는가?
- 이 장면은 고유의 질감과 주제, 이미지를 통해 풍부한 서브텍스트를 갖추고 있는가?
- 이 장면은 인물이 처한 상황을 더욱 복잡하게 만들면서 갈등을 고조시키고 있는가?
- 이 장면은 결말부에서 독자가 더 알고 싶다는 아쉬움을 느끼게 만드는가?
- 이 장면은 다음 장면이 시작될 수 있는 여지를 남기며 논리적인 방식으로 마무리되는가?

## 핵심 요소 검토하기

한 장면은 매우 여러 핵심 요소로 이루어져 있기 때문에, 매 장면을 검토할 때마다 배경 및 감각적 요소가 목표를 충분히 달성하고 있는지, 인물은 제대로 발전되었는지, 독자의 흥미를 놓치지 않을 만큼 팽팽한 긴장을 유지하고 있는지 제대로 살펴봐야 한다.

### 시각 및 감각적 디테일
- 이 장면은 생동감 넘치면서도 과도하지 않은 효율적 배경을 갖추고 있는가?
- 이 장면은 시간, 공간, 문화적 배경을 분명히 밝히고 있는가?
- 이 장면은 플롯 및 인물에 대한 세부사항을 밝히기 위해 사물을 이용하고 있는가?
- 이 장면은 현실감 및 실제성을 살리기 위해 감각을 활용하고 있는가? (보다 일상적인 감각처럼 느껴질 수도 있지만 미각 및 청각 등도 잊어선 안 된다.)

### 인물
- 이 장면은 처음 두 단락 안에 뚜렷한 주인공을 제시하고 있는가?
- 이 장면은 조력자 및 반동 인물로서 보조 인물들을 유용하게 활용하고 있는가?
- 이 장면은 인물을 드러내기 위해 내러티브 요약보다 목소리, 대화, 행동을 활용하고 있는가?
- 이 장면은 일관적인 시점을 유지하고 있는가?
- 이 장면은 주인공에게 행동하고 반응할 기회를 마련해주고 있는가?
- 이 장면은 주인공이 변화할 수밖에 없도록 만드는가?
- 이 장면은 주인공을 플롯에 개입시키는가?

### 플롯
- 이 장면은 새로운 정보(누가, 언제, 어디서, 무엇을, 어떻게 왜)를 적어도 한 개 이상 제시하는가?

- 이 장면은 지난 장면에서 밝혀진 정보를 기반으로 구축되었는가?
- 이 장면은 의미 있는 상황 및 그에 따른 결과와 직접적으로 결부된 정보만 다루고 있는가?
- 이 장면은 호기심을 최대한 자극하면서 플롯 정보를 조금씩 천천히 흘리고 있는가?
- 이 장면은 뒷이야기가 등장해야 할 곳(필요하고 가능한 곳)에 플래시백 장면을 활용하고 있는가?

### 극적 긴장
- 이 장면은 신파보다는 섬세함을 보여주고 있는가?
- 이 장면은 등장인물뿐 아니라 독자에게도 감정적 반응을 이끌어내고 있는가?
- 이 장면은 잠재적 갈등의 느낌을 자아내고 있는가?
- 이 장면은 주인공이 쉽사리 만족할 수 없도록 주인공의 목표를 방해하고 있는가?
- 이 장면은 직접적인 설명 없이 예기치 못한 변화를 제시하고 있는가?
- 이 장면은 양쪽에서 힘을 주거니 받거니 하고 있는가?
- 이 장면은 판을 뒤집으며 주인공을 어떤 식으로든 변화시키게 될 플롯 정보를 제시하고 있는가?
- 이 장면은 배경 및 감각을 통해 긴장감 넘치는 환경을 조성하고 있는가?

## 장면 유형 검토하기

이 책에서 장면 유형을 설명한 장의 마지막마다 핵심 내용 목록이 '중요 포인트'라는 제목으로 정리되어 있다는 점을 명심하라. 각 장면의 유형을 검토할 때에는 이 '중요 포인트'를 참고해보자.

…

대체로 위의 목록 중 어떤 질문에 '아니오'라고 답했다면, 이제 당신은 그 장면에서 어떤 부분이 보강되어야 할지를 파악할 수 있다.

　개별 장면을 검토할 때, 당신은 전체 서사 속에서 짜임새를 갖춘 통합성의 감각을 만들어내야 한다. 각 장면을 살펴볼 때 그것이 가진 개별적 장단점은 물론, 인접한 장면 및 전체 이야기에 어떤 기여를 하는지도 평가하기 때문이다.

　이 마지막 장에 도달했을 즈음엔 당신이 장면을 어떤 서사에서든 역동적이고, 살아있으면서도 필수적인 부분으로써, 서로를 기반으로 구성되어 강력한 이야기를 전달하기 위해 함께 작용하는 단위로 생각할 수 있길 바란다. 각각의 무수한 요소들을 따로 또 같이 연습해보면, 당신도 흥미로운 아이디어를 독자들이 좀처럼 손에서 놓을 수 없는 강력한 이야기로 만들어낼 수 있는 힘을 가지게 될 것이다.

MAKE A SCENE, REVISED AND EXPANDED EDITION By Jordan E Rosenfeld
Copyright © 2017 by Jordan E Rosenfeld, Writers Digest, an imprint of F+W Media, Inc.
Korean translation copyright ©2019 by VIZ&BIZ PUBLICATIONS
All rights reserved.
Korean translation rights are arranged with , Writers Digest, an imprint of F+W Media, Inc., 10151 Carver Road, Suite #200, Blue Ash, Cincinnati, Ohio 45242, USA through Amo Agency, Korea.

이 책의 한국어판 저작권은 AMO 에이전시를 통해 저작권자와 독점 계약한 비즈앤비즈에 있습니다.
저작권법에 의해 한국 내에서 보호를 받는 저작물이므로 무단 전재와 무단 복제를 금합니다.

## 강렬한 장면을 만드는 스토리 기법

초판 1쇄 발행 2019년 5월 15일

지은이   조단 로젠펠드
옮긴이   조고은

발행처   비즈앤비즈
발행인   조유현
편집인   방수원

디자인   어창수

주소   서울시 광진구 아차산로 413, 2층 (우) 05044
전화   02-501-7959, 팩스 02-6008-2899
이메일   vizandbiz@naver.com
홈페이지   www.vizandbiz.co.kr

Copyright (C) 도서출판 비즈앤비즈, 2019, Printed in Korea
ISBN 979-11-6058-024-2 (03800)

비즈앤비즈는 독자 여러분의 의견에 항상 귀 기울이고 있습니다.